U0454203

徐智明 著

开家书店，

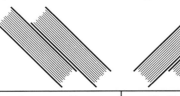

顺便赚钱

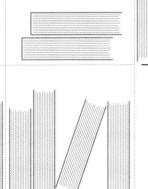
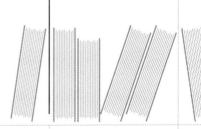

中信出版集团|北京

图书在版编目（CIP）数据

开家书店，顺便赚钱 / 徐智明著. -- 北京：中信
出版社，2020.9（2020.10重印）
ISBN 978-7-5217-2014-3

Ⅰ.①开… Ⅱ.①徐… Ⅲ.①书店—商业经营—经验
Ⅳ.①F717.5②G235

中国版本图书馆CIP数据核字（2020）第114328号

开家书店，顺便赚钱

著　　者：徐智明
出版发行：中信出版集团股份有限公司
　　　　　（北京市朝阳区惠新东街甲4号富盛大厦2座　邮编　100029）
承 印 者：北京楠萍印刷有限公司

开　　本：880mm×1230mm　1/32　　印　张：12.5　字　数：221千字
版　　次：2020年9月第1版　　　　　印　次：2020年10月第2次印刷
书　　号：ISBN 978-7-5217-2014-3
定　　价：58.00元

目录
CONTENTS

001 **第一章　书店如何做品牌**

003 **用精简的方式做定位**：你的书店是最好的什么书店？

007 **基于创新的品牌重新定位**：很多书店都在做重新定位，你们呢？

010 **好品牌的基础是好产品**：书店的好产品是什么？

014 **品牌大理想**：× 品牌相信，如果怎么样，世界会更美好

018 **顾客体验品牌化**：书店如何向苹果学习，完善顾客体验

022 **品牌人格化**：你的书店有小名儿吗？

026 **生活方式品牌**：把书店加上咖啡、文创，就是生活方式品牌了吗？

030 **专家型品牌**：你书店的专长是什么？

034 **文化地标**：你的书店能不能像巴黎的莎士比亚书店一样

038 **内部品牌塑造**：员工就是活品牌

043 **第二章　书店的战略思考**

045 **打破惯例**：书店可以从宜家学到什么？

048 **价值创新：**书店的价值创新机会在哪里？

052 **重建市场边界：**为什么"书店 +"的空间比你想象的大？

055 **超越现有需求：**书店如何把非顾客变成顾客？

059 **书店如何四步开创新蓝海：**剔除—减少—增加—创造

063 **利润区：**购物中心里的餐馆为什么越来越多？

067 **无利润模式与利润复归：**卖书无利润之后，书店如何赚钱？

071 **客户利润转移模式：**原来让我们赚钱的顾客跑掉了，怎么办？

076 **大额交易利润模型：**您还要点儿别的吗？

080 **产品金字塔：**为什么耐克鞋有的几百元，有的上万元？

085 第三章　了解顾客与顾客关系管理

087 **寻宝心理：**为什么书店需要通过选品和展示来制造惊喜？

091 **趋低消费与趋优消费：**999 元洗衣机与很贵的古琴

095 **首选店铺：**你的书店是顾客的第一选择吗？

098 **顾客需求：**你的书店有 Wi-Fi 和免费停车位吗？

101 **购买动机与需求层次：**为什么人们喜欢晒自己在书店的照片？

104 **顾客关系管理：**给顾客办了会员卡就是做了顾客关系管理吗？

108 **识别交易顾客和关系顾客：**和谁建立关系

112 **顾客价值：**你想过顾客为什么来你的书店吗？

116 **打造零顾客流失文化：**你书店的店员会当着顾客的面聊天吗？

120 **防止顾客关系夭折：**你的书店给新顾客办理会员卡之后还会做什么？

124 **情感关联：**你的书店和顾客之间有着怎样的情感关联？

128　**顾客情境:** 同样是逛书店,其实每个人的诉求都是不同的

132　**为关系加分的对话机制:** 你的书店是如何倾听顾客意见的?

136　**提供特别待遇:** 你的书店会请会员免费喝咖啡吗?

139　**与顾客保持接触:** 你的书店会主动联络顾客吗?

143　# 第四章　书店如何做服务

145　**什么是好服务:** 飞机上提供老干妈的启发

149　**精益服务:** 让消费真正成为轻松愉快的事

153　**人性化服务:** 把顾客当亲人来对待

157　**个性化服务:** "不准和我说话"

161　**让顾客得到快乐的完美服务:** 你快乐吗?

166　**应对顾客变数:** 变化是永恒的

170　**自助服务:** 快餐店都变成自助点餐了,我们能做点什么?

175　**让顾客参与服务设计:** 尊重顾客意见的极致是什么?

179　**服务文化:** 八点半我要下班

183　**友好专业的员工:** 对离我 10 英尺的每一位顾客微笑

187　**服务英雄:** 把我的车开走吧,用多久都没关系

191　**提供便利,节省顾客时间:** 网店、外卖受欢迎的原因

195　**顾客不满与关系修复:** 算错的书款应该追回吗?

200　**退货服务:** 你的书店允许顾客退货吗?

204　**欢迎投诉:** 顾客投诉怎么成了好事呢?

208　**了解顾客需求:** 你想卖的是顾客想要的吗?

213　**服务人员的回应能力**：什么是发自内心的友善？

217　**服务的细节**：细节是魔鬼

222　**免费服务**：谁说天底下没有免费的午餐？

226　**"变态"服务**：海底捞你学不会

231　**第五章　书店如何做社会化媒体传播**

233　**成为自觉的传播者**：让潜在顾客了解你、喜欢你

237　**发现和运用社会化媒体**：你的书店在使用微博微信进行传播吗？

241　**善用意见领袖**：有明星为你的书店宣传吗？

245　**让顾客为你传播**：给人一个晒的理由

249　**有粉丝才有传播**：书店微博、微信公众号有多少关注者？

253　**有传播才有粉丝**：如何让你的书店拥有很多粉丝？

256　**与传播对象互动**：你多长时间可以发现顾客对你书店的微博投诉？

261　**培养强关系粉丝**：你的书店有多少铁粉？

265　**圈层**：你进入顾客的"圈子"了吗？

269　**微信群**：书店如何运营顾客微信群

274　**成为积极的内容生产者**：实体书店在网上宣传书完全是给别人做嫁衣

278　**刷屏文章是怎么来的**：从油腻中年男谈起

283　**发现短视频的传播力量**：你有没有想过给你书店的猫拍一个视频？

287　**发现音频的力量**：建立属于你书店的"品牌电台"

291　**有效激发扩散传播**：原创重要，粉丝转发也重要

295　**病毒营销**：如何让书店的消息像感冒一样传播

300　　**借势热点话题：**书店能借"保温杯"这种话题做营销吗？

304　　**有效引导转化：**传播是为了销售

308　　**传播效果的累积效应：**积沙成塔集腋成裘

313　　# 第六章　书店破壳新生

315　　**书店业的巨变到底是什么？**我们如何定义它？

318　　**书店业的巨变是如何发生的？**我们该如何解释它？

323　　**书店业巨变的特征是什么？**它由哪些变化构成？

329　　**未来——**无限可能和两大路径

333　　# 第七章　书店哲学更新

335　　**为什么我们需要全新的书店哲学？**

339　　**品牌：全新的书店哲学**

345　　**书店品牌现状中潜藏的危机**

349　　**如何开始新哲学？**

358　　**市场万变，唯品牌长存**

361　　# 第八章　学习场：书店价值重做

363　　**什么是重做？**

365　　**为什么我们需要讨论重做？**

368　**为什么需要重做的是书店价值？**

373　**为什么是"学习场"？**

379　**对学习场的构想**

384　**书店如何重做成为学习场**

389　**后记**

第一章

书店如何
做品牌

用精简的方式做定位：

你的书店是
最好的什么书店？

1972 年，两位广告界的年轻人艾·里斯和杰克·特劳特，在美国著名广告杂志《广告时代》上发表了题为"定位时代"的系列文章，轰动企业界、广告界和营销界。后来，两位作者推出了《定位》，特劳特与史蒂夫·里夫金又合著了《新定位》。

到了今天，"定位"已经成为关于企业的营销和营销传播最重要最有影响力的概念之一，甚至在一定程度上，成了商界人士思维方式的一部分。

什么是定位

简单说，定位，就是让你的产品在目标顾客头脑中占据一个真正有价值的地位。

比如，六神从花露水延伸出的沐浴露产品，凭借中药成分，在消费者头脑中占据的地位是清凉；联合利华旗下的多芬，凭借乳液成分，占据的地位是滋养皮肤；宝洁旗下的潘婷和海飞丝，分别占据了修护和去头屑的地位。

定位要从一个产品开始。但这里说的产品，并不一定是一种商品，它还可能是服务，可能是一个企业，甚至是一个个人。只要你希望在别人心目中占据一个真正有价值的地位，都可以用定位的思维和方法实现。

产品、服务和企业，为什么需要在消费者头脑中占据一个真正有价值的地位呢？

打开电视，你可能看到 100 种洗发水的广告，你能记住几个？你生活的城市，可能有几百家上千家有名的饭馆，但是当你想吃火锅的时候，你能马上想起来几家？你想约人见个面，除了星巴克，你能想起几家咖啡馆？

定位理论的提出者们认为，"我们的社会，已经变成一个传播过度的社会"，同时，咱们也能看到，不单是传播过度，商品和服务也极大丰富，需要吸引顾客上门的企业多如牛毛，于是，人们把大部分营销传播信息隔绝在头脑之外，只给少数的几个品牌留出有限的位置。要占据这些宝贵的位置，你就需要顾客知道"你是谁""你和别人有什么不同"，给顾客留下鲜明的印象。这个印象和你凭借这个印象占据到的位置，就是定位。

如何做定位

为商品、服务和品牌在消费者头脑中占据一个真正有价值的地位，是一件大事，需要充分的调查分析、严密的思考和谨慎的选择。

做定位的一个重要原则，就是提供极其简化的信息给你的目标消费者，不能啰唆，不能复杂，要让人一下子就明白，明白了就能记住。

定位理论的首创者里斯和特劳特，讲了一个特别典型的反面例子。

他们曾服务于一家银行，那家银行是业内小企业贷款的领先者，主要客户是在美国做生意的移民，于是他们建议这家银行定位为"美国梦之乡"，简单明了，但是等这个定位出现在广告上时，却变成了"我们经营你的美国梦"。你来对比一下，如果你正好是这家银行的目标顾客，你会被哪一个说法打动？

实体书店如何做定位

在实体书店业务受到网上书店严重冲击的今天，每一家实体书店，要想做成一家顾客盈门的好书店，都需要一个强有力的定位，这个定位需要简单明确，让顾客不用思考就能脱口而出。

但是实话实说，能在顾客心目中占据一个真正有价值的地位的书店，确实还不是很多。当我们想到"最好的学术书店"时，我们能想到万圣，但想到"最好的艺术书店""最好的儿童书店""最好的生活书店""有最好喝的咖啡的书店""有最好文创产品的书店"时，我们能想到谁？这些都是顾客头脑中给书店留出来的位置，也是有价值的定位，但是几乎都还没有书店能够占据。

前些年，实体书店行业经历了严重的低谷，恢复过来之后，大家纷纷走上创新之路，进入"书店＋"的状态，但是，当你的书店加了咖啡、加了文创产品、加了免费或收费活动、加了设计美感、加了空间概念之后，你在顾客心目中，占据到的那个位置到底是什么？

如果顾客把你描述成"一家有美感、有书、有文创、有咖啡、有活动"的书店，那你的定位，就还没有成功，因为未来的书店，很有可能都是这样的书店。那么，你在读者心目中的价值和地位在哪里？

所以我的建议是，在业务上尝试加法的同时，在定位上尝试做减法，把你对书店是什么、是谁的描述，精简再精简，直到精简到几个词，直到它们精准地概括出你的书店，然后再通过服务、营销传播等途径，将这样的印象植入消费者的头脑，在他们的头脑中，占据一个属于你自己的、独一无二的地位。

基于创新的品牌重新定位：

很多书店
都在做重新定位，你们呢？

什么是品牌重新定位

定位是重要的品牌战略，就是让你的产品在目标顾客头脑中占据一个真正有价值的地位。

重新定位，就是在行业内竞争激烈程度提高、市场发生变化时，通过调整消费者心中现有的认知，继续在消费者心目中占据一个真正有价值的地位。

那么，在什么情况下，品牌需要重新定位呢？

应该说，品牌定位这样战略层面的东西，是不能轻易调整的，但如果不重新定位，品牌可能要面临严峻挑战，甚至生死存亡时，重新定位就势在必行。需要重新定位的情况，有两种：

第一种情况是，行业内竞争水平提高。当企业之间的竞争越来越激烈时，一个品牌就需要不断演进，并通过重新定位来谋求消费者心目中更有价值的位置。

另一种情况是，市场发生明显的变化。变化可能来自新技术、新业态的冲击，也可能来自消费者需求的变化。

　　竞争态势变化和市场变化可能单独发生，也可能同时发生。

　　京东以前是最大的家电3C（计算机、通信、消费电子产品）电商，但几家头部3C电商之间，竞争极为激烈，而且出现了覆盖家电3C的全品类电商平台。京东继续保持3C电商的定位，就会面临巨大的威胁，所以它快速地进行了全品类扩张，并且通过广告和其他传播活动，迅速地将消费者对它的认知，从家电3C电商，调整为综合电商。这是一个非常成功的重新定位案例。

如何重新定位

　　和定位一样，重新定位，也是一个大的战略。每个品牌面临的市场和竞争环境不同，自身条件也有差异，并不存在一个普遍适用的方案。

　　但重新定位有一个重要的基础，就是品牌需要针对外部环境，做出创新和演进。只有看到了品牌的创新，消费者才有可能调整对你的认知。这就像很多人减肥，你不可能一斤体重都没减轻，还希望别人见到你都惊呼：哎呀，你怎么瘦了这么多！

　　创新，首先需要在业务层面进行。比如消费者对京东的认知从家电3C电商调整为综合电商，就是在京东迅速扩充销售品类之后发生的。

　　接着，企业可能需要在品牌层面也做出创新。

　　一些企业，可能会选择放弃旧的品牌名称，创建新品牌；有的企业，可能需要在现有的品牌之下创建子品牌；一些企业，可能会选择在品牌口号、品牌视觉识别上做出调整，以促使消费者尽快调整他们对品牌的认知。

　　定位理论的创始人特劳特还反复提醒：

在需要重新定位的外部条件出现时，重新定位的行动，越早越好；但重新调整消费者的认知，是个缓慢的过程，品牌不可操之过急，需要时间和耐心。

重新定位是调整人们的认知，不是改变人们的认知，如果你希望顾客产生的新认知与现有的认知完全割裂，可能导致品牌的惨败。

书店业的品牌重新定位

一方面，网上书店的低价冲击，已经大大影响到实体书店的传统图书零售业务；另一方面，随着消费者生活形态的变化、其他零售业态的升级，来书店的顾客，已经不再满足于实体书店放满书架、堆满书的样式，他们希望在书店得到更好的消费体验，甚至到书店来，即便不是为了买书，也可以度过一段美好时光，或者通过听讲座等方式达到学习的目的。

当然，我们也能看到，很多书店已经在进行创新，并且以创新为基础，进行了品牌的重新定位。比如西西弗，从独立书店变成了全国性连锁书店；比如四川新华书店更名为新品牌"文轩"，浙江新华书店建设的新品牌"博库"，不但大幅度升级了实体店面，也开拓出规模相当可观的网上业务；再比如，很多书店增加了咖啡、文创、活动，从单纯的书店升级为文化空间。这都是非常成功的重新定位。

无论是定位，还是重新定位，都不是一劳永逸的事，品牌需要不断升级、演进，才能跟得上市场的发展，甚至领先于市场趋势。

书店的
好产品是什么?

好产品是好品牌的基础

品牌理论认为,产品不等于品牌,品牌也不等于产品,但一个好品牌必须得有一个好产品,这个好产品,能够支持你的品牌形象、品牌理念、品牌对顾客的所有承诺。这是品牌建设中最基本的一个原理。

好产品指的是什么呢?

对商品品牌来说,好产品是在你的品牌之下,你生产出来、卖给顾客的东西。比如,如果你是个手机品牌,你卖给顾客的,先得是一部设计精良、使用方便、不爱出毛病的手机。

对服务品牌来说,好产品是在你的品牌之下,你提供给顾客的服务。比如,如果你是一家银行,你首先得能为顾客提供靠谱的日常金融服务,才能谈得到建设品牌。

对零售品牌,比如超市、书店来说,好产品既包括你销售的商品、你销售商品给顾客的卖场,也包括在卖东西给顾客之前、卖东西给顾客之后,以及卖东西给顾客时,你提供给顾客的服务,也就是通常说的售前、售后、售中服务。

为什么好品牌里一定要有个好产品

很简单，顾客购买的是商品或者服务，不是品牌，你是个有名的品牌，是个大力打造好形象的品牌，固然能给读者一个选择你的理由，但是当他慕名而来，买到的并不是符合他期待的产品和服务，那么顾客就会大大失望。他期待有多高，失望就有多大，而且这些失望，会成为巨大的不满，让顾客逢人就说：别去他们家，别买他们家东西，都是骗人的。这也是一种形式的有口皆碑，不过都是负面的评价，你的好品牌，会被这些不满和负面评价消磨得一干二净。

实体书店好产品的四个层次

第一个层次，当然是有好书。最低要求是卖正版书；高一点的要求是卖经过选择的、品质较高的书；再高一点的要求，就是你有高水平的选品，能够为读者提供不但能满足他需求，更能给他带来惊喜的商品组合。读者的眼睛都是雪亮的，你有没有好书，他一眼就能看到。

第二个层次，是符合书店气质和读者对书和好书店的精神需求。做书店十九年，有几个类型的书店我不会去，或者去过了就不会再去：一是把书放得东倒西歪的；二是书架空空荡荡，把书全都封面朝外来充数的；三是设计得很漂亮，但是让读者能把书踩在脚底下、坐在屁股底下的；四是店员不安静优雅，扎堆在那儿闲聊的。我认为连最起码的对书的尊重都做不到、连最起码的书店气质都没有的书店，不是一家好书店。

第三个层次，是给顾客提供好的服务。你问书有人帮你找，你结账有人跟你说谢谢，你整个逛店、买书的过程都有很好的感受，等等。

第四个层次，也是最高的层次，那就是一家书店要成为一个好品牌，需要给读者提供一些独特的价值。这是一个书店品牌所有其他内涵的支撑点。

提起学术书店，我们会想到万圣，因为它有最全最好的学术书，而且让读者以成为万圣的读者为荣。

说到方所，我们会想到它独特的店面设计、独特的选品，还有各种各样高水准的文化活动。

说起日本的茑屋书店，我们会想到它基于生活形态提案的选品理念、它独特的专家型导购员，还有它独创的和所有类型电器商店都不同的生活体验型电器商场——茑屋电器。

再给你举个很小的例子，北京的很多中小学生家长，都知道一家很小的书店，它既不在好位置，也没有好装修，但是如果哪个孩子丢了课本，或者需要买与课本配套的教辅书，老师和家长们都会互相提醒到那儿去看看。最全的课本和教辅书，就是这家书店提供的独特价值。

如何打造书店的好产品——提供独特价值

好书、好气质、好服务，都是最基本的，咱们就不说了，主要来说一下书店好产品的最高层次——提供独特价值。

这种"独特"可以从两个层面理解，一是与所有类型的书店相比，你是不是提供了独特的价值；二是与同类书店相比，你是不是提供了独特的价值。

如果是大型书城，读者期待你提供的价值可能是"全"，别处买不到的书，能在你这里买到，所以"又大又全"是你和其他书店相比的独特价值，如果在全之外，还能挖掘出其他的独特价值，那么你给读者的感觉，就不是满意，而是惊喜了。

如果是中型书店，读者不会期待你什么书都有，但是会希望你有独特的选品风格和舒适有格调的店面设计，那么"精"和"有特色"，就是你可以打造的独特价值，至于是什么样的特色，可能要看书店的定位，但一点特色都没有，就是大型书店的缩小版，恐怕对读者没有任何吸引力。

如果是小型书店，读者不但会期待你"精"和"有特色"，还会期待你提供特别有人情味的服务，让他有特别亲切的感受，那么与读者的情感关联，就是你的独特价值。

品牌大理想：

**× 品牌相信，
如果怎么样，世界会更美好**

什么是品牌大理想

品牌大理想其实不是一个经典的品牌观念，而是奥美整合营销传播集团开发的一个策略思考模型，目的是发掘品牌独特的社会文化价值，从而创造最深刻的品牌影响力。品牌大理想，实际上就是一个品牌基本的世界观。

奥美认为，很多品牌不仅需要大创意，也需要大理想。有"世界观"的品牌会更加成功。品牌拥有"世界观"，不仅对消费者来说意义更丰富、更有价值，也能转化为直观的销售表现，增强公司上下员工和全体股东的凝聚力。

对品牌和消费者的研究也发现，拥有"坚定观点"的品牌在消费者中可获得明显更多的关注，拥有更高"理想主义"的品牌比拥有更低"理想主义"的品牌增加市场份额的可能性高 35%。

品牌大理想与品牌理念的区别

品牌大理想听起来和品牌理念非常相近，但我之所以不讲品牌理念，而是讲品牌大理想，有两个很重要的原因。

第一个原因，品牌大理想的含义，高于品牌理念。

品牌理念是企业为得到社会普遍认同，体现企业自身个性特征、经营理念，促使并保持企业正常运作以及长足发展而构建的价值体系，包括企业使命、经营思想、行为准则等。它更关注对企业自身的表述，是品牌基本的价值观。

但品牌大理想需要建立在它所处社会真正的文化张力之上，对社会文化中的某些问题提出自己真正的解读和观点，引发文化上的关切、讨论和共鸣。它是品牌的世界观。

第二个原因，品牌大理想是一个策略思考模型，比品牌理念更具有方法论的意义。

作为一个思考模型，品牌大理想有两个思考维度，一个维度是文化张力。奥美认为，与品牌相关的文化张力，是文化、社会性的大议题，是长期的，重要的，能帮助改变人们的生活以及品牌和消费者所处的世界的。另一个维度是品牌的最佳真我，它展示在哪些情况和状态下，品牌是最棒的，是品牌在发展中积累下来的精髓。

采用品牌大理想的思考模型，你会发现，关于品牌的思考，跳出企业自身目标的局限，被放在一个更广阔的背景当中，让企业参与到社会文化的建构中，并拥有自己独特的社会文化地位，使企业更有社会意义，品牌拥有更大的力量。

2015 年"无印良品（MUJI）上海淮海 755"旗舰店开业，当天就有 7 000 名顾客光顾，更新了无印良品新店开业首日的销售纪录。因为人实在太多，商店不得不限制入场人数，让人们排队等候，排队人数最多时达到了约 800 人，进入店铺需要等待 1 个小时。

无印良品之所以会有这么多忠实的拥趸，是因为它是一个有大理想的品牌，并且它的大理想，得到了目标消费者发自内心的共鸣。

1980 年，无印良品作为大型超市西友的自有品牌问世，最初的广告语是"因为合理，所以便宜"，广告海报上明确写着："不依赖品牌和包装来选择商品。这不仅与热情的生活方式相结合，也是一种重要的态度。"

关于这个理念，无印良品设计总监原研哉在他的著作《设计中的设计》中这样描述："它将价值赋予可接受的质量：节制、让步以及超然的理性，可称为'全球理性价值'，一种倡导以极端理性的视角使用资源和物体的哲学。"

所以，一开始，无印良品就超越了商品和品牌，站在更高层面上与消费者对话。也正是这种更具有社会文化意味的大理想，让它很快成为独一无二的生活方式和生活美学品牌，而不是给人廉价印象的超市自有品牌。

一个品牌，该怎么识别和表述它的大理想呢？

奥美为这种策略思考模式，研发了一个简洁、精准的表述句式，就是

　　　　×品牌相信，如果怎么样，世界会更美好。

奥美为下面几个著名品牌表述的品牌大理想：

"多芬相信，如果女性能够对自己充满自信，世界会更美好。"

"路易威登（LV）相信，如果我们将生命活得有如一段不凡的旅程，世界会更美好。"

"香格里拉酒店相信，如果我们对待每一个人都有如对待家人一般，世界会更美好。"

品牌大理想不一定原样向消费者传播，但它可以帮助品牌找到它所相信的价值与它带来的改变之间的联系，从而更容易发展出能与目标消费者深层沟通的创意，也让品牌在各个层面的行动和表现更容易聚焦于它最基本的世界观。

为什么说书店品牌必须有品牌大理想

书是最具有文化张力、与人们的思想和精神生活距离最近的商品。一个忠诚的消费者不会要求卖油盐酱醋的超市有多丰富的精神内涵，但会希望自己喜欢的书店有独特的精神世界，甚至很可能主要因为一家书店有自己认同的理念而和它建立稳固长久的关系。一个书店品牌要想真正深植于消费者的心中，必须拥有能够被消费者认同的大理想。

二十多年前，我去贵阳，在西西弗书店的店面，见到了他们对自己书店使命的表述——参与构成本地精神生活。直到今天，西西弗已经发展成拥有几百家店的全国连锁企业，这句话仍然出现在西西弗的店面和所有需要表达"西西弗要做什么"的地方。这就是一个真正的品牌大理想。

书店如何向
苹果学习，完善顾客体验

什么是顾客体验品牌化

　　顾客体验品牌化由营销咨询专家肖恩·史密斯提出，说的是通过两种形式：（1）让顾客通过某种形式体验到品牌；（2）品牌为顾客提供某种独特体验，然后让这种体验成为品牌的一部分，使顾客将他获得的体验与品牌紧密联系起来，并因高度认同这些体验，成为品牌的忠诚顾客。

　　苹果就是顾客体验品牌化的典范。

　　它的手机设计线条简单，又酷又时尚，现代感极强，非常容易让顾客建立起苹果手机是高级品牌的印象。

　　它的操作感受非常舒适。整个操作界面只有一个 home 键是手动控制，其余都是触屏操作，操作起来舒服便捷，以至我每次用其他的手机，都会抱怨"太不好用了"！

　　苹果专卖店给顾客的体验也是与众不同的。苹果把开店理解为"一项创造体验的事业"。首先是店铺设计完全摆脱了传统手机销售店铺的形象；接下来是开放式的试用空间，给顾客营造轻松体验；还有随时准备提供帮助但绝不打扰顾客的服务人员，也让顾客感到受到了充分的尊重。苹果专卖店的这些元素，都营造出符合顾客期待的体验。苹果第一家零售店开业时，零售业专家曾经断言："不过两年的时间，苹果就会发现这是一个巨大且昂贵的错误。"但很显然，零售专家的预言没有变成现实。

当然，说到体验，不得不提起的还有气场强大的苹果发布会。苹果每一次发布会，都在具有浓厚艺术氛围的场所召开，人们进入其中都会产生"朝圣"般的心理体验。而且每次发布会的形式和内容，都让果粉们期待，然后这种期待马上变成人们拥有最新款苹果手机的渴望。

苹果做的这些事，都是在为顾客提供属于苹果品牌的独特体验，这种体验最终都成了苹果品牌形象的一部分，成为联结果粉们的重要纽带。

这就是大家常说的顾客体验、品牌体验或消费体验，这几个词虽然角度有所不同，但意思确实非常相近，它们关注的，都是体验，就是顾客个体通过对品牌的某些经历，包括经营者在顾客消费过程中以及产品或服务购买前后所做的营销努力产生的个别化感受。

"顾客体验品牌化"为商家提供了一个更具操作性的策略，就是让顾客对品牌的所有体验，都成为品牌的一部分，为品牌加分。

顾客体验如何成为品牌的一部分

拿书店的读者来说，他们会从相关媒介上看到书店的消息，会听到朋友同事的谈论评价，会有来试试看的冲动，然后每一次来买书，对从进门到出门所受到的待遇都会有深切的感受。

他们会将这些直接、间接途径的零星信息和片断印象，与自己头脑中的一家好书店的概念进行比对，最终构成他们对一家书店的总体印象——有没有好书，氛围好不好，品位够不够，店里的人好不好，是不是一家好书店。

应该说，这个过程很难控制。但有一个更为生动的比喻——消费者建立对品牌的印象，就如同鸟儿筑巢，随手撷取枯草杂物建造而成。这个比喻或许可以给我们提供一些积极的启示。

鸟儿会建成什么样的巢，取决于它能取到什么样的建筑材料，而我们正可以从提供这些"建筑材料"入手，通过为顾客提供品牌体验的形式和内容，来控制品牌形象的最终结果，影响消费者对我们的印象。

一个关注品牌形象的商家绝不能随便抛出什么东西，供消费者建设对品牌的印象。

我曾有一次亲身体验：某家国际化大超市，离我家很近。第一次去之前，我对它没有丝毫恶感，但去了多次之后，我无比诧异地发现，那里的收银员对顾客态度之随意与粗暴，简直达到让人匪夷所思的程度，每个收银员每次结账时，都有本事让你不快甚至火冒三丈。对于那种大规模的超市，相对于采购、促销环节，收银可能确实不太重要，但恰恰是这最后一个环节，完全可以把消费者对超市品种丰富、价格低廉的好印象全部毁掉。

顾客体验品牌化，不仅是苹果这样的大品牌在做的事，实体书店也有学习的必要。

这是一个体验的时代，顾客会越来越重视他从接触某个品牌的全过程中获得的体验是好还是不好，是不是符合他的期待，与他自身的观念是否相符。书店的顾客也是一样，所以我们实体书店必须重视体验。

另外品牌战略不是什么深奥难解的东西，也并不是必须依赖品牌专业人员才能实施的战略。一家书店，即便规模有限，也完全能够通过实践中的不断摸索，形成自己直观形象的理解和切实可行的操作方法。

品牌人格化：

你的书店有
小名儿吗？

品牌人格与品牌人格化

品牌人格，其实就是我们熟悉的传统营销和品牌理论中所说的"品牌个性"。

按照全球品牌理论的权威学者戴维·阿克（David A. Aaker）的定义，品牌个性是品牌所具有的一组人类特征。也有研究者将品牌个性从品牌自身和消费者两个视角，区分为品牌刻意塑造的个性和消费者实际感知到的个性。

为与品牌领域越来越鲜明的"人格化"趋势相匹配，现在也有很多人更愿意直接将品牌个性称为品牌人格。

品牌人格化，是随着社交媒体的发展、品牌与消费者直接互动的增加而出现的一种现象，就是品牌具体化为一个既有性别、年龄，又有鲜明个性的人物。

当然，品牌人格化也有两种情况，一种是品牌将它作为营销和传播策略有意推进，比如可口可乐在官方微博上叫自己"小可"，杜蕾斯在微博和微信上自称"小杜杜"。

另一种情况是品牌被动地被冠以人格化的绰号，比如暴雪公司的昵称"暴雪爸爸"，百度的绰号"小度"。这些绰号，虽然有戏谑的成分，但也代表了消费者所感知到的，或者被消费者在某种程度上夸张出来的品牌人格化特征。

那么品牌为什么热衷于给自己起小名，消费者又为什么喜欢叫品牌的小名或者绰号呢？

我认为，人格化可以带来亲近感、趣味性，拉近彼此的距离，而品牌和消费者都欢迎这种与以往不同的崭新关系。

在大众媒体时代，品牌只有通过媒体广告或者消费者的购买和使用才能接触到消费者，再怎么做人性化的广告，消费者感知到的品牌，仍旧是高高在上的、有距离的、不够亲切的，换句话说，即便喜欢某品牌，也是仰慕或者单恋的感觉。

但社交媒体为品牌提供了直接面对消费者、与消费者互动的机会，一些敏感的品牌察觉到，再以冷冰冰的形象出现，会完全失去让消费者成为粉丝的机会，所以它们主动地让自己从一个品牌，变成一个活生生的有个性的人，和消费者聊天、调侃、互动。

消费者当然也很欢迎这种感觉。他们在很大程度上已经厌倦了品牌通过大众媒体进行的一本正经的硬广告，当一个品牌化身为一个生动、有趣、有个性的人物，他们对品牌的兴趣和好感，会被大大激发。所以咱们看到，即便是消费者给品牌起的绰号不那么雅致，但其中包含的态度，仍是善意而非恶意的。

品牌如何主动运用人格化策略

第一，你需要了解自己品牌基本的个性。

一个品牌的个性，不是一朝一夕形成的，所以你也不能凭空给自己造出来一个与以往个性不符的新形象来，并强迫消费者接受。

戴维·阿克在他的著作《创建强势品牌》中，概括出了大致覆盖所有品牌的五大基本个性要素：纯真、刺激、称职、教养、强壮。

纯真的个性包括纯朴、诚实、有益等特征；

刺激的个性包括大胆、有朝气、富于想象、新潮等特征；

称职的个性包括可信、智慧、成功等特征；

教养的个性包括有魅力、自信、性感、高尚等特征；

强壮的个性包括男子气概、活跃、运动等特征。

比如，万宝路的基本个性是强壮，奔驰的基本个性是教养，保时捷的基本个性是刺激。如果奔驰把自己人格化成一个强壮的形象，万宝路把自己人格化成教养的形象，都会让目标消费者难以接受。

第二，你需要小心地规划品牌的人格化形象特征。

品牌是男性还是女性，还是一个中性角色？是儿童、少年、青年、中年、老年？品牌是消费者的同伴、朋友、老师，还是乐于提供帮助的达人、专家？品牌应该怎么说话，做什么样的表现？是高冷的，还是有趣的；是卖萌的，还是端庄的？品牌该外向一点，还是该内向一点？

所有这些特征，都应该符合你的品牌的基本个性，同时也符合消费者对你品牌个性的期待。

第三，品牌的人格化形象需要持续、稳定地存在。

可口可乐叫小可，已经叫了好几年；杜蕾斯的小杜杜，也已经在社交媒体上活跃了十年。而且大家认识的小可和小杜杜，一直都还是你认识它的样子，没有今天用男性的口吻说话，明天就变成温柔的小女生，今天卖卖萌，明天又变得高冷。

品牌人格化的形象只有很长时间持续稳定地存在，才会让消费者有持续的信任和好感。

书店有品牌人格化的成功案例吗？

在社交媒体上与目标消费者互动，同样也是实体书店必须重视的传播机会，你觉得消费者是更喜欢听一个生动、真实、有个性的人说话，还是喜欢看你每天发的中规中矩的新书信息呢？

我做快书包的时候，我自己和快书包的官微（官方微博）都很活跃，热心的顾客给我们的官微起了小名儿"包仔"，给快书包的粉丝起了名字"包仔 fan"，还组织过几次包仔 fan 的线下聚会。

我确实还没有看到实体书店做品牌人格化的知名成功案例，书店官微最活跃的，也只是给自己起个绰号叫"某某君"，但我可以提供几个想法供你参考：

如果你是一家生活方式型的书店，你能不能变成读者的同龄好友，一个每天跟他们分享有意思的生活方式的达人？

如果你是社区型书店，你能不能变成一个友善、亲切、乐于助人的好邻居？

如果你的顾客是文艺青年，你能不能变成一个跟他一样的文艺青年？

生活方式品牌：

把书店加上咖啡、文创，
就是生活方式品牌了吗？

什么是生活方式

生活方式是一个特别常用的词，你和我都经常会说起，那么到底什么是生活方式呢？

生活方式，英文是 lifestyle。它是一个内容相当宽泛的概念，几乎包括人们的衣、食、住、行、工作、休息、娱乐、社交等物质生活和精神生活的所有内容。你穿什么样的鞋，开什么样的车，喝咖啡还是喝茶，到哪儿旅行，喜欢钢琴还是古琴，逛不逛美术馆，喜欢毛料衣服还是棉麻衣服，都是生活方式的一部分。

生活方式所展现的，其实是人们关于自身活动、兴趣和看法的模式。每个人都有自己认同和向往的生活方式，不同的人有不同的生活方式，但是当无数人聚在一起，你又很容易发现，在某一方面有某种共性的一群人，会共同钟情于一种生活方式，而另外一群人，又热衷于另外一种生活方式，彼此并不雷同。

什么是生活方式品牌

生活方式品牌，就是向消费者承诺、展示、提供某种更理想、更让人向往的生活方式的品牌，或者简单地说，贩卖生活方式的品牌，就是生活方式品牌。

你打开电脑，登录微信网页版，页面标题告诉你："微信，是一个生活方式。"

你去星巴克喝咖啡，有人会说，你喝的不是咖啡，是生活方式。

马克·雅可布，路易威登前设计师，针对年轻消费者创建了自己的品牌，之后，他在店里增加了一个酒吧，营业时间从早上 7 点 30 分到次日凌晨 2 点，每一位顾客都能在购物的同时，享受各式饮品和酒吧的独特氛围。

美国一个起源于手袋的奢侈品牌，将产品线从手袋，延伸到时装、鞋子、珠宝、墨镜，再到家具、餐具、文具、浴具，甚至睡衣、壁纸、身体乳液、结婚请柬，成为一个完整的生活方式品牌。

天猫在发布"理想生活上天猫"的品牌口号的同时，联合阿里研究院和波士顿咨询公司共同发布了未来消费的五大趋势，分别为"乐活绿动、独乐自在、人设自由、无微不智、玩物立志"，这五大趋势，每一个都是一种生活方式。

对于产品品类比较单一的品牌，比如运动鞋和运动服装，它们成为生活方式品牌的途径，是让自己成为某种理想生活方式的一部分；对于提供多品类的品牌，比如宜家，销售其他厂商商品的零售平台或店铺，比如天猫，它们成为生活方式品牌的途径，是通过自己的商品组合，向消费者提供某种生活方式的提案。

为什么生活方式品牌成为品牌策略的新潮流呢？

生活方式品牌成为品牌策略的新潮流，有三个重要的机制在起作用。

第一个机制，人们需要自我表达。

当基本的温饱问题得到解决，人们就开始越来越关心自我表达。他们需要通过某种形式，比如，购买奢侈品或者豪华汽车来彰显地位；骑哈雷摩托来彰显个性；比如用万宝龙钢笔，或者穿潮牌运动鞋，展现自己的能力和魅力；比如穿棉麻服装，传达自己的生活理念。生活方式品牌，正满足了人们自我表达的需求。

第二个机制，人们需要更理想的生活方式。

人们总倾向于认为，自己目前的生活方式还不够好，有更好的生活方式在等着他们去追求，所以在消费时，倾向于选择能够填补他们生活方式的某种空缺，或者表达他们对生活方式的愿望的品牌。

第三个机制，品牌增加自己的心理性价值。

品牌通常会通过三个维度来增加客户价值：功能性价值、货币性价值和心理性价值。在功能性价值、货币性价值上，各个品牌都在遭遇激烈的竞争，所以很多品牌会选择以心理性价值来打动消费者。成为生活方式品牌是增加心理性价值的重要途径。

实体书店与生活方式品牌

实体书店与生活方式品牌之间有着天然的联系，因为书、阅读、文化天然地代表着更理想的生活，只要围绕目标顾客群体的生活方式做文章，每一家实体书店，都有成为生活方式店铺的可能。

　　茑屋书店是典型的生活方式品牌，以"生活美学店铺"著称的方所书店也是生活方式品牌。方所，源自设计师服饰品牌"例外"。例外的目标顾客，是有文艺气质的女性。方所书店正是围绕这一消费群体的生活方式打造的，第一家方所书店，占地1 800平方米，集书店、美学生活、咖啡、展览空间和服饰时尚于一体，还有艺廊、方所书院、植物区，这些构成了一个有独特调性的、完整的生活方式表达，受到顾客的欢迎，成为地标性的书店，自然毫不奇怪。

　　另外一些书店，将时尚、咖啡、书、人，这些现代社交生活的基本元素组合起来，打造出更符合年轻消费者普遍追求的生活方式入口。

专家型品牌：

你书店的
专长是什么？

专家型品牌与通才型品牌

专家型品牌就是消费者认为有某一方面的专长、在这一领域比竞争者更强的品牌。

与专家型品牌相对应的，是综合型品牌，也叫通才型品牌，就是消费者认为在各方面都比较均衡，但并没有在某一领域特别突出的品牌。

麦当劳、肯德基、汉堡王都以汉堡为主，也都提供薯条、鸡翅等小食，但我和很多消费者一样，认为麦当劳是综合型品牌，而肯德基和汉堡王则分别是做炸鸡和做汉堡的专家。

再比如在实体书店市场上，新华书店就比较普遍地被认为是综合型品牌，而万圣书园则是专家型品牌，因为大家认为它在学术书领域更有专长。

在几乎所有的市场上，都存在综合型品牌和专家型品牌并存的现象。"成为专家"也是非常重要的定位和品牌策略。那么，成为专家型品牌，会给企业带来什么样的价值和优势呢？

专家型品牌身上可以识别的强烈特质，使它可以迅速进入消费者的头脑，让消费者形成鲜明的印象，无论市场领导者，还是非市场领导者，都能获得巨大的价值。

对市场领导者来说，专家形象可以为企业建立市场挑战者很难动摇的市场地位。比如在空调市场上，有很多著名品牌，但最强有力的品牌是格力，因为格力很早就致力于建立专家形象，在广告中不停告诉消费者，"好空调，格力造"。当然，在格力品牌发展之初，也正是专家型的定位，让它在与各品牌空调的竞争中脱颖而出，成为空调市场的领导者。

对非市场领导者来说，专家形象可以帮助企业获取更有利的市场地位，甚至成为某一专业领域的第一品牌。比如当年的王老吉凉茶，凭一款广东地方性的传统中草药植物性饮料杀入竞争激烈的饮料市场，并大获成功，靠的就是专家型的定位"怕上火，喝王老吉"。

看到专家型品牌的巨大潜力，定位之父特劳特甚至说，任何情况下，只有专家型产品和高度聚焦的竞争者才是最后的赢家。

专家型品牌的两种类型

一种是以产品品类为核心的专家型品牌，比如红牛。红牛靠着单品行销全球，在功能饮料市场，占据了优势地位。再比如老干妈，在调味品市场上，它致力于打造辣味调料中的霸主地位，也非常成功。

另一种类型是以技术区隔为核心的专家型品牌，比如杜邦。杜邦以自己的专利技术，在实体面材市场，建立起了杜邦可丽耐品牌，在不粘涂层市场上建立起特富龙品牌，在纺织面料市场上，建立起莱卡品牌。

除了这两种主要类型，还有另外一些类型可以作为选择方向，比如著名市场营销学家菲利普·科特勒在他的著作《营销管理》中，就为市场拾遗补缺者提供了很多建议，包括成为最终用户专家、垂直层次专家、顾客规模专家、特殊顾客专家、地理市场专家、产品或产品系列专家、产品特点专家、加工专家、产品质量与价格专家、服务专家、销售渠道专家等。

成为专家型品牌的三个步骤

第一个步骤，打造你在某方面的专长。比方说一个人要想被大家认可为专家，你需要在某一个或大或小的领域学有所长，而且有能力为别人在你专业领域内提供有价值的帮助。对企业和品牌来说也一样，要想消费者认可你的专家形象，你必须在你想成为专家的领域确实强过竞争者。

第二个步骤，让消费者明确看到你的专长。比如格力和王老吉，主要是通过广告活动向消费者传播；万圣书园，则主要通过选书的学术水准赢得消费者的认可，然后获得消费者积极的口碑传播。如果消费者不了解，品牌再有专长，也一样是衣锦夜行。

第三个步骤，坚持你的专长。消费者认可了你专家型品牌形象，那么企业就需要在一个相对长的时期内，坚持专长，保持专家形象。如果你不停摇摆，今天是这个专家，明天又成了那个专家，那么用不了多久，顾客就会离你而去。

书店如何建立专家型品牌

在目前的市场上，建设自己的专家型品牌形象，是实体书店可以选择的非常重要的品牌策略之一。

一方面，无论线上还是线下，都有强大的综合型图书零售商品牌，比如线上的当当，线下的新华书店，实体书店谋求市场领导者的地位非常困难。那么让消费者将你视为某一方面的专家，就成为可以吸引消费者选择你的重要理由。

另一方面，中小型书店数量庞大，而且同质化竞争也非常严重，一家书店要想在市场上脱颖而出，成为专家型品牌，也是很好的竞争策略。

朝着成为专家型品牌的方向思考，你会发现很多可能性，比如成为二手书专家，成为儿童图书专家，成为生活图书专家，成为美食图书专家，成为专业书店、特色书店、主题书店、为某一特定读者群服务的生活形态书店，等等。

你的书店能不能像巴黎的莎士比亚书店一样

文化地标

文化地标，也叫人文地标，指的是能够代表一个城市人文精神的标志性建筑或者场所。

很多城市都有自己的文化地标书店，很多人文类型的书店也将成为本地的文化地标当作自己的品牌理想。

白岩松 2005 年评价诚品书店的一段话，可以看成是对书店文化地标形象的注解，他说："台北的诚品书店，以它独特的经营方式、独特的书店文化，带给社会大众一种精致高贵的选择，带给这个城市一种体面和尊严。当然，精致高贵指的并不仅是书的包装、书的内容、书的价格，更是一种环境，一种气氛，一种向往。"

十几年前，我去参观法兰克福书展，特别绕道巴黎，参访了全世界书店人心目中的必去之地——莎士比亚书店。

这家 1919 年开业的书店，比我想象的小，也比我想象的旧，楼梯吱嘎作响，满是书架，满是旧书，店里还摆着几张行军床，几个年轻人抱着电脑，坐在行军床上工作。

比起网上流传的那些最美书店的照片，莎士比亚书店显然老旧不堪，也缺乏外在的美感。但就是这样一家书店，和它的邻居巴黎圣母院一起，成为巴黎塞纳河左岸的文化地标。

莎士比亚书店为什么被视为巴黎的文化地标？

莎士比亚书店是乔伊斯巨作《尤利西斯》的出版商，还被称为海明威的图书室、菲茨杰拉德的咖啡馆、艾略特的演讲厅，无数流浪作家把莎士比亚书店的地址，作为通信地址留给别人。它是 20 世纪二三十年代英国和法国的文学交流中心，也是"迷茫的一代"作家们的精神殿堂。正是这些深刻的精神文化内涵，使得它成为书店中的不朽传奇，在今天，它仍是文学青年朝圣之地、全世界独立书店的标杆。

诚品为什么被视为台湾的文化地标？

1990 年吴清友先生创办诚品时，提出的梦想是"融合设计、艺术、表演、戏剧、音乐等文化创意的平台，形成一个以'文化园区'为核心的商业模式，让文化在民众生活里发酵和深化"。

诚品确实做到了这一点，它有典雅舒适的殿堂、精心挑选的好书，尤其是外文艺术书，还有精心组合的文创产品、餐饮服务，为读者带来了远远超过其他书店的整体氛围和全新的购书体验。

当然，还不只这些，诚品还聘请知名的文案撰稿人，撰写各种富于文学性的文案，诠释诚品的精神内涵。这些风格独特的文案，不但帮诚品吸引到大量的顾客，文案本身也成为构成诚品文化地标形象的元素之一。

一家书店要具备哪些基本元素，才能接近或者达到文化地标的形象呢？

第一，有人文精神的好书。书店无论风格是什么样的，如果没有充分体现人文精神的好书，永远成不了文化地标。

第二，有灵魂。一家成为文化地标的书店，一定有它高度凝聚的、独特的精神内涵，我们可以说，有这样精神内涵的书店，才是有灵魂的书店，有灵魂的书店，才能激发读者像热爱和追寻一个活生生的、有血有肉有灵魂的人一样去热爱和追寻它。

第三，能唤起读者的深切共鸣。将某家书店视为文化地标的，是读者，当一家书店的精神内涵能够与读者的精神世界进行沟通、令读者产生共鸣，它提供的一切，包括书，包括氛围，包括风格，甚至仅仅是书店的名字本身，都会引发读者发自内心的认同和向往。

第四，有独特美感。这种美感是由所有有形、可见之物和无形、不可见之物共同构成的。

读者可见的，是店里的书、店内的人，是店内外的实体形象；读者不可见的，是书店的故事、书店的理念、书店与读者的关系。这些因素，交融成一家书店的独特美感。

我们现在动不动就说"最美书店"，其实说的，往往都只是形式上的美感，并没有深入到书店真正的美学层面。

《侘寂之美》的作者李欧纳·科仁曾经用过一个"白色塑料伞"的比喻，让我印象深刻，他说的是现代人设计的日本茶室如何偏离了传统茶室的侘寂之美，我觉得对我们实体书店如何营造自己的书店美学，也很有启发。他有一次受邀去茶室喝茶：

> 我从东京的办公室出发，经过三个多小时换乘火车和巴士的车程，来到了茶室的所在地——一处过去天皇的避暑山庄。令我失望的是，这是何其豪华庄严、雅致考究的一场茶宴，几乎完全追寻不到一丝侘寂的痕迹。一座光滑平整的茶室，表面像是用纸糊的，外表跟气味却都像一把白色塑料伞。毗邻的建筑，其结构都是用与建筑办公大楼相近的材料，如玻璃、钢和木材构筑。其中一座较符合我期待的侘寂风格的茶室，细看之下，却发现已经被过度打扮成后现代主义风格。

我想，如果一家书店过度重视外表的美貌，而忽视了真正的灵魂，读者很可能会和李欧纳·科仁一样，产生看到"白色塑料伞"的感受。

内部品牌塑造：
员工
就是活品牌

有一次，我太太上天猫给她妈妈买衣服，付完款才发现，忘了把收货地址改成她妈妈的地址。她赶紧登录旺旺，联系客服，客服马上说：您把新地址给我，我给做好备注。十几秒后，客服告诉她，备注好了。前后一两分钟，这个小问题妥善解决。

接着她又发现，旺旺上有一条未读信息，是关于一份四天前付了款的冰激凌订单的。客服留言说："您好，您购买的草莓味冰激凌显示缺货了，到货时间预计为大约 20 天以后，香草和巧克力的有货，您是退款重新拍下呢，还是等待到货后发出呢？给您带来的不便请您谅解，谢谢。"

我太太觉得什么口味其实关系不太，就回复说："那能把没货的口味改成有货的口味发来吗？"一般这种情况，客服都会回答"没问题"，而那家还挺有名的大电商的客服却回答："这边不能修改的。"于是，我太太只好取消订单，申请退款，而且还对客服全程连一句"对不起"都没有、订单有问题 4 天后才联络她，觉得特别不满。

修改地址的事，员工的行动就支持了品牌对顾客做出的良好服务的承诺；而后面拒绝修改订单的事，则是典型的员工和内部运作流程都不能支持这样的承诺。

　　一般说起品牌塑造，大家首先想到的就是面向顾客的品牌塑造，而面向内部的品牌塑造活动常常被忽视。于是，就经常会出现这样的事：企业下了很大的功夫，才把一个顾客吸引过来，而员工服务过程中的一个小细节，就能马上把顾客给推出去。

什么是内部品牌塑造

　　内部品牌塑造，就是企业如何在内部进行品牌塑造活动，让员工和内部运作都能支持你的品牌向顾客做出的承诺。

　　有种说法，叫员工就是"活品牌"，说的是企业员工，尤其是直接面对顾客的一线员工，面对顾客时的表情、对顾客的说话方式、对顾客说的话、为顾客做的服务、如何帮顾客解决问题，其实都是在向顾客传达品牌形象、品牌理念——虽然并不是所有员工都有这样的意识，但他对面的顾客，此时此刻，确实把他当作企业和品牌的代表。所以对顾客来说，员工面对顾客时，就是一个活的品牌。

　　一个员工正确理解并信服品牌理念、品牌对顾客的承诺，他会加倍努力工作，并且意识到他面对顾客时的一言一行，都与品牌相关，他需要有为品牌加分的表现。

　　一个员工不理解，或者理解了却并不信服品牌理念和承诺，他会觉得，你的品牌和我一点关系都没有，我不需要为它做什么加分的事，甚至有的人会想，顾客都跑了才好呢，我还能少干点活。你想想，不做内部品牌建设，这种状况就很可能频繁出现，后果有多可怕！

　　当你的运作流程和规范面向顾客的时候，企业的运作流程和规范也是品牌的一部分。

比如我前面讲的需要修改订单地址那件事。对网购的顾客来说，购物后台留下多个地址，是常有的事，提交订单，忘了改地址，也经常发生。那么地址修改的权力，就需要授权给客服，这样顾客的问题能马上得到解决，不会造成对品牌的不满和订单流失。

同样，对零售企业来说，缺货也是常有的事，那么缺货订单的处理流程，就应该被当作一个很重要的事，提升到品牌塑造的高度。很可惜，我太太遇到的那家企业，只考虑自己操作方便，用不知变通、缺乏弹性而且态度生硬的方式处理缺货，于是流程中的小细节，就埋下了激发顾客对品牌不满的导火索。

如何进行内部品牌塑造

一是通过企业内部的传播途径，对员工进行品牌传播，帮助他们更好地理解品牌理念，说服他们认同品牌，并在日常工作中付诸行动。

二是通过对内部运作流程的规划，使你的流程和操作办法，能完全支持品牌对顾客做出的承诺，而不是处处为顾客制造不便。

内部品牌塑造的一个绝佳案例，就是海底捞。说到海底捞，你肯定马上想到它好得不能再好的服务。那么，海底捞是如何做到让企业员工和服务细节，对品牌承诺的支持程度都如此之高的呢？他们用了两个办法，一是把员工当家人，二是对员工充分授权。

他们为员工租住有空调和暖气的正规住宅，而且租房的标准之一，是20分钟步行到达工作地点。不仅如此，他们还照顾员工的孩子和父母，他们给员工子弟建寄宿学校，给员工的父母寄钱。

　　他们像信任家人那样信任员工，给员工充分授权。每个一线员工都有免单权，如果你觉得有必要免费送客人一些菜，那你就送，你觉得该给顾客免单，那你就免。

　　海底捞的内部品牌塑造，用的不是一般大企业的常规方法，如企业文化建设、团队建设，但他们独特的、有人情味的方式，却实现了内部品牌塑造的最高目标：让员工、服务流程与品牌理念融为一体。

第二章

书店的
战略思考

打破惯例：

书店可以从
宜家学到什么？

什么是惯例？

惯例就是一个行业中的企业，普遍强迫顾客接受的常规做法。惯例不是顾客的可选项，在惯例面前，顾客只能让步。

逼顾客让步的惯例，几乎每个行业都有。比如你今天想去银行办点事，但只有中午有时间，然后你去了，发现很多人在排队，只有一两个窗口能办业务。为什么呢？因为中午银行柜员轮流休息，会减少开放的窗口。这就是惯例。

再比如你出门旅行，下午 1 点下了飞机，2 点到了酒店，但是酒店规定 3 点才能入住，你只好干等 1 小时。这就是酒店行业的惯例。

惯例是如何产生的

一个来源是行业自身操作规程的限制，为了自己方便，这个行业里的企业，就都让消费者在惯例前让步。你还记得 30 年前的书店和百货商场是什么样子吗？它们都有一个柜台，把你跟商品隔开，你要买什么东西，得客气地跟售货员说："麻烦您把那个拿给我看看。"为什么要这样？因为这样商店好管理，不容易丢东西。

另一个来源是成本、利润的考虑。就像住酒店，不让你提前入住，是不想让你占多住 1 小时的便宜，即便在这 1 个小时里，你预订的房间白白空着。

如何打破惯例

一些企业选择遵从惯例——反正大家都这样，我何必去打破它？另外一些企业，会选择寻找这些让顾客不得不做出让步的惯例，然后打破。这样的企业，通常会在低速成长的行业中，获得超常增长，或是在高速成长的行业中，保持比同行更快的增长速度。

宜家就是一个打破惯例的典型。

宜家的商业模式逐渐发展成型，是在 20 世纪五六十年代，当时家具产业提供传统风格的产品；宜家则提供现代斯堪的纳维亚风格的产品；家具产业以年长的消费者为目标顾客，宜家则定位为有小孩的年轻家庭；家具产业喜欢建小型专卖店，宜家则建立包罗万象的大商场；家具产业的专卖店通常在市中心，宜家则把商场建在郊外并提供免费停车场。

当然，我们现在还能看到，宜家商场里有醒目的退换货提示，而传统家具产业则有一个秘而不宣的惯例——这么大型的东西，你最好不退。

有了这些打破惯例的举措，宜家今天成为全球化的零售巨头，毫不奇怪。

打破惯例，没有什么特别的办法，最好的办法是，按照顾客的购物方式购物、关注顾客实际使用产品和服务的方式，找出顾客的不满。

比如你作为一个普通顾客，到自己的书店去买书，然后仔细地体会你的感受、找到你自己都觉得不方便、不舒服的地方，那些地方就是你可以尝试打破的惯例了。

书店行业与打破惯例

原来书店都是闭架售书的，现在都是开架了；原来不给顾客提供可坐的地方，现在有些书店提供座位了；原来书店搞活动都是免费的，服务于图书营销，现在不少书店开始做收费的活动了；原来书店只卖书，卖文具是文具店的事，卖咖啡是咖啡店的事，现在这个惯例也打破了，显然给顾客带来了更多便利。

那么，还有哪些惯例，等着被发现、被打破呢？

我个人觉得，目前的图书陈列方式，可能也是一个惯例。作为一个阅读兴趣广泛的读者，我每次去一家大型书店，都得从最前面的展台开始，浏览每个类别的书架，生怕漏掉了之前想找的某本书。这对读者来说，是相当大的不便利，我们能不能尝试改变呢？依我所见，日本的茑屋书店的图书陈列，已经变成了生活形态提案型的陈列，这就是打破了一个很大的惯例。

价值创新：

书店的
价值创新机会在哪里？

什么是价值创新

价值创新，是现在常说的蓝海战略的一个重要基石，指的是通过寻求顾客的共同点，为顾客提供飞跃性的新价值。企业可以通过价值创新，为自己开创一个超越竞争的市场，从而获得战略性高速成长。

价值创新者不把打败竞争对手作为目标，他们关注为买方创造价值飞跃，并由此开创新的无人竞争的市场空间，使竞争者不再成为竞争者。

在价值创新战略中，价值和创新同样重要。如果只重视价值，不重视创新，企业就容易把精力放在小步递增的"价值创造"上。这种做法能改善价值，却不足以使企业出类拔萃。只重创新，不重价值，企业提供给顾客的东西，又容易超过买方的心理接受能力和购买力。

如果你一个人出一趟两三天的短差，你会选择住什么样的酒店？如果是我，我会选亚朵、如家、汉庭、宜必思这样的连锁经济型酒店。

因为它们的硬件设施简洁明了，房间干净整洁，而且会有一张比较舒适的床，对于只需要晚上舒服地睡一觉的普通商旅客人来说，这就足够了。

但在经济型酒店出现之前，普通商旅客人有什么样的酒店可选呢？

一种选择是廉价旅馆或者一二星的酒店，它们价格便宜，但常常设施陈旧，卫生状况不佳，而且床和枕头都不够舒服。

高级点的选择是三星四星的酒店，它们相对舒适，但你得为你根本用不上的餐饮、康乐、会议等配套设施支付相对高昂的价格。

传统廉价旅馆和星级酒店提供的东西，和普通商旅客人的需求并不符合，而经济型酒店则刚好满足了你用相对实惠的价格，获得一夜良好睡眠的需求。

在全球经营着著名经济型酒店品牌宜必思的法国雅高集团，是这个行业较早的价值创新者，当时他们看到的市场状况，和我们上面叙述的是一样的。

雅高看到了顾客对传统旅馆酒店业所提供价值的不满，于是大胆地进行了价值创新：它取消了高消费的餐厅、豪华的大堂，减少了大堂接待员，每个房间很小，只有一张床和很少的必需品，卫生间是由工厂生产的组合模块拼接而成，但房间的舒适、卫生、隔音，都能得到保证。

这些价值创新，既提高了顾客所能获取的价值，又有效控制了成本和质量，使得首批经济型酒店一推出，就大受欢迎，不仅吸引到了原来传统廉价旅馆和低星级酒店的顾客，也吸引到了原来三星级酒店的部分客人。

企业如何实现价值创新

第一，要成为价值创新者，需要改变对行业的认知。采用传统战略逻辑的企业，认为在这个行业内，条件是给定的，不可改变，但价值创新者认为，行业条件是可以改变的。

第二，企业需要改变战略重点，把关注的焦点，从竞争转移到如何为顾客提供飞跃性的价值上。

第三，传统企业关心顾客差异，常常通过细分市场和个性化的产品来满足顾客；但价值竞争者更关注从顾客需求中，找到有效的共性。

第四，传统企业根据现有的资产和能力评价商业机会，价值创新者会问：如何重新开始，会有什么结果？

第五，传统企业关心在本行业，应该提供给顾客什么样的产品和服务，价值创新者则跨越行业限制，关注顾客所寻求的整体解决方案。

西西弗书店的价值创新

传统的实体书店，大多是一家一户的店面，但西西弗把书店，都开在繁华的 MALL（超级购物中心）里，这对顾客是一个新的价值，因为他们可以在逛街、吃饭的时候，顺便去趟书店，而不需要专门花上几个小时跑去一家书店了。当然，开在 MALL 里，也让书店更容易获取人流量。

接着，西西弗把咖啡馆变成了书店的标配，让来书店的顾客，都能实现在咖啡馆逛书店和在书店享受咖啡馆氛围的愿望。

还有，西西弗走出本地，在全国建立连锁店，这个举措为顾客提供的价值是，只要你知道西西弗这个品牌，那么你到哪个大城市，都知道有这么一家选书靠谱、有格调、有品位、有咖啡、有文创的书店可逛。

这些价值创新集合在一起，让西西弗摆脱了传统实体书店的市场窘境，成为跨地域的店铺数量最多的连锁书店。这就是企业成长中价值创新战略的力量。

重建市场边界：

为什么"书店+"的
空间比你想象的大？

什么是市场边界

简单说，市场边界是一个产业中的产品和服务范围的界定。

它可能未经言明，但这个产业中的企业，会围绕市场边界，形成一种共识，包括我的主要顾客是谁，我需要提供什么样的产品和服务，我和谁竞争，我应该采用什么样的商业模式、采用什么样的运营方式和成长战略。

比如，传统出租车行业的市场边界，形象地说就是提供在路上跑的出租车，然后遇到在路边等车的顾客。

但是咱们现在看到，出租车行业旧有的市场边界，都已经被滴滴、优步等企业打破，它们重建了一个全新的市场边界，而且凭借这种战略，获得了远远超过同行的快速发展。

你出门要坐车？好，不用在路边等了，你只要动几下手指头，我就把车派到你门口；你需要用车去机场接人？好，不用自己开车或打个车去了，我帮你准时接到；你路远图省钱想搭顺风车？好，我帮你找到谁正好顺路，而且正好有个座位可以提供给你；你想坐一辆高级点的车？没问题，我告诉你车型，随便你选。

重建市场边界的方法

（1）选择跨越他择品。他择品就是功能与形式都不同，但是目的却相同的产品和服务。智能手机就是跨越他择品的典型。你要记录一些有意义或者有趣的影像，但你不再需要背个相机或者摄像机，用手机就行。靠这个新的市场边界，智能手机挤垮了数码相机和摄像机产业。

（2）选择跨越产业中的战略集团。产业中的战略集团，指的是一个产业中战略相似的企业。比如汽车市场上，奔驰、宝马就属于豪华汽车集团。但是奔驰做了一件重建市场边界的事，它与斯沃琪手表合作，推出了一款极具设计感、针对年轻人的 SMART 两座汽车，开创出一个新的巨大市场。

（3）跨越买方链。买方链就是一次购买行为中，参与其中的影响者、购买决策者、使用者等多个角色。比如原来我们用药，需要由医生开处方，到医院的药房取药，但现在，你可以直接到药店去买非处方药，拿着处方也可以自己去买处方药。药店就是跨越买方链重建市场边界的一个典型。

（4）跨越互补产品或者服务。书和一个可以坐下来读书的环境，就构成互补；阅读和享受一杯醇香的咖啡，也构成互补；书和几个人坐下来讨论一本书的读书会，也构成互补。

（5）跨越针对卖方的功能与情感导向。在经济型手表市场上，功能和性价比一直是商家用来打动客户的因素，但是斯沃琪手表用手表中的时尚元素和广告中的时尚诉求，将功能导向变成了情感导向；再比如，美发店注重用时尚的感受来吸引消费者，但快速理发店抛弃了时尚诉求，转而用快速、方便、实惠的功能诉求来吸引消费者。

（6）跨越时间，把握潮流趋向和未来的市场需求。苹果公司在20世纪最后几年，观察到人们热衷于从网上下载音乐，而不再购买CD（激光唱片），于是推出了网上音乐商店，与主要音乐公司签约，向音乐爱好者销售获得授权的单曲或者专辑。

图书零售业如何重建市场边界

传统的图书零售业，市场边界就是"卖书给读者"，但是现在这个市场边界已经越来越模糊。

你想在书店里喝杯咖啡？有人在书店里增加了咖啡馆。

你想买书时顺便买点精致的文具或者礼物？有人在书店里增加了文创产品。

你想在书店吃个饭？有人在书店里加了餐厅。

你想在书店喝杯啤酒？有人一边卖书一边卖啤酒。

你想在书店做个活动？有人可以把书店的空间租给你用。

你想在书店听讲座？书店在办各种收费的、免费的讲座。

甚至你想在书店拍一套与众不同的婚纱照，也有书店能配合你的需求。

这些不断尝试新的产品和服务的书店，为自己赢得了新的市场，同时也在提醒咱们：所谓的市场边界，其实不是不可逾越的鸿沟，而是我们因循传统给自己设下的限制。打破它，可以进入一片自由创新的天地。

超越现有需求：

书店如何把
非顾客变成顾客？

今天咱们从一个你可能听过 100 次的故事开始。故事是这样的：

一家鞋类生产商，派销售人员到一个岛上去考察市场。第一个被派去的人，回来很沮丧："白跑一趟，那儿没市场，人们都不穿鞋。"第二个被派去的人，回来很高兴："太棒了，那里的市场真不错，人们都没有鞋穿！"

这个故事告诉我们，企业想获得快速成长，就要超越顾客的现有需求，从非顾客身上发现大市场。

什么是非顾客

非顾客就是现在不是你的顾客，而且看起来也不大可能成为你的顾客的那些人。但他们很可能是一个潜在的巨大市场，为企业带来新的成长机会。

说起企业成长，大家都会想到两个努力方向：第一个方向，吸引新的顾客；第二个方向，让现有的顾客买得更多。

这两个方向都没错，但在谁是新的顾客上，有一个明显的误解。大家习惯在所谓的"目标顾客"中吸引新的顾客。那么目标顾客是怎么界定的呢？就是和现有的顾客有共同的需求、相同或者相近的特征，但是现在还没有买你东西的人。

比如一个市场上，A 品牌要赢得新顾客，要做的就是把 B 品牌、C 品牌、D 品牌的顾客给吸引过来，扩大自己的市场份额。但是采取这样的战略，就不可避免地陷入竞争激烈的红海市场，而且更重要的是，大家抢的其实是同一块蛋糕，并没有把蛋糕做大。

而另一种战略是，采取超越现有需求、吸引非顾客的战略，不是把吸引新顾客的重点放到抢别人的顾客上，而是超越你现在能看到的目标顾客的需求，把非顾客变成顾客。这是给自己做一块更大的还没人抢的蛋糕。

非顾客的三个层次

第一层次的非顾客，叫准非顾客。他们最低限度地使用现有的市场和服务，一旦有更好的选择，随时准备跑掉。

比如对于肯德基，我就是典型的准非顾客，主要因为我不太爱吃鸡。像我这样的顾客，看起来没什么价值吧？但他们用一个产品，成功抓住了我。那个产品就是"外带全家桶"。咱们来看下外带全家桶如何满足了我的需求：我有两个儿子，他们喜欢吃炸鸡，但是在我的健康饮食的引导下，他们很少要求去吃。但是每年总有那么几次，或者是我太太做家务耽搁了做饭时间，或者是大家想换个口味，我们会叫外卖。一说起叫外卖，两个孩子马上想到"外带全家桶"，于是一个准非顾客，反倒成了"外带全家桶"的重度消费者。

第二个层次的非顾客，叫拒绝型非顾客。他们因为市场上现有的产品或服务不可接受或超过他们经济承受能力而不使用它们。但拒绝型顾客，也很可能是一片等待开发的肥沃处女地。

高尔夫球市场上，美国一家高尔夫公司就去开发了这块处女地。

这家公司一直很纳闷：为什么在价格并不是高门槛的美国高尔夫球市场上，体育爱好者没有将高尔夫当成一项体育运动呢？

经过仔细分析，他们发现了非顾客的关键共同点：他们觉得球杆的棒头太小，击中高尔夫球太难了。于是他们生产了一种大棒头的球棒。这根新的球棒，成功地把很多非顾客变成了顾客，而且也大受现有顾客的欢迎，因为他们也觉得，小棒头的球棒很难击中球，让人特别有挫折感。

第三个层次的非顾客，叫未探知型新顾客。他们离现有的顾客最远，企业通常从不把他们当成目标顾客或者潜在顾客。

咱们以云南白药牙膏为例。大家都知道，云南白药是连配方都不公布的传统中草药，云南白药集团原来一直在医药市场上经营。但是前几年，云南白药推出了云南白药牙膏。你可以去几大网站上查查牙膏的价格和销量，云南白药牙膏的价格，是普通牙膏的两倍还多，但销量远远领先于很多我们熟悉的牙膏品牌。

这就是非顾客的力量。使用云南白药牙膏的人，绝大部分都不是后来作为药物的云南白药的顾客，因为生活中人们受伤时需要用到云南白药，但毕竟是很偶然的情况。但是，人人都需要刷牙，当云南白药牙膏把自己的功能优势和刷牙时减轻牙龈出血的需求结合起来，一个吸引非顾客的关键点就出现了。

你看，看起来不是所谓"目标顾客"的那些非顾客，其实并没有那么难争取。关键是你怎么样去发现他们的共同需求，然后满足他们。

实体书店如何吸引非顾客

针对那些老去咖啡馆，但实际上并没有那么热爱咖啡，只是需要一个约人见面的地方的人，咱们能不能把书店变成他愿意约人见面的空间呢？

针对那些一到周末，就发愁带孩子去哪儿的爸爸妈妈，咱们能不能把书店变成像儿童乐园那样他喜欢带孩子去的地方呢？

甚至针对周末用逛街打发时间的人，咱们能不能吸引他们把书店当成一种消磨时间的方式呢？

对于传统的书店人来说，这些想法可能有点匪夷所思，但如果我们把书店看成商业，把非顾客变成顾客的思路，其实还有很多。

书店如何四步开创新蓝海：

剔除—减少—
增加—创造

开创蓝海四步骤：剔除—减少—增加—创造

"剔除—减少—增加—创造"四步动作框架，由几位作者在《蓝海战略》这本书中提出，他们认为，企业可以通过这四个步骤，挑战产业现有逻辑战略和商业模式，重构买方价值元素，开创自己的企业成长战略。

第一步剔除，就是找到产品和服务中的哪些元素被产业认为是理所当然，但实际上是可以剔除的，然后剔除它们。

第二步减少，就是找到产品和服务中的哪些元素对顾客来说并不重要，应该减少到产业标准以下，然后减少它们。

第三步增加，分析产品和服务中有哪些元素对顾客来说更有价值，应该增加到产业标准之上，然后增加它们。

第四步创造，分析产业的产品和服务中哪些元素从来没有过，但是对顾客很有吸引力，然后去增加它们。

优衣库案例

优衣库从一家销售西装的小型服装店起家，现在已经成为国际知名休闲服装品牌，门店遍布全球多个国家，在中国更是受到从年轻人到中年大叔的普遍欢迎。

优衣库用的，就是典型的"剔除—减少—增加—创造"的方式。

（1）剔除。走进优衣库的店铺，你很容易发现，它和其他的服装专卖店大不相同，没有美轮美奂的精致装潢，宽敞整洁的卖场更像一个服装仓库。优衣库的创始人说，装修店铺的时候，能不吊顶，就尽量不要吊顶，让空间显得高大开阔；一定不像一般的服装专卖店那样，把通道搞得很狭窄，让顾客行走不便，优衣库的店铺，要有笔直宽敞的主通道，营造一个让顾客自由、轻松选购的环境。

（2）减少。传统的服装专卖店，你一走进去，常有导购员跟在你后面，让你感觉很不自在，优衣库减少了店员对顾客一对一服务，只在顾客咨询或需要帮助时才随叫随到，让顾客完全自助购物。减少对顾客纠缠式服务的同时，店员有更多时间整理、补货，让货架随时保持整齐。

优衣库减少的还有服装的款式和色彩，以及服装中的时尚、流行元素。优衣库认为，流行的东西非常容易过时，日常生活中可以穿用的基本款更受欢迎，所以他们特别注重为顾客提供功能性和时尚性合理平衡"容易穿着、容易搭配"的基本款休闲服装。用优衣库创始人的话说，就是"让顾客像逛书摊买杂志一样，轻松购买价廉物美的休闲服"。

（3）增加。传统的服装品牌，要么专做女装，要么专做男装或者童装，这对顾客来说，非常麻烦，比如我们一家四口，要给每个人买一件衣服，就需要分别去女装、男装、童装店铺，得花上大半天时间。但优衣库把目标市场调整为无年龄差别、无性别差异、能应对任何年龄层和任何身份地位的市场，这样的店铺，给顾客带来了极大的便利。

（4）创造。传统的服装品牌，主要依靠店铺销售，但是优衣库在日本从 2000 年起，就开始网上直销；在中国，优衣库也在中国品牌服装零售业率先推出网购业务，2008 年 4 月 16 日，优衣库淘宝商城旗舰店，也就是现在的天猫旗舰店，与自有网店同时发布，开店后平均每天销售 2 000 件，现在更是成为天猫数一数二的服装店铺。

书店行业如何开创蓝海

1. 做减法，看哪些东西有剔除和减少的可能

比如品种，你可以统计一下你的店面中有几万个品种，然后问问自己：我们真的需要这么多品种吗？有哪些品种可以考虑剔除？

再比如陈列。你站在店面的书架前，举高手臂，看看你够不到的地方，还有几层，这些按照行业惯例使用的高高的书架，对读者来说，带来的是价值，还是巨大的不便利？

再比如通道。你自己去走走自己店面的通道，为了容纳好几万个品种，为了充分展示畅销书，店面的通道是不是挤得太窄了？你从中间穿过去的时候，要跟别人说几次"借过"？我们为什么不能给读者一个舒适的空间感呢？

2. 做加法，看看哪些东西有增加和创造的可能

你可以拿一张纸，在书店两个字后面，写个加号，然后开始头脑风暴，把你能想到的可以增加或者创造的东西写上去，看看增加了什么，读者依旧会把你当成书店，再增加什么，你还是书店，再增加什么，你依然是书店。

你现在可能加出了一堆新元素，下一步就可以继续分析哪些元素可以给顾客和企业都带来更大的价值？找到这样的元素，你就可能找到一片新的蓝海。

利润区：

购物中心里的
餐馆为什么越来越多?

传统的企业经营理念认为，企业在某个市场上获得足够多的市场份额，就能获得良好利润，或者企业保持高增长率，就能获得良好利润。而且很多企业也确实曾经靠着高市场占有率或者高增长获得良好的利润。但是现在，情况变了，很多努力追求市场份额和高增长的公司，都陷入了利润减少的窘境，有的甚至越增长越亏损。

你可能听说过全球著名高档皮具生产商古驰的一个案例。20 世纪 80 年代，为增加市场份额，增加销售收入，古驰生产了一系列低价位的帆布产品，然后以很大的力度推广和销售它们。预期的高增长很快出现，销售一路飙升。但恶果也很快显现出来，古驰高端产品的销售一落千丈，公司获利能力大大受损，后来靠着缩减产品线，才改善了状况。

为什么会这样?因为高市场占有率和高增长，通常需要以低价格吸引新客户来实现，低价格削薄了利润，而新客户则未必是有利可图的用户，而且，低价格还会影响高端产品的形象，进而影响品牌形象，影响利润。

进入 21 世纪，企业经营者们逐渐放弃以往对高市场占有率、高增长的追求，转而关注自己的利润区在哪里，如何进入自己的利润区。

什么是利润区

所谓利润区，就是为企业带来高额利润的经济活动区域，这种利润不是平均利润，不是短期利润，不是周期性利润，而是相对持续的高额利润。

咱们可以通俗地说，企业找到了利润区，就是找到了自己的高储量、高品质金矿，只有在这里深入挖掘，才能获得理想的利润。在金矿之外的地带，你再勤奋，淘到的也可能只是小金沙，而且还会耽误你找到金矿的机会，搞不好，同行业的其他企业比你更快找到这个金矿，局面就更加被动。

但是企业的利润区到底在哪儿呢？在客户身上。客户是谁，他在哪儿，他想要什么，企业利润区就在哪里。企业需要以客户为中心进行企业设计，才能找到自己的利润区。

最初出现的购物中心，购物是最主要的功能，一般会有一个大型的主力百货，再加上一些专卖店，然后会有一个超市，会有一些快餐店铺，好让逛街买东西走累了、走饿了的客户，有个吃点东西、喝点东西的地方。

但现在客户变了。生活更富裕，物质更丰富，购物渠道也更多，人们不像以往那样喜欢用逛街、购物来消磨时间，大家都需要更多真正的娱乐休闲：周末去看场电影，约朋友喝杯咖啡聊聊天，和家人一起享用一顿美食，陪孩子玩一玩，再让孩子学点东西。

于是，以往更像"购物中心"的购物中心，开始努力把自己变成真正的以休闲娱乐为主要功能的大型商业综合体：高层是电影院、餐饮店铺，地下是超市和美食街，一层会有快餐店和咖啡馆，有一两层是多样化的零售店铺，覆盖从服装到零食的多个门类，再有一到两层，以儿童和爸爸妈妈为目标客户，分布着玩具、儿童服装、儿童娱乐、儿童教育等类型的店铺。

从购物中心的业态变化中，我们很容易能识别出购物中心的经营者们以客户为中心进行企业设计，并随着客户变化及时调整企业设计的做法。

书店的利润区

以前，书店业同人都相信，书店的利润，就该从卖书上来，甚至只是从图书零售上来，不靠卖书赚钱的书店，不是好书店。

但现在，客户变了。一部分客户更希望书店成为一个特别有品位、有格调的空间，他们可以在这里看看书，喝杯咖啡，享受一段美好时光。还有一部分客户，他们喜欢在书店买到一些有创意的非书的东西。带孩子来看书的爸爸妈妈，则可能更希望书店能给小朋友创造一些条件，让他们更喜欢来书店看书和买书。还有不少人，希望在书店开读书会、讨论会，希望来书店听讲座，实现学习的目的。

一些书店根据客户的这些变化，调整了自己的企业设计，从而走出了利润困境；另外一些书店，没有及时跟上客户的变化，所以仍旧在苦苦探索自己的赚钱之道。

我走访书店的时候，还见到了一些很有意义的探索。有的书店，一年组织一两百场收费讲座、读书会，活动收费成为主要收入来源之一。各省新华书店最近几年开了两三千家中学校园书店，有的是"顺便"在书店里加了一家小超市，有的是在书店里面开辟了饮品服务，有的是开设学生课外班，有的是靠着这项方便师生的服务，从学校得到了更多的教材、教辅和图书馆采购订单。所以说，如果能看到客户的变化，并建立起以客户为中心进行企业设计的思路，还有很多很有价值的利润区，等着图书零售业去发现。

无利润模式与利润复归：

卖书无利润之后，
书店如何赚钱？

我家附近有一家星巴克咖啡，作为一个没有固定办公室的自由职业者，我把大部分工作约会都定在那里。而且如果想找一个舒服、偏僻一点的位置，还得早点去，因为要不了多久，好位置就会被抱着电脑工作的人、相约谈事的人、小聚闲聊的人给占满。

如果你办公室附近有别的咖啡馆，估计你看到的情况和我一样。

你可能会说了，这不奇怪啊，现在咖啡馆多火呀！但是你知道吗，在星巴克红遍全球之前，咖啡零售业一直是典型的不赚钱的行业，它的利润模式，甚至直接被叫作无利润模式。

什么是无利润模式

无利润模式，是一种覆盖广泛的利润模式，有时候甚至可能覆盖某一个行业的全部企业。如果有一个行业，在年景好的时候利润减去年景不好的时候的利润，结果是零，甚至是负数，那么这个行业，就进入了无利润模式。

20 世纪五六十年代，在美国的整个农业和铁路业，无利润模式成了覆盖最广的利润模式，状况只能靠政府补贴来减缓。接着，航空业也进入无利润模式，美国航空业在 20 世纪 90 年代初的几年，亏损比前 40 年的利润总额都高。

过去人们相信，每个行业都能赚钱，你的企业越大、市场占有率越高，你赚的钱就越多。但是随着无利润模式越来越多地在不同行业出现，这个规律失效了。

图书零售企业也正大规模地处在无利润模式中，情况严重到了需要政府出手救援的程度。大家都在问，卖书还能赚钱吗？或者，书店到底怎么做才能赚钱？

无利润模式是如何形成的？实体书店为何进入了无利润模式？

有两种情况会造成一个行业中的企业比较普遍地进入无利润模式。

一种是行业内相同生意模式的企业过多，竞争激烈。

大家都做同样的生意，谁都没有新办法，价格战就成了撒手锏，你降价，我也降价，你降得多，我比你降得更多，降到最后，利润都没了，谁都赚不到钱。

另一种情况，是支持利润的条件消失。

比如成本上升。大家都希望成本不断下降，但实际情况是，成本大幅度下降的情况很少出现，倒是成本大规模上升经常出现。对于图书零售业，房租、人力，都是大块成本，而糟糕的是，它们都在上涨。咖啡业之所以在星巴克出现之前，都是不赚钱的行业，也是因为一杯价格不高的咖啡，背不动沉重的房租、人力、水电成本。

再比如行业中出现大规模的创新者，它们用全新的生意方式，抢走了传统企业的生意。图书零售业的创新者就是几大网店。它们提供低价格和便利配送，如果不出门就能买到便宜东西，谁还会风吹日晒地出门去买贵东西？

还有就是客户的变化。企业希望客户是理智的好客户：你看，我是个好企业，我给你提供好的商品和好的服务，你好意思不让我赚到钱吗？事实上，客户当然好意思，他要满足的是他的需求，而不是你的需求，谁在满足他的需求上做得更好，他就去谁那儿。所以，实体书店的顾客，都跑去网上买书了。

利润复归模式

难道企业就只能被动地待在无利润模式中吗？有没有什么办法让利润回来？办法当然有。不过处在无利润模式中的企业，如果还用老办法做生意，失去的利润，肯定是回不来的。要想让利润回来，要么放弃已经不赚钱的生意，要么发明一种做生意的新办法。前一种选择太消极，咱们来讨论后一种。

在星巴克之前，咖啡零售业最普遍的利润模式就是无利润模式。那么星巴克是如何让咖啡零售变得赚钱，并且在 20 年里飞速成长，成为全球巨型连锁咖啡集团的呢？

秘诀就是，星巴克重新定义了咖啡，把它从饮料，变成了体验，然后围绕这个概念树立品牌、进行传播、规划开店策略、拓展分销渠道。这些新的做生意方法，完全颠覆了老的咖啡业的核心，于是星巴克成功了。

现在去星巴克，你只是为了喝一杯咖啡吗？能买到一杯咖啡的地方不少，为什么一定要去星巴克？因为它是全球品牌，因为它的店面有设计感而且让人觉得很舒服，因为它还代表着某种时尚。这些，都不是咖啡，而是体验。

像星巴克这样重新设计生意、实现大规模革新，然后让利润回来，在利润模式的归类中，被称为"利润复归模式"。

利润复归模式出现的频率，比无利润模式低得多，但是像星巴克这样的实例，也并不少见。比如，当年计算机行业的戴尔最初通过实体零售渠道销售电脑，处境艰难，处在无利润模式中，之后它痛下决心，放弃渠道，改为网上直销，成功实现了利润复归。

在图书零售行业，面对网上书店的竞争，全球图书零售巨头巴诺比较早地增加了咖啡和网上书店业务，成功保住了自己的市场和利润。而当年在巴诺之后，位居第二的鲍德斯，没有及时以革新应对无利润模式，最终只能黯然倒闭。

当然，接着我们又看到，创立于日本的茑屋书店，以更新锐的生意设计，赢得顾客的欢迎，成为书店业学习的榜样。

在我们国家，虽然实体书店处于无利润模式下的态势还没有整体性的改变，但我们也看到，有不少书店通过增加咖啡、增加文创产品、组织各种收费学习活动等方式，探索到了新的生意方法，开启了自己的利润复归模式。

客户利润转移模式:

原来让我们赚钱的
顾客跑掉了,怎么办?

什么是客户利润转移模式

我们家附近有一家会员制大超市麦德龙,过去几年,我们家80%以上的食品、日用品支出都花在那儿。

但近一两年,网上超市发展得特别快,而且价格也更优惠,我们家80%的食品、日用品消费都转移到了网上,在麦德龙的消费大大减少。当然我一两周还去一次,不过目的已经变成了去买一些急需的东西,每一次消费的金额也不到原来的1/3。

但我也在麦德龙发现了一件特别有趣的事,虽然收银台前排队的顾客大大减少,他们的员工却比以前更加忙碌。一大早,他们就会拿着打印出来的长长的订单,推着大平板车,在货架间穿梭,大包大包地配货,在超市门口,好几辆厢式货车等待将配好的货装车运走。

这些人,都是麦德龙企业服务部门的员工,他们都在为大客户忙碌,那些客户包括企业食堂、学校食堂、大型餐厅、送餐公司的中央厨房等。

同时,在超市卖场,也有两个特别明显的变化,原来企业服务区只占一个小角落，现在它的面积扩大了好几倍，而且很多商品下面都加上了买多件商品打折的标签，比如买六袋大米，打八五折。一般家庭当然不会一次买六袋大米，所以多件打折的优惠，实际上还是提供给一次性购买量很大的企业客户的。

麦德龙面临的市场状况和顾客变化，正在每个行业发生，这个变化就是，原来所有的顾客都会产生利润，现在一部分客户带着他们原来能带给企业的良好利润跑掉了，另一部分顾客带给企业的利润降低了，甚至带来负利润了。这种现象，就叫客户利润转移，由客户利润转移驱动的企业利润模式的变化，就构成了一种负面的利润模式，叫作客户利润转移模式。

比如我自己，对于麦德龙来说，就从一个利润良好的顾客，变成了一个赚不到钱的顾客。

在实体书店行业，原来没有网上书店时，要买书，就只能来书店。但现在，几大网上书店从图书零售业切走了 2/3 的市场，原来的顾客大多带着他们能贡献的销售额和利润，跑到网上书店去了。

企业遇到客户利润转移怎么办

客户利润转移是任何一个企业都不希望看到的事情，但又不是任何一家企业能控制的，因为导致这种现象发生的，是客户偏好的变化、市场竞争的变化以及客户选择的多样性的变化。

那么，遇到这种不利状况，企业该怎么办？

麦德龙实际上是做了企业利润模式上的一个调整来应对这种变化，那就是，面对零售客户的利润转移，强化对他们原来就有的企业客户的重视，强化对企业客户的服务，以在企业客户上赚取更多的利润。

实现这种调整，需要三个步骤：第一，衡量每个客户或者每种类型客户目前和潜在的利润；第二，选择前景看好的客户；第三，在这些有前景的客户身上投入更多资金和服务。

当然，麦德龙是实体超市中应对客户利润转移模式这一负面利润模式比较及时的大型超市，我们也很容易看到，一些以零售客户为主的超市，过去熙熙攘攘，现在人流稀少，有的甚至只能以关店来应对。

银行是发现客户利润转移模式比较早的行业，因为他们发现，30%的客户群创造着130%的利润，另外30%客户，不带来利润，不过还能保持不让银行赔钱，而最后40%的客户，他们直接带来利润损失，把最好客户群多带来的30%的利润，全部给消耗掉了。而且随着支付宝、微信等支付方式的发展，不是每个客户都赚钱的状况更加严重。

银行的办法是：给高利润客户更高标准的服务，舍弃低利润客户，或者把低利润客户变成高利润客户，或者降低为低利润客户服务的成本。

比方说，你在一家银行有大额的存款，或者使用这家银行的信用卡，而且资金流量比较大，那么你就很容易被银行发展为VIP（贵宾）客户，你不用排队，可以到VIP客户室办理业务，甚至银行还可能指定专人为你服务。这就是给高利润客户更高标准的服务。

但如果你在某银行只有一张借记卡，上面只存着几百块钱，那你会遇到什么情况呢？银行会每年向你收10元管理费。你要是不想被收这一小笔钱，那么有两个选择：要么注销这张卡，要么让这张卡上的钱高于银行收取管理费的标准。这就是银行舍弃低利润客户，或者把低利润客户变成高利润客户的方法。

再比方说，每家银行旁边，都有个 24 小时自助银行，而且里边的机器越来越多。你到银行去，会有值班经理问你办什么业务，如果是简单的存钱、取钱、查询等，他会引导你到机器上去办，而且还告诉你，那样不用排队，办得更快。让你到机器上办业务，银行得到什么好处呢？好处就是，你的业务也办了，银行为你这项简单业务服务的成本也降低了。

书店如何应对客户利润转移

在图书零售业，随着网上书店的发展，越是买书多的顾客，越是受到网上书店较低价格的吸引，带着他们原来贡献给实体书店的利润跑掉了。

但是，有几个非常典型的群体，他们仍然喜欢去实体书店，这几个群体，一是喜欢书店氛围的年轻人，我们可以叫他们文艺青年；二是越来越重视孩子阅读，或者需要给孩子买辅导书的父母，他们会带着孩子来书店看书，也会给孩子买很多教辅书或者学校指定的必读书；三是喜欢学习的人，他们崇尚终身学习，喜欢看书，也喜欢听各种讲座，喜欢参加读书会。

参考前面说的麦德龙的例子，书店可以把赚取利润的重点，从原来的买书多的客户，转移到这三部分客户身上来，分析他们需要什么商品，需要什么样的服务，然后加大投入，满足他们的需求，让他们贡献更多的利润。

不少书店都针对这几个顾客群体，展开了自己对客户利润的应对策略。

比如针对文艺青年，增加咖啡和文创产品。这让文艺青年更加热爱书店氛围，一些原本赢利的书店，利润状况更好，另外一些原本亏损的书店，则实现了扭亏为盈。而且咖啡和文创产品的利润率，都大大高于图书，这个策略让一些书店挖到了一个利润金矿。

比如另外一些书店针对家长和孩子这个顾客群体，重点经营教辅书、儿童书，增加儿童文具、玩具、学具；走得更远的书店，甚至增加针对儿童的教育性课程，这样，他们就从家长和孩子身上，获得了更多的营业额和更高的利润。

比如有的书店做大量有价值的收费讲座，组织读书会、讨论会，举办红酒品尝、咖啡体验、手工制作等活动，活动收入成为书店主营收入之一。

大额交易利润模型：

您还
要点儿别的吗？

我家楼下有个便利店，给小区内的住户提供送货上门服务。我固定请他们帮我送桶装水。每次打电话叫水，甭管接电话的是老板还是老板娘，记下了我要的桶装水，他们都会随口问一句："大哥，您还要别的吗？"

我通常会想一秒钟，多数时候还真能想起再要点别的，一兜鸡蛋，一箱瓶装水，两根葱，三个西红柿什么的，然后店老板就骑着他的电动三轮车到楼下，再推个小平板车，帮我送上楼来。

你家楼下的便利店是不是也这样？你原本想要的东西说完了，店员总会有意无意地提醒你，还要不要点儿别的。

你可能会想了，这有什么好说的，做生意的不都是这样吗？你买得多，他才赚得多啊。对，一点儿都没错，但这里边藏着一个以交易为特征的企业的多赚钱模式——大额交易利润模型。

什么是大额交易利润模型

在以交易为特征的行业，随着每一次交易的交易额的扩大，每笔交易的成本通常并不以同样的速度增加。成本不增加，交易额增加了，意味着什么呢？意味着商家最喜欢的利润增加了，这就是大额交易利润模型。

想想我家楼下便利店的老板，他送一次货，要花时间，还要花力气，同时还会影响他在小店里照顾顾客。那他怎么让这次送货更划算？办法就是，一次送更多的东西，提高这一次送货的交易额。

便利店老板懂这个方法，大型企业更懂。投资银行、零售银行、房地产公司、货运公司、航空公司，全都更喜欢大额交易。

著名的投资银行摩根士丹利，是应用大额交易利润模型的一个典范，它知道处理一笔 1 亿美元的投资，成本并不比处理一笔 500 万美元的投资高多少，但能赚到的钱，却差异巨大，所以它一直去争夺最好、最大的交易。

零售银行业也一样。我们去每一家银行营业厅，几乎都能看到专门服务大客户的 VIP 交易区，不需要排队等候，还有专人服务。为什么呢？因为 VIP 客户带来的都是大额交易，银行从大额交易里会赚得更多。

有统计说，如果两家企业营业额相同，一家的营业额是由 100 笔小额交易构成的，另一家是由五六笔大额交易构成的，那么后者的利润可能是前者的数倍。

因为这个大额交易利润模型，房地产公司会更希望买房子的客户买更高总价的大户型，货运公司会更喜欢长距离的物流订单，航空公司也更欢迎长途飞行的乘客。

在图书零售业，网上书店也是熟练运用大额交易利润模型的典型。

你去一家网上书店买书，他们正在做满 100（元）减 40（元）

的活动，你选了 70 元的书进购物车，就会看到提醒"再买 30（元），你就能享受满 100（元）减 40（元）了"。

你一想，嗯，再买点更划算啊，你就又加了两三本书进购物车，结算价达到 120 元了，提醒又来了，"再买 80（元），你就能享受满 200（元）减 80（元）了"。

这时候你可能想，我不买那么多了，能享受减 40 元就很好了。但如果你是个平时特别喜欢买书的人呢，你很可能就会想，趁有活动，我再多买点，反正有这么大的优惠。

于是你就又乖乖地去挑书了，于是商家的目的也就达到了：你的这个订单金额更大，而他处理订单的成本、配送成本，并不因为你多买了几本书而增加多少，于是他得到了增加利润的订单。

大额交易利润模型对书店的用处

开店营业，房租成本、人力成本、运营成本，基本上都是固定的，一个营业员，他服务一个顾客买 50 元的书，和服务一个顾客买 100 元的书，要花的成本是一样的。那很显然，想办法让顾客一次买 100 元的书，肯定利润更高、更划算。在书店运用大额交易利润模型，你可以考虑的一个方向，就是提高每个顾客一次的购买数量，也就是提高客单价。提高客单价的办法很多，只要想到这个方向上，都能想出办法来。

顾客买一本定价 30 元的书，和他买一本定价 300 元的书，除了书的采购成本，其他成本都没有显著增加。但按照 30% 的毛利来计算，30 元码洋的书，你能赚到 9 元钱毛利，而 300 元码洋的书，你能赚到

90 元毛利，毛利金额后者是前者的 10 倍。当然是卖掉 300 元的书更划算。这就提醒我们另外一个运用大额交易利润模型的方向，就是增加高码洋图书的销售。

再比如，一个顾客，每年来书店 10 次，每次买一本书，这样一年下来，他可能买了两三百元的书，而另一个顾客，他来都不来，只是打一个电话，告诉你他有一万元的预算要买书花掉，希望你能给他一个书单，同时派一个人专门为他服务。那么，哪个顾客会带来更高的利润呢，显然，是一次要花掉一万元的顾客。我们要是有 100 个这样的顾客，他们带来的利润，可能比 10 000 个经常来店里买一本书的顾客还多。好，那么我们又找到了一个应用大额交易利润模型的方向，就是想办法增加大额甚至超大额交易顾客的数量。

产品金字塔：

为什么耐克鞋
有的几百元，有的上万元？

我有两个孩子，都是男孩。我每年需要给他们买两次运动鞋。我们选择的品牌是大家都很喜欢的耐克。

像我这样消费比较保守的中年大叔，平时是不穿耐克鞋的，一是觉得太时髦，二是觉得价格高。所以我第一次去给孩子买时，还真是下了挺大决心。

到店里一看，哟，好多鞋才400元出头，挺便宜的嘛。孩子看我这么没见识，马上给我上了一课，告诉我，耐克的运动鞋，几百元的也有，上千元的也有，要是最新款的限量版、纪念版的，几万元的都有，最贵的一双，要100多万元。

当然，因为是给小学生、初中生穿，我们最后把买鞋的价格确定在了400元到600元之间，买的是入门级别的运动休闲鞋。不过我估计这么穿上十年八年，等孩子们自己工作了、有收入了，要自己买鞋时，肯定会冲一两千元甚至价格更高的去。

什么是产品金字塔模式

产品金字塔模式是一个很重要的企业利润模式，就是企业如何用不同价格、风格、设计、功能、性能甚至品牌的产品，建立一个多层次的产品体系，以加强和保护赢利能力。在产品金字塔的高端部分，是给企业带来利润的产品，在产品金字塔的低端部分，是具有防火墙性质的产品，作用是保护企业的市场份额，阻止竞争者入侵。耐克就是运用产品金字塔模式的一个典型。

什么情况下运用产品金字塔模式

一是市场上客户的收入有明显的层次性差异。比如同样是买耐克鞋，收入一般的年轻人，可能会买一千元以内的；而高收入的年轻人，可能会去买更高级的两三千元的，甚至可能去海淘或者代购最新款。

二是客户的偏好和使用需求有明显的层次性差异。比如我给小学生、初中生买日常穿的鞋，会挑价格较低的入门款，而如果你家孩子刚刚经历了竞争激烈的中考、高考，你可能会想好好奖励一下孩子，说不定就会告诉他：喜欢哪双，随便挑，不用看价格。

企业建设产品金字塔的两种主要方式

一是在同一个品牌下做产品线扩张。产品线是什么？它指的是一群相关的产品，这类产品功能相似，经过相同的销售途径销售给同一顾客群。耐克鞋价格从 400 元到数万元，用的就是产品线扩张方式。

如果你是位男士，或者是需要为丈夫、男友买剃须刀的女士，你可能马上会想到一个典型的例子，就是吉列。没错，作为全球著名的剃须刀和剃须刀片品牌，吉列也明显采用了产品金字塔模式。它最便宜的轻便剃须刀，含刀架和刀片，只要 9.9 元，如果你出差忘了带剃须刀，这款无疑是最方便最实惠的选择。而它最新上市的高端产品，有五层刀片，可以感应面部轮廓，一个刀架和一个刀头的价格，就是99元，是最低端产品的10倍，利润当然也比最低端产品高得多。但如果你是位讲究生活品质的男士，或者你想送给你先生一把好的手动剃须刀，这款高端产品无疑是更好的选择。

建设产品金字塔的另外一种方式，是用不同品牌构筑起产品金字塔，从而形成一个保护公司利润的机制，使用这种方式的典范，是生产斯沃琪手表的瑞士斯沃琪集团（SMH）。

在斯沃琪品牌出现之前，瑞士手表厂商主要面向高收入者，销售工艺精湛，价格也比较高昂的传统瑞士手表，但是SMH公司的创始人海耶克打破了这种传统模式，他创造了设计新颖、价格低廉的斯沃琪品牌，向低收入者和追求时髦的年轻人销售这种新的瑞士手表，当然，他的公司同时也拥有中档品牌天梭，高档品牌欧米伽、雷达和浪琴。

靠着这些品牌形成的产品金字塔，SMH公司覆盖了不同的收入阶层，斯沃琪作为一个防火墙，牢牢保护着公司的市场份额，而欧米伽、雷达和浪琴手表，则作为高盈利的上层产品，为公司带来了超额利润。

书店如何建设产品金字塔

首先，书店的顾客中，存在着明显的收入多样性，月收入几千元的人会来书店，来书店的顾客中，也可能有人月收入数万。

其次，书店的顾客，也存在着偏好和需求的多样性，比如有的人是为了给孩子买一本几元钱的课外辅导书，有的人可能是来给朋友或者家人挑选一件有品位有格调的礼物。

我们看到这样的多样性，就可以考虑建立自己的产品金字塔。

比如在图书门类，可以用单价二三十元的一般畅销书作为最基本的产品层次，在这一层之上，可以有单价 100 元、200 元、300 元的进口原版图书，满足高收入、对图书需求也比较高的顾客，在这个层次之上，还可以有 500 元、1 000 元的大型精品画册，在精品画册之上，还可以有价格数千甚至上万的大型精品套装书。高端的图书，销售数量肯定不及一般畅销书，但是一本书、一套书的利润，可能抵得上好几百本一般畅销书。

再来看文创门类。有的顾客可能需要的是有创意、有格调、价格适中的文创产品，而部分高端顾客可能需要国际名牌、设计经典、做工精湛的笔记本和钢笔。我们把文创门类建设出一个从低到高的金字塔，就可以覆盖不同收入、不同需求的顾客，从而获得更多利润。

第三章

了解顾客与
顾客关系管理

寻宝心理：
为什么书店需要通过
选品和展示来制造惊喜？

如果你是位男性，可能和我一样，很长时间都不能明白，你太太或者女朋友，为什么那么喜欢逛街。逛街又累又花时间，而且常常没有什么收获，那么她们逛街的乐趣在哪里呢？

如果你是位女性朋友，可能对上面的说法嗤之以鼻。乐趣？逛街当然有乐趣了，乐趣就在于你逛了很多店铺，然后突然遇到了让你特别惊喜、特别心动的东西啊！

有一天，我突然明白了这种乐趣。起因是我关注了专门卖旧书的布衣书局的老板胡同，他每天都通过朋友圈发旧书拍卖，我无意中点进去看了一下，然后就迷上了跟踪他的旧书拍卖。从他那里，我淘到过20世纪30年代出版的中医教材，送给我的中医朋友，给爱做饭的太太淘到过几十年前出版的日餐寿司制作画册，还淘到了一本我上大学时特别流行、现在已经非常难找的诗集。

这就是顾客心理中一个典型又有趣的部分——寻宝心理。

什么是寻宝心理

波士顿咨询公司的消费者行为研究专家迈克尔·西尔在《顾客要

买什么》中说："消费已经成了一种寻宝活动——满怀着得到超值回报的希望在全球浩如烟海变幻无穷的商品和服务市场中永无止境地搜寻琳琅满目的商品，多姿多彩的形状，各种各样的定价。"

热衷寻宝的顾客，个个都是高水平的购物专家，"在他们眼里，购物和消费是现代生活中的一项重要活动，是一种技能，也是一种消遣、一种体验、一种责任。他们善于识破伪装，看穿营销噱头，辨识出产品真正的价值，关注产品所采用的技术、质量、性能和对自己需求的满足程度"。

所以你看，无论对于女性还是男性，购物都不仅仅是一种购买行动，它是一种体验、一种消遣，作为购物专家逛街、上购物网站，在浩如烟海的商品中淘到让人惊喜的大大小小的"宝物"，为顾客带来刺激，带来享受，也带来成就感。

人们喜欢寻宝，其实并不是在物质极大丰富之后才开始的，从商业形态的雏形——集市开始，人们就热衷于在那些价值并不很高的商品中，寻找给自己带来惊喜的东西。当然，在几乎每一件东西都不便宜，甚至非常昂贵的收藏品市场，人们同样也有这样的寻宝心理。

传统的营销学和消费者行为学中很少讲到顾客的寻宝心理，但是在选择多样、购买途径多样的今天，买东西对顾客来说已经非常方便，研究顾客的这种心理，对于商家增加对顾客的吸引力和黏性，尤其重要。

顾客寻宝的类型

第一类是低价的好东西，比如我淘的价格超诱人的旧书，很多女性喜欢到奥特莱斯商场去买的折扣诱人的奢侈品牌包包。

第二类是独特、新奇的东西，比方很多主妇喜欢有新奇功能的厨房小工具，一些动漫迷喜欢动漫手办。

第三类是稀缺的东西。一种东西越是不常见、不是哪里都可以买到，对寻宝的顾客就越有吸引力。比如我开龙之媒书店时，卖很多外版设计书，它们都不便宜，但因为卖的人很少，来我这里的设计师朋友看到好书，就会特别惊喜，买的时候，毫不在意价格。

第四类是特别漂亮或者特别有设计感的东西。比方说，有的女性喜欢各种各样的漂亮丝巾，一见到特别喜欢的，就会买下。有的男性，喜欢有独特设计的笔记本或者钢笔。

这些或者低价，或者独特、新奇、稀缺、漂亮、有设计感的东西，会让寻宝的顾客感到兴奋、刺激、心痒难耐，它会吸引顾客老想来你的店铺，也会让顾客不断地追逐他收藏的网店的上新，以免错过了寻宝机会。

实体书店利用顾客寻宝心理案例

日本书店业，有个职业叫 book director（选书师），他们的工作是帮人们挑书，为不同场所的书店或者其他类型同时也想卖书的店铺，提供选书提案。其中一位著名的 book director 叫幅允孝，他帮日本国立新美术馆的一家杂货和书店兼营的店铺选择的图书，除了艺术类，还包含从动画、漫画到哲学、民艺等类别，展现出一种只有实体书店才能营造出来的令人惊喜的风格。

他为东京羽田机场的一家店做的选品，除了包括东京土特产，还包括与它们非常匹配的、与东京有关的书籍。

幅允孝说，他做的每一个案例，都不是传统意义上的书店，这些书店通过独特的选品，提供给顾客的是只有在美术馆或者机场才能体验到的独特的读书体验。他说的这种体验，也正符合了咱们正在讨论的顾客的寻宝心理。

在满足顾客的寻宝心理上，网上店铺和实体店铺各有优势，网上店铺可以通过强大的搜索功能，让顾客输入千奇百怪的搜索条件，更容易找到令他们惊喜的商品。

实体店铺不具备这样的优势，但是实体店铺可以通过独特的商品选择、独具匠心的陈列，让顾客每走一步都有惊喜，在每一个角落都想停留，每一个区域都流连忘返，让人想一次又一次地去逛，我想，这应该就是那些让人想一去再去的实体店铺的魅力所在吧。

趋低消费与趋优消费：

999 元洗衣机与
很贵的古琴

我家用了十年的洗衣机坏了，于是换了台新的。坏掉的洗衣机，是国际品牌的滚筒式洗衣机，买的时候花了好几千元。新换的洗衣机，是本土品牌的波轮式洗衣机，就是那种竖筒的，999 元。

在我们买时，这款洗衣机销量在京东商城上排名第一。看到的时候，我被吓到了：一是现在还有这么便宜的洗衣机？二是居然有这么多人买？

仔细看了看买家的购物评价，都还不错，于是我们就买了，几个月过去，事实证明，这个选择还不错，满足一家人使用，完全没问题。

你可能会笑我抠门，一个五十多岁男人的成熟家庭，收入应该也不算低，犯不上用这么便宜的洗衣机吧？

那你可真冤枉我了。其实我也买很昂贵的东西，前年我就买了一张手工斫造、收藏级别的古琴，价格是市面上普通学习用古琴的几十倍，而且我自己弹琴的水平，还完全是新手级别。

我这不是炫富，是想举一个顾客的趋低消费与趋优消费的例子。

趋低消费与趋优消费

趋低消费，就是尽量在基本的东西上花更少的钱，以省下钱来满足兴趣、爱好、品质生活的需求。

趋优消费，就是消费更好的东西，甚至一定程度上奢侈、昂贵的东西，比如更好的餐厅、国外旅行、设计品牌服装、高级美容护肤品等。

前面说的，我购买洗衣机的选择，就是趋低消费；我买收藏级别的古琴，就是趋优消费。

那么，是不是我家的消费观念比较特别，和大家都不一样呢？不是。趋低消费和趋优消费正在成为全球消费者的一个普遍特征。

全球著名的企业战略顾问机构波士顿咨询公司前些年发布了这个观点，他们发现在消费市场上，两极化的现象越来越明显，而且这种现象在每个产品和服务市场上都存在。

他们在报告中说：

> 在高端市场，消费者是趋优消费，他们愿意支付更高的费用购买高品质、高利润且充满感情色彩的商品和服务；而在低端市场，消费者却是趋低消费，他们挖空心思用更少的钱购买低成本的基本产品，当然这些产品的质量和可信度还要过得去，并且要有时尚的设计。
>
> 在趋优消费和趋低消费之间，还有大量的中端产品，这些中端产品的利润通常很薄，既没有包含独特的情感因素，

也不比低端产品质量更好。只要有可能，消费者就不会买这
类产品。

他们的这个观点，实际上特别精准地描述了顾客日常消费中的
现象。

比如喝啤酒，原来人们热衷于自己买几块钱、在餐厅喝也不过十
几块钱的工业酿制瓶啤；但现在很多爱喝啤酒的人转向了价格高很多，
同时口味也好很多的精酿啤酒。这就是趋优消费。

比如买洗衣液、卫生纸等日用快速消费品，你会看到，无论是实
体超市还是网上超市，它们都是促销大户，商家几乎一刻不停地用更
低价格、更大包装吸引顾客。这就是趋低消费。

同样，如果近几年换过家里的电视机，你还会发现，在电视机市
场上，两三千元就能买很大屏幕的液晶电视机，还有价格几万元、十
几万元的超高清、超大屏幕的高端电视机也挺受欢迎。因为这种趋低、
趋优和中端市场的消失，日本电视企业甚至失去了在电视机市场上的
领先位置，而让位于领先生产高端电视机的韩国企业。

人们对大部分日用品的消费都是趋低的，并不是他们能接受更低
的品质，而是他们会追逐更低的价格。这也正是日用快速消费品最喜
欢做各种各样的促销的原因。

但对同样功能的产品和服务，人们同时也有趋优的需求，比如洗
衣粉、洗衣液的价格越来越低，但是昂贵的手工皂却赢得了市场；比
如工厂生产的面包越来越便宜，但现烤面包、无添加优质美食却越来
越受欢迎。

在趋低市场上，顾客关注的要素是基础、低价、可靠；在趋优市场上，打动顾客的是看得见的高品质，令人心动的独特性。一些商品和服务既不能满足趋低需求，也不能满足趋优需求，所以会失去顾客。

趋低消费、趋优消费与书店业

顾客为什么喜欢到网上买书？因为打折，而且还不停地做各种满多少减多少的促销，这是满足趋低需求。

为什么有人爱去那些新型书店？因为店面好看，能在书店喝咖啡，除了买书，还能买到精致独特的文创产品，能参加各种学习活动。更重要的是，能让顾客觉得特别骄傲：看，我是一个多有格调的人，一个多么爱学习的人！这就是满足趋优需求。

网店做的是趋低市场，而且它们也确实更适合满足顾客在买书上的趋低需求，而实体书店的方向，应该是趋优市场，实体书店的环境、氛围、独特的情感关联、现场活动的互动与社交，都是网店做不到的。

首选店铺：

你的书店是
顾客的第一选择吗？

什么是首选店铺

所谓首选店铺，就是顾客采取某种消费行为时，在同类店铺中作为第一选择的店铺。

成为首选店铺几乎是每个零售商的目标，因为首选店铺可以从顾客那里获得的销售额和利润比作为备选的店铺要高得多。

作为实体书店，你可能也会想，要是顾客一想去书店，马上就想到我们家，这多好啊！

这样当然好，但问题是，成为顾客的首选店铺很难，但是让顾客从选择名单上拉黑你却非常容易，而这是一个危险的信号。消费行为研究者认为，很多名噪一时的商店的衰落，就是从顾客心中的首选店铺的比例降低开始的。

如何让你的店成为首选店铺

顾客选择或者不选择某家店的原因，是零售企业的经营者和消费行为研究者们最想弄明白的事。

　　开店之初，经营者肯定会进行各种各样的规划，以吸引顾客来店，甚至希望顾客对你一见钟情、一日不见如隔三秋。但事实上，你的规划可能并不总是奏效，有很多因素会影响到顾客选择店铺。

　　研究者们将影响顾客选择和不选择店铺的普遍原因归纳成两大类：

　　一大类是人们希望尽可能更好的因素，包括产品质量、选择的有用性、便利的营业时间、优质服务、愉快的购物环境。

　　你卖质量过硬的东西，来你这儿购物能给顾客带来价值，你的营业时间正好能配合顾客的时间，你给顾客提供始终优质的服务，你的购物环境让顾客感到愉悦，这些因素，都会让顾客更喜欢你。反之，如果这些因素不够好，顾客就会放弃一家店铺。

　　另一大类，是顾客希望花费和负担越少越好的因素，也就是顾客的购物成本，包括金钱、时间、精力、压力、风险。

　　来你这儿买东西更省钱，来你这儿买东西更省时间，来你这儿买东西花的精力更少，来你这儿买东西购物压力更小，来你这儿买东西风险更小，这些因素，都会让顾客更喜欢你。反之，如果顾客感觉来你这里购物，成本过高，他就会放弃你。

　　当然，这是顾客选择店铺的基本规律，但是顾客的实际选择远比这些更复杂。

　　比如，有的人并不在意多花时间。北京的簋街上，有一家著名的小龙虾餐馆，叫胡大饭馆，它在同一条街上有三四个店面，每个店面都排队，甚至要排到后半夜。像我这样根本不吃小龙虾的觉得不能理解，但热爱小龙虾的朋友跟我解释说，这样排队也是种乐趣。

　　再比如，说到吃麻辣火锅，很多人第一个想到的是服务超级好的海底捞，但我有一个朋友，就特别不喜欢去，他说："海底捞服务好得让我有压力，吃不踏实，我更愿意去那种没啥特别的服务，但是口味足够好的火锅店。"

你可能会想，我大致知道了顾客是怎么选择店铺的，那我努力把该做好的地方做好，又不让顾客有压力，把该帮顾客减少的购物成本尽量减少；如果不能减少，至少让他们觉得付出这些成本也是有乐趣的，这样就行了吧？

方向当然是没错，但我要提醒你的是，顾客希望的尽可能更好的因素和顾客负担越少越好的因素，都是由很多细节构成的，你要关注到这些细节，才能真正帮顾客提高店铺选择的价值，降低购物成本和压力。

比如顾客开车来时，较高停车费意味着更多花费，所以宜家商场给购物达到一定金额的顾客提供免费停车服务，很多餐厅也会在顾客结账时，给他发免费停车券。

比如顾客付款时需要排长队，意味着要花更多时间，所以超市收银台的规划是门重要的零售技术，有些超市经常让购买一两件商品的顾客和装满购物车的顾客分别结账。

再比如店铺通道狭窄、商品找寻不便，意味着顾客要花更多精力，所以让顾客在卖场内通行无阻，而且随时能获得明确的指示，不至于迷路，对店铺来说，非常重要。

另外，一些你可能不太注意的因素，可能也是顾客将你排除到首选店铺之外的原因，比如上下楼的楼梯过于隐蔽，店内某个区域过于拥挤，给顾客使用的手推车轮子不灵，同类产品选择过多，或者缺乏大包装、小包装，服务人员过于殷勤，店内音乐嘈杂，店内的广播通知过多，服务人员不足，一问三不知的新员工，等等。

顾客需求：

你的书店有
Wi-Fi 和免费停车位吗？

　　我的朋友老王是个电影迷，每逢有大片上映，他一定开着车去看。他看电影有个定点电影院，离他家大概五六公里，甭管看早场、上午场、下午场、晚场，他都只去那一家。

　　为什么跑那么老远，他家附近就没电影院吗？当然有，而且还不止一家。但那几家电影院有个共同的问题：不提供免费停车。

　　看个电影就百八十元了，停两个小时车又得二三十元，老王就有点心疼了，于是在 5 公里外发现了一家凭电影票就能免费停车的电影院后，他就毫不犹豫地迷上那里了。

　　您可能认为老王抠门，但别忘了，我们自己和顾客，都不是大富豪，会对任何一次消费行为中的消费成本精打细算。开车出去消费，停车就是个大问题，方不方便停车、停车费贵不贵、商家有没有免费停车的优惠，都是我们会考虑的因素。

　　二十年前当然不是这样，那时候大家能坐两个小时的公交车，只为逛一家书店，但现在，他开车来了，转了几圈，找不到停车位，方向盘一转，就开走了。就算是他找到了停车场，买了几本书，花了百八十元，一交停车费，二三十元，他也会心疼，下次再来的意愿就会大大降低。

什么是顾客需求

消费者行为学上，把顾客想要什么，都叫"顾客需求"；把顾客今年想要这个，明年又想要那个了，叫"顾客需求的变化"或者"消费行为的变迁"。对停车便利性、停车成本的考虑，就是一个典型的需求变化。

同样的变化，还有很多，免费 Wi-Fi（一种短距离高速无线传输技术）也是一个典型。大家不用智能手机时，消费地点有没有网络，完全不在考虑之列，但现在，你让他在一个没网的地方踏踏实实待上一两个小时，简直难以忍受，所以我们现在看到，不论是咖啡馆还是餐厅，都提供免费 Wi-Fi，而且还把 Wi-Fi 密码写在特别醒目的地方，让顾客不用问就能飞快地免费上网。

回头看看咱们的书店呢？给顾客提供 Wi-Fi 的，可能没有多少家。书店的经营者们可能还有个小担心：你要是上网这么方便，会不会在我这儿看到书，马上就到网店下订单了？

其实你给不给顾客提供网络便利和顾客到不到网店下订单，没有一点关系，你没有让他喜欢到马上就在你这里买，他宁可用自己的流量，也会到网上下单。

回过头来说停车。让顾客很方便地停车，已经成了很多商家的共识，餐厅会尽量开在有地下停车场的 MALL 里，不在 MALL 里的，也要有停车位。有自己停车位的餐厅，一看见你开车来，马上有人热情地指挥你停车；高级点的，还会帮你停车；用了公共停车场的餐厅，大多会在结账时发给一张停车券，凭券要么全免费，要么减免大半停车费。总之，一定想办让你有地方停车，而且停得方便、停得便宜。

咱们有多少书店能做到这样呢？

4P 与 4C

不管我们是不是看到了、愿不愿意接受，消费者的需求确确实实正在发生很多变化，观察到这些变化、乐于配合这些变化、满足消费者的新需求，才能留住顾客，让顾客喜欢我们，让顾客一次又一次地把钱花在我们这里。

这种变化，甚至引起了消费者行为理论和营销理论上的一个巨大变革。

大家都知道，原来讲营销，生产商和销售商关注的都是 4P，就是产品、价格、渠道、促销，这几个词的英文单词，都是用 P 开头。

但新的营销理论，关注的是 4C，就是消费者的需求、消费者愿意支付的成本、消费者的便利性、与消费者的沟通，这几个关键词的英文单词，都是以 C 开头。

比较 4P 和 4C，我们很容易发现，4P 的出发点是商家，而 4C 完全从消费者的角度出发。

4P 关注的是我要生产什么、通过什么渠道、用什么价格卖出去，为了卖出更多要怎么做销售促进。

4C 关注的是消费者想要什么、愿意花多少钱和时间、需要哪些便利、能不能获得这些便利，同时，消费者也需要商家和他做良好的沟通。

前面说的免费停车和免费 Wi-Fi，既是消费者的需求、消费者需求的变化，也关系到消费者愿意支付的成本、消费者能够获得的便利，两件事表面看起来都是小事，往深里想，都关系到我们能为顾客提供什么，都会影响到顾客是留下来，还是流失掉。

为什么人们喜欢晒
自己在书店的照片？

前几天网店"6·18"大促，我太太在那天忙了一上午，下了上千元的订单，买完了才发现：咦，"6·18"大促活动不是当年京东商城为店庆日开创的吗？这是京东的节呀，我咋把订单都下到天猫去了？

她为什么把订单都下到了天猫？咱们做个小对比就明白了，"6·18"京东商城的活动主题是"全民年中购物节"，天猫的活动主题是"理想生活狂欢节"。前者是平平淡淡的购物号召，后者是直接指向内心需求的创意诉求，要是你，你会选择哪家？

举这个例子是想讨论驱动消费者采取某种购买行为的内在需求是什么，也就是说，他消费行为的背后，隐藏着什么样的购买动机。

动机、购买动机

动机主要是指激发人行动的心理过程。动机具有通过激发和鼓励，使人们产生一种内在驱动力，朝着所期望的目标前进的作用。

购买动机是直接驱使消费者实行某种购买活动的内部动力，反映了消费者在心理、精神和感情上的需求，购买动机实际上是消费者为达到需求采取购买行为的推动者。

一般谈论顾客需求，会主要关注顾客需要什么样的产品与服务。实际上，顾客的需求可以做更深层次的理解，也就是心理层面的理解，是内在的需求，让人们采取某种行动。

马斯洛的需求层次理论

关于需求与动机，最有影响力的理论由美国心理学家亚伯拉罕·马斯洛在 1943 年提出，至今对人们的行为，包括消费行为，仍有强大的解释力。

马斯洛认为，人的需求分为生理需求、安全需求、爱与归属需求、尊重的需求与自我实现的需求。这些需求从较低层次到较高层次排列，较低层次的需求满足后，高层次的需求才能成为人们行为的激励因素，而较低层次的需求则不再是激励因素。

比如你渴了，买一瓶水喝，这是生理需求；但如果你买的是一瓶产自长白山无污染水源地而且没有任何人工添加的农夫山泉，那么你会觉得，你喝的是一瓶品质更高、更健康的水，这满足了你的安全需求；如果你买的是法国进口、产自阿尔卑斯山、价格是普通矿泉水 10 倍的依云矿泉水，那你的感受就又不同了，你会觉得我是个有能力、有品位、有成就、受人尊重的人，这就上升到尊重和自我实现的层次了。

再比如，护肤品的作用是护理皮肤，但买护肤品的时候，你想的是什么呢？你想的是皮肤好意味着美、年轻、得到爱、自信。这样，驱动你去买护肤品、选择这个品牌而不是那个品牌的，就不再是护肤品直接满足的皮肤生理需求，而是安全、爱与归属、自尊和获得他人尊重的需要了。

一般情况下，人们买书是受安全需求驱动。比如，给孩子买课外辅导书，是为了孩子学习成绩好；自己买业务学习书，是为了提高工作能力，让工作更有保障。

更多的时候，人们买书，是受爱与归属的需求、尊重的需求、自我实现的需求驱动。看，我是个爱书、爱阅读的人，这让人感觉自己在读书人的行列中，这是归属感；阅读是被高度认同的事，这就又满足了尊重的需求，阅读全面提升个人的素养和能力，这就又与自我实现的需求乃至自我超越的需求相关。

我是个常去书店的人，意味着我有格调、有品位、不同流俗，意味着我没有和眼前的生活苟且，我还有诗和远方。

你中午吃了一碗外卖牛肉面，你不会特意发个朋友圈晒一下，但你去了一家书店，而且是特别有名、形象特别好的书店，你会很高兴地在朋友圈晒出来，这也是尊重的需求、自我实现的需求在驱动。

对于实体书店，买书与满足高层次的需求有着天然的关联。这意味着从选品到陈列到店面的整体氛围，都能配合顾客的需求，能满足他的安全、爱与归属、尊重、自我实现的需求；意味着品牌形象要配合顾客高层次的需求，不能拉低他的满足感；还意味着书店和顾客建立在高层次上的情感关联，让顾客发自内心地认同书店、喜欢书店，为经常去那里而感到骄傲。

顾客关系管理：

给顾客办了会员卡
就是做了顾客关系管理吗？

我在家里做大扫除，收拾出一大摞各种各样的会员卡，有的来自餐厅，有的来自药店，有的来自超市，有的来自体检中心，有的来自孩子们小时候买玩具的玩具店。这些卡都是在消费的时候，被服务员问"您有我们的会员卡吗"，然后被说服着办的。

但是这其中的一大部分店铺，我之后再没去过。一些店铺，比如药店，经常会去，但每次也就是拿出卡来，享受一个小折扣。而且那些发过我会员卡的企业，无论我之后去过没有，几乎从来没有联系过我，除了宜家。关于我的数据，就这样无声无息地躺在了企业的客户关系管理系统中。

每个发给我卡的企业，都认为他们在做顾客关系管理，但是他们真的做到了吗？顾客关系管理到底是什么呢？

说起顾客关系管理（Customer Relationship Management），你可能会马上想，我知道啊，不就是我们每天都在用的 CRM 系统吗？

没错，现在几乎所有企业都在用 CRM 系统记录顾客的基本信息、顾客每一次的消费、他可以享受的折扣，然后在顾客再来买东西时，按照他的消费累计，给他或大或小的优惠。作为企业 IT（信息技术）

系统的一部分，CRM 做起这些工作来，确实相当好用。

但是，如果想到顾客关系管理，你能想到的只是这套 CRM 系统，那我不得不说，你大错特错了。

真正的顾客关系管理不是企业内部的一种制度、一种技术、一套软件系统，也不仅仅是会员制，它是企业面向顾客的一整套长期的策略和执行方案，关系到企业能否把新顾客转化成老顾客，把一般顾客转化成忠诚顾客，能否长期留住顾客，获取顾客的终身价值。企业的CRM 系统，只是实现顾客关系管理的一个必备工具而已。

所以，我在这本书里都不会再使用 CRM 这个缩写，我会一直使用"顾客关系管理"这个词以表示我们在谈论的不是企业的CRM系统，而是对企业来说最重要的顾客策略。

顾客关系管理

顾客关系管理是通过长期对顾客施加影响，培养顾客对企业更积极的偏爱和偏好，从而提升公司业绩的一种营销策略。

全球顾客关系管理领域的权威专家之一，弗雷德里克·纽厄尔，在他的著作《网络时代的顾客关系管理》中说：

> 顾客关系管理作为一种真正意义上的一对一营销手段，它的营销目的，已经从传统的以一定的成本获取新顾客，转向想办法留住现有顾客；从取得市场份额，转向取得顾客份额；从发展一种短期的交易，转向开发顾客的终生价值。这里再一次指出：顾客关系管理的目的，是从顾客利益和公司

利润两方面实现顾客关系的价值最大化。

他还提醒说：

顾客关系管理的过程实际上是一个不断寻找方法，从顾客的角度增加顾客关系价值的过程。它不仅仅是公司对顾客做出什么许诺，而且是维持与顾客关系的过程中做了些什么，真正显示出对顾客的关心。

顾客关系管理的关键点在于发现什么能够给顾客带来效用，并尽力满足顾客的这些效用。

顾客关系管理的秘诀在于聆听与学习，而不是诉说与销售。顾客关系管理是授权顾客，取悦顾客，让顾客感受到他们是在自己控制下与我们进行互动的。

所以如果你想到顾客关系管理时，只想到每天使用的 CRM 系统，你就错了；想到怎么让顾客多买东西，你也错了。如果你能想到顾客关系管理，是以顾客为中心，为顾客提供价值，而不仅仅是为了销售；能想到顾客关系管理是企业的长久策略之一，目标是建立顾客忠诚；恭喜你，在理解什么是顾客关系管理上，你已经迈出了至关重要的一步。

书店行业的顾客关系管理

在实体书店行业，几乎每一家稍有点规模的书店，都建立了会员制，都向顾客发会员卡，也都有相对完善的 CRM 系统，但是除了做消费累计、给高级一点的会员打折，你还做了什么？

在规划顾客关系管理时，你有没有考虑过，需要跟哪些顾客发展关系？而哪些顾客，无论你怎么努力和他发展关系，他都不会成为忠诚顾客？

顾客之所以留在你这里，而没有跑到别的书店，是因为什么？换句话说，他真正需要的价值和利益是什么？

还有：

如何避免你想留住的新顾客离你而去，也就是如何避免你和他的关系刚一开始就夭折？

如何与你的顾客建立情感上的关联，让他对你的认同、信任，乃至依赖，远远超过对你的同行？

顾客来到你的书店，他是处在什么样的情境中？眼前的消费行为，如何与他的真实生活发生关系？

当顾客对你不满、有建议时，他能找谁说？你的书店，有没有为他提供一种良好的对话机制？

顾客是喜欢你对他和对别人一样一视同仁，还是希望你给他一些特别的待遇？

顾客到底喜欢不喜欢你主动联系他？

这些都是顾客关系管理的重要内容。

识别交易顾客和关系顾客：
和谁
建立关系

我太太负责给全家人买衣服，作为一个勤俭持家的主妇，她会在促销集中的季节，在多个她可以接受的品牌之间做比较，然后选择她认为性价比高的一家或者几家下订单。

其中一两个在顾客关系管理上比较勤奋的品牌，会经常给她发新品或者促销活动的邮件，但她很少打开，每次需要买衣服，还是继续到之前买过的几个品牌的店铺中做比较，然后继续选择她认为性价比更高的东西。

她是不是这些品牌需要重点做顾客关系管理的顾客呢？企业到底要和什么样的顾客建立关系呢？

交易顾客和关系顾客

顾客关系管理理论用交易顾客和关系顾客这两个概念，来区分不同消费行为的顾客。

交易顾客是只关心商品价格的顾客。他们很容易被促销活动吸引，但并不打算成为忠诚顾客，他们会在下次购买之前，再一次非常理性地比价，然后重新选择在哪儿消费。比如，我太太在买衣服时，就是典型的交易顾客。

关系顾客与交易顾客完全不同，他们希望找到一个商品品质可靠、能提供良好服务的商家，并且希望这家企业能认识他、记住他，和他建立一种关系，这样，他就能省去很多时间和精力，也避免了选择不了解的商家带来的购物风险。如果商家一直能保证商品品质和服务水准，不让他产生不满，他就会一直在你这里买东西。

比如我太太在采购办公电脑上，就是一个典型的关系顾客，前些年做书店的时候，每次需要给办公室添置电脑，她都二话不说，直奔戴尔公司的网站，选择合适的配置，快速提交订单，不比价，也不换品牌。

交易顾客是随时准备跑掉的顾客，而关系顾客是准备和你建立长期关系，会一直在你那购物的顾客，换句话说，他们是更忠诚的顾客。

在实体书店行业，也存在这两种类型的顾客。你做打折活动，交易顾客就会跑来买书，你做讲座等活动，就吸引不到他们。而关系顾客则会很喜欢这些打折之外的活动，因为他们觉得，做这些活动的才是一家值得信赖的好书店。

那么，这两种顾客，谁能让你更赚钱呢？自然是关系顾客。

交易顾客只买打折书，你能赚到的利润非常有限；而关系顾客既不计较价格，又准备买更多的书，他们的持续购买会带来丰厚利润。

企业不需要追求和所有顾客建立关系，而应该将顾客关系管理的投入放到关系顾客的身上。

你可能会想，既然关系顾客都已经准备跟我建立关系了，我为什么还要在顾客关系管理上下功夫呢？这恐怕也是很多不做顾客关系管理的企业普遍秉持的一种态度。

但是别忘了，关系顾客愿意一直来你这里买书，也是有前提的，就是你需要让他看到你确实是值得信赖的，而且愿意认识他、记住他、持续为他提供满意的服务。这就是顾客关系管理要做的事了。你不在他身上用一点心思，他来买了一百次书，你的店员都还不认识他，你想他会不会觉得在你这儿买书很愉快？

那些只买打折书的交易顾客是不是就是完全没有价值的顾客呢？当然不是，交易顾客虽然带来的利润有限，但是可以帮助增加销售额、帮助周转库存，同样有他的价值，只是在顾客关系管理上，不需要将他们作为目标而已。

企业如何识别关系顾客、交易顾客

在没有顾客数据库的时代，识别两种类型的顾客确实不容易，但现在绝大部分企业，都已经有了相对完善的顾客信息和顾客消费记录，识别交易顾客就变得非常简单。比方说，书店的会员系统都能记录下哪位顾客在哪一天买了什么，要查询他们多长时间来一次书店也非常方便。

那么，我们就可以利用这些顾客消费记录去做顾客分析了。你的每一次促销活动，都有确定的时间，我们只要识别出，哪些顾客只在全场打折时买书，而且只买打折书，那他们就是典型的交易顾客了。

当然，识别出交易顾客和关系顾客之后，为了保证顾客关系营销的效果，我们还需要对关系顾客做更进一步的分析，区分不同类型的关系顾客，然后针对他们做不同的营销努力。

第一个要识别出的关系顾客群体，是目前在你这里有很高消费的顾客，他们可能只占关系顾客很小一部分，但贡献了最多销售和最多利润。他们是顾客关系管理最重要的目标，你不需要说服他们买得更多，而是要吸引他们一直留在你这里，不会轻易转向新开的书店。

第二个要识别出的关系顾客群体，是已经能看到关系顾客的特征，但消费量还不是很高的顾客，他们是最有潜力的顾客，你需要想办法让他们加大在你这里的购买份额。

第三个要识别出的关系顾客群体，是具有关系顾客特征，但是消费额度、消费频率在逐步下降的顾客，比如他之前的消费记录显示每个月都来书店，但现在有三个月都没来了。这些顾客，可能正在离你而去，你需要努力唤醒他们，尽量激活他们在你这里的消费。

这些都是顾客关系管理的关键技术，实体书店要做顾客关系管理，也需要首先分析自己的顾客群体，将关系顾客识别出来，然后针对他们，展开有效的营销活动。

顾客价值：

你想过顾客
为什么来你的书店吗？

先给你提个问题：你平时发快递会用哪家快递公司？我是这么选的：固定用两家快递公司，一家是普通快递，一家是顺丰。

普通快递的收件小哥为我服务两年了，态度很好，收件及时，我没有任何不满，但我对他所在的公司并不忠诚。一旦有贵重东西要发，有急件要发，有给重要收件人的快递要发，我会毫不犹豫地打电话给顺丰，而且在这一点上，我绝对忠诚。

我为什么会对既熟悉又长期使用，而且没有任何不满的快递公司并不忠诚，而对重要快递上使用顺丰绝对坚持，即便顺丰的运费会高出很多？这是因为顾客关系的基础，是顾客价值。

什么是顾客价值

顾客价值是营销学、消费行为学的重要概念，很多学者都从不同角度做过研究、给出定义，或注重收益和代价的差额，或从顾客认为的性价比的角度考量。我们在这里不必详细研究，只需要把握顾客价值的精髓，那就是从顾客角度衡量企业为顾客带来的利益。

比如说，我用的那家普通快递，它对我的价值是：价格合理，时限正常，满足发普通快递的需求。那我为什么又会用顺丰呢？因为需要发贵重东西、发急件给重要收件人时，我关注的价值，就不再是"价格合理、时限正常"了，我需要的是"更安全"、"更快"和"更可靠"，而就我使用过的国内快递来说，能够满足我这个价值需求的，只有顺丰，所以我愿意在重要快递上，做它的忠诚顾客。

我使用快递的方式，其实和所有消费者在各种消费上的基本规律都是一样的，那就是：第一，顾客只愿意为他需要的价值付费；第二，顾客为价值付费时，宁可忽略价格；第三，顾客追求的，是价值的最大化。

顾客价值和顾客关系管理的关系

一家有几十年顾客价值分析专业经验的公司，从 400 多次分析中得出了"顾客对企业的四点忠告"，这四点忠告是：

（1）我希望你的公司具备良好的基本素质。如果你的公司不具备这一点，我就会与其他的公司做生意。即使你的公司具备了良好素质，但仅凭这一点，还不足以让我对你保持忠诚。

（2）我希望你的公司不仅素质精良，而且向我提供一些我看重的特殊服务。如果你能做到这一点，我就会成为你的忠诚顾客；如果不能，我就可能被其他的公司抢走。

（3）你的某些做法可能会令我不快，但还并不足以赶我走。因为你的竞争对手也可能会这样对待我。

（4）有些事情不管你怎样做，我都无所谓。

这里说的企业的基本素质，指的是位置、环境、产品、服务等企业面向顾客的基本面。基本素质不够好，比如店铺凌乱、服务糟糕、客服不知所云，自然无法吸引到顾客。但即使基本素质非常过硬，也不足以让顾客对你忠诚。

顾客看重的是你能给他提供的特殊服务。这些特殊服务，是你能给他而别的企业不能给他的东西，这才是真正的顾客价值。比如顺丰的"更安全"、"更快"和"更可靠"。

至于顾客可能对你产生的小小不满，他会非常明白，哪个企业都不完美，在你这儿遇到的问题，换个地方可能也会遇到。

还有，可能有一些东西，企业自己非常重视，比如店铺入口的灯光、收银台的颜色等，但顾客认为，这些都毫不重要。

顾客关系管理的目标，是培养忠诚顾客。但满意的顾客并不一定是忠诚的顾客，能从你这里持续地获得他真正需要的价值的顾客，才会成为忠诚顾客。所以我才说，顾客关系的基础是顾客价值。

要进行顾客关系管理，首先要弄清楚的是，不同类型的顾客看重的价值是什么，然后提供给顾客在他看来足够高的顾客价值。

这个足够高的顾客价值，不一定是低价，不一定是货多货全，也不一定是产品品质极高。那么是什么呢？这就需要我们去做自己的顾客价值分析了。

分析的途径主要有两个：一是数据分析，到我们的顾客数据库中进行深度挖掘，找到你的忠诚顾客在你这里的消费特征；二是顾客访谈，和你的忠诚顾客面对面地交流，看看他们关心的到底是什么。这两项，都是顾客关系管理人员重要的日常工作。做好这些分析，才能引导企业，为顾客提供他真正需要的价值。

实体书店行业的顾客价值

我是个重度的图书消费者，阅读兴趣广泛，一年买书很多，而且我不太有时间逛书店，所以我关心的价值是品种全、购买方便，而且价格实惠，好省出钱来买更多书，所以我主要去网店买书。

我是这种类型的顾客，但很多人和我不同。

比如文艺青年，他们更有时间，更注重日常生活的格调，所以比我这样的重度图书消费者更喜欢逛书店。和品种全相比，他们会更关心店内氛围，品种多少并不重要；和购买方便相比，他们更关心他们要去的地方，能不能带来一段美好的书店时光；和价格实惠相比，他们更看重独特品位，并且愿意为书店的选书品位买单。

再比如带小孩的父母，他们带孩子去书店，更看重的是给孩子良好的熏陶，培养孩子的阅读习惯，所以他们会更喜欢书店有能让孩子坐下来，和书待在一起的地方。

书店要做会员关系管理，就需要分析自己的目标顾客到底是谁，自己希望建立关系的顾客到底是哪种类型的顾客，然后发掘他们的需求，为他们提供他们需要的顾客价值，而不要一厢情愿地去扩充品种、降低价格，或者改善店内环境。

打造零顾客流失文化：

你书店的店员
会当着顾客的面聊天吗？

顾客关系管理的目标，是把一般顾客转化成忠诚顾客。因为忠诚顾客会比一般顾客为企业带来更多利润。

随着顾客购买量的增加，公司在这个顾客身上投入的成本也会下降，而且拥有长期顾客的公司，通常可以为自己的产品或服务做更好的定价，也就是说，顾客不会特别在意你的价格。因而公司留住顾客的时间越长，获得的利润就越大。比如，有统计表明，对一家汽车服务公司来说，一位顾客第四年能产生的利润，是第一年所能带来的利润的 3 倍以上。

不仅如此，长期顾客还有免费广告的作用。

大多数企业都明白这个道理，无论是否有意识地进行顾客关系管理，都会本能地以培养顾客忠诚度为目标。

但是培养忠诚顾客并不容易，而失去一个顾客，却常常在不知不觉之间。您肯定也有因为各种各样的原因，拒绝再光顾某个店铺的经历。所以，企业要做好顾客关系管理，需要先做一项重要的工作，就是打造零顾客流失文化。

零顾客流失文化

零顾客流失文化就是企业力争实现零顾客流失，留住每一位能为公司带来利润的顾客，并发动全体员工朝这一目标努力。

严格说来，零顾客流失，只是一种理想，不流失任何一个顾客是不可能的。但企业还是需要建立这样一种文化，从而使公司上下，都理解长期客户的价值、理解客户流失带来的损失，并且关注那些会导致顾客流失的因素，努力去消灭它们。

导致顾客流失的原因

第一个，就是企业不能持续地为顾客提供他所需要的价值；第二个，就是企业缺乏必要的基本素质，导致顾客不满。

如果你能持续为顾客提供他所需要的价值，顾客可能不会在意一些无关紧要的小事，比如在他并不很着急的情况下，你请他等候十分钟；或者他需要的某个商品，临时缺货。因为他知道，换一家企业也很难避免此类状况。

但有些东西，顾客会非常在意，触碰了这些底线，即使你仍旧能为他提供他所需要的价值，他还是更愿意放弃你，去找另一家能够提供同样价值，同时又让他感觉愉悦的企业。

比如，尊重。服务员当着顾客的面吵架，就是一种不尊重。其他不尊重顾客的表现还包括：服务人员冷漠，粗暴，缺乏热情；店铺杂乱无章、缺乏对顾客必要的指引，导致顾客迷失在卖场；商品标价不清晰，让顾客弄不明白；等等。如果你把自己的角色转换为顾客，你就会发现，到底是哪些东西构成了对顾客的不尊重。尊重是建立关系的前提，没有任何一位顾客愿意与不尊重他的企业建立长期关系。

比如，诚信。所有企业都标榜自己是诚信的，但是不诚信的行为实际上比我们能想象的要多得多。促销商品实际上品质不佳，或者到了保质期，但没有明示；合同里有霸王条款，但告诉顾客，那种情况根本不会发生；促销文案写得模糊不清，然后在海报后面注明一行小字"解释权在商场"；等等，这些状况，相信你和我一样，遇到过很多次，有了上当受骗的感觉，你会愿意再光顾吗？

再比如，对顾客过度销售。如果你是位女士，你肯定有过在美容美发店被不停劝说染发、烫发、用昂贵的进口产品，或者购买美容疗程的经历，我太太就因为不胜其烦，已经十几年都不去美发店了。

还有，糟糕的服务细节。比如，在餐厅吃饭，都快买单了，还有一个菜没上，你跟服务员催菜，她才万分抱歉地告诉你："哎呀，真不好意思，这个菜刚刚卖光了。"

上面说的每一个，都是顾客关系的杀手，我只是列举了最重要的几个，类似的可能惹恼顾客的情况还有很多。而零顾客流失文化的目标，就是尽可能地消灭导致顾客流失的因素，让顾客和你的每一次交易，都从期待开始，以满意结束。

实体书店行业的顾客流失

作为零售行业，我们会频繁地与顾客发生直接接触，因而不经意间惹恼顾客的时候其实非常多。

比如，早些年大家用现金比较多的时候，我不止一次地遇到过收银员说"没有零钱，少找您几分钱"的情况，还有店员在顾客面前坐在书上的，店员当着顾客的面大声聊天的，书架上的书放得东倒西歪的，你让店员帮着找本书连书名都得重复三遍的，等等。

这些事情都不仅关系到服务，还关系到顾客满意度，进而影响顾客忠诚，对企业整个顾客关系管理的策略会造成负面影响，所以每一件都不能掉以轻心。

防止顾客关系夭折：
你的书店给新顾客
办理会员卡之后还会做什么？

去年，我在一家 4S 店买了一辆车，并在那儿上了保险。买车大约一个月后，4S 店和品牌厂商的客服，都打电话来客气地找我做满意度调查，看起来一切都还不错。

不过将近一年后，麻烦开始了。

先是 4S 店的保险代理打电话给我，说车险还有 3 个月到期，提醒我别忘了续保。我当这是善意的提醒，愉快地接受了。

过几天，他们又来电话，告诉我最近有一个活动，某天之前到店里续保，可以享受优惠。这就让我有点压力了，毕竟保险到期还是 3 个月后的事。

几天后，电话又来了，问我去过了他们店里没有。我开始有点不高兴了，催客户消费不能这么催吧？于是我回复说，有朋友一直为我做保险，我不打算去他们那里了。

对方有点小失望，不过也只能接受。接着，一周之内，我接到了三家不同公司的保险业务员的电话，都是直接报出我的车号，然后问我保险的事。原来，4S 店看我实在不会再去消费，直接把我的信息给卖掉了。这时候我的感受变成了什么？没错，愤怒！我再去他们那里消费的可能性有多大呢？我觉得是零。

类似这样的事，每天都会在无数企业和无数顾客之间发生，这就是顾客关系夭折。

什么是顾客关系夭折

顾客关系夭折就是企业与新顾客之间刚刚建立起来的关系，因为各种各样的原因断掉，客户不打算回去继续消费，而且还可能对企业产生负面印象。

一般情况下，一个新顾客，如果不是纯粹被低价格吸引来，买过一次东西，就是接受了与你建立一般程度的关系，但这种关系还非常脆弱。它可能朝两个方向发展，一个方向是关系越来越强，越来越稳固，顾客成为你的忠诚顾客；另一个方向就是企业和顾客之间变成"一锤子买卖"，顾客不打算继续发展和你的关系。

新顾客和企业之间关系夭折的原因

绝大部分原因不在顾客，而在企业。因为顾客选择一个店铺，是要付出时间和精力的，这是他的购物成本，而顾客并没有那么愿意不停地付出这些成本，去找新的同类店铺来替代已经消费过的店铺，更何况，每一个新选择，都意味着新的购物风险。

但是，企业的很多做法，都会促使顾客有意或者无意地断掉和企业初步建立的一般程度的关系。

第一类做法是，企业不再理顾客。

比如你现在去很多地方消费，店家都会鼓励你办一张会员卡，然后，就常常没有然后了。你的会员卡没有积分功能，你也不能用积分兑换礼物；他们从不联系你，更不会在你生日时给你一个祝福，甚至你下次去的时候，发现他们根本就忘了你，让你重新办一张会员卡。这样的关系，你会想继续保持吗？自然是慢慢和他们相忘于江湖。

第二类做法是，企业过度联系顾客，也就是过度营销。

比如我前面说的 4S 店不停给我打电话推销的事。这是很多积极进行顾客关系营销的企业最常犯的错误。它并不真正关心你的需求，只关注自己的销售业绩，联络你，就是不断说服你买东西。

这样的关系，顾客自然也不想继续保持。甚至很多顾客抱怨，企业所承诺的顾客关系是单向的，它能不管你是在吃饭还是在睡觉，都给你打电话；但等你真的有问题打客服电话找它帮忙的时候，要么给你三五层的语音提示菜单，要么给你一个只会说抱歉、完全不能解决问题的客服。

第三类做法是，不能保证稳定的产品和服务质量，让顾客在后续的消费中产生不满。

消费者行为研究表明，很多顾客在第一次选择一家企业消费后，会在比较短的时间内再次消费，比如你遇到了一家感觉很不错的新餐馆，会想带家人去吃一次。这个消费特征，对于企业和顾客建立持续的关系非常关键，但很多企业会因为不能保证稳定的产品和服务质量，而在这个环节上失利。

比如餐馆的出品不稳定，同一个菜，这次吃很好吃，下次吃很一般；比如企业服务人员的水准参差不齐，顾客这次遇到有经验老员工，会得到很好的服务，下次遇到刚上岗的新员工，处处惹人火冒三丈；再比如连锁店的服务水准不统一，这个店很不错，换个店就很糟糕。

顾客在后续的消费中产生不满，自然也不会乐意成为你的老顾客。

实体书店的顾客关系夭折的主要原因是不理顾客

实体书店行业，整体上对顾客关系营销投入不多，这让大家避免了像前面说的汽车 4S 店那样过度营销，但让书店和顾客的关系无法继续发展。

几乎每一家大中型书店都有会员制、会员卡，但在很多书店，它们的作用仅仅是在结账时把消费计入会员名下。它们既不会在会员生日时发祝福、赠送生日礼物请他有空来取，也不会根据顾客的消费记录，分析他需要什么类型的新书，以便在有此类新书到货时，第一时间告诉他。

倒是很多小型实体书店，虽然不一定有正规的会员系统，却非常乐于和顾客保持关系，顾客想问一本书，可以直接打老板甚至店员的私人电话，甭管店里有没有那本书，老板和店员都能给顾客朋友式的回复。

所以，对于防止顾客关系夭折，我给实体书店的建议是，多关心点你的顾客，更主动地和他保持联系，让他知道，这家书店把他当成很重要的顾客，愿意把他需要的新书，第一时间告诉他，也愿意在他下次来买东西结账时，直接叫出他的名字。

你的书店和顾客之间
有着怎样的情感关联？

我家大儿子 17 岁，像很多同龄人一样，他也喜欢玩网络游戏。不过他玩游戏很挑剔，只玩暴雪出品的游戏。

我问他为什么，他说："因为暴雪是一家有情怀的公司。"接着就给我讲了暴雪很多有情怀的事，比如暴雪游戏粉丝、一位广州的大学生追赶盗车贼不幸遇害，暴雪为了纪念这位勇敢的青年，就在游戏场景中加入了向他致敬的细节。

游戏我不懂，但我知道，暴雪和我儿子这样一位少年用户之间，发生了一件很重要的事——他们建立了情感关联。

什么是情感关联

情感关联，是人和人之间、人和事物之间情感上的联系，这种关联会带来亲密、爱、信任、欢迎、喜欢、认同等表现。

情感关联在生活中随处可见，比如粉丝热爱某明星、你特别喜欢某个朋友、你钟爱在某个重要时刻穿过的一件衣服。

那么，在企业和顾客之间发生了情感关联意味着什么呢？意味着企业和顾客的关系，进入一个较高的层次，这位顾客，更愿意作为忠诚顾客，和企业保持长久关系。

　　如果顾客和企业的关系，仅仅局限于我买你卖的交易，关系中没有情感关联，这种顾客关系，就还处在比较低的层次，顾客很可能随时因为一点无关紧要的小事离你而去。

　　所以，情感关联是顾客关系中的一种重要机制，是否和顾客建立了情感关联，也是顾客关系管理是否成功的一个重要衡量指标。

如何与顾客建立情感关联

　　每个成功与顾客建立情感关联的企业都有自己的个性化方式，可以说，没有一套现成的方法可以遵循，但我们可以看到其中有一个最基本的原则，就是企业需要找到能够引起目标顾客某种认同的情感元素，去打动他们。

　　它可以是一个感动人的故事，比如暴雪为纪念玩家，更改游戏的场景细节。

　　它可以是一种个性，比如哈雷摩托代表的自由不羁的个性。

　　它可以一种氛围，比如方所书店的生活美学设计。

　　它可以是一种价值观，比如耐克的 just do it（想做就做）。

　　它还可以是企业在服务顾客的过程中，因企业表现出来的发自内心的友善、亲切，而在顾客心目中建立起的好感、信任和依赖。

　　总之，在企业和顾客之间，一定存在着某种可以建立关联的元素，找到它，传达给你的目标顾客，你和顾客之间，就会慢慢建立起一种超越交易关系的情感关联。

　　这些带来情感关联的元素，是如何由企业传递到顾客那里，并且获得顾客的响应的呢？有两种主要途径。

第一种途径是直接接触，比如，顾客来你的店面消费，或者在网站下单，如果你主动传递了情感关联的因素，顾客就会接收到，并做出相应的反应。举一个最简单的例子，店员见到老顾客时面无表情，传递出的就是不友善的信息，顾客心里的反应就是他并不欢迎我；店员自然地笑着招呼"您来啦"，传递的就是包含情感关联的信息，会让顾客感到被认同和尊重的愉悦。

第二种途径是各种形式的品牌传播，比如广告、媒体报道、企业自媒体传播等。顾客通过这些形式接触到关于企业的信息，自然会建立对企业的印象。如果某个故事、某种个性、某种氛围、某种价值观，正好唤起了顾客的共鸣，那么顾客就很可能继续关注你的信息，以获得更进一步的认同。比如我儿子与暴雪的情感关联，就是通过这种方式达成的。

实体书店如何与顾客建立情感关联

对于实体书店来说，在建立与消费者的情感关联上，拥有一个得天独厚的优势，就是书。

为什么在所有类型的店铺中，书店是被回忆和书写得最多的？因为书在所有的商品中，离消费者的精神世界最近。每个人的成长过程中，都会或多或少地受到书和阅读的影响。这样，书店的消费者，很容易在书和书店之间，发生一种奇妙的移情，把对书的美好感受，转移到书店身上。一家好书店，对于它的忠实读者来说，在某种程度上具有精神家园的意义，这种在情感寄托基础上建立起来的书店和读者的关系，会远远超越单纯的交易关系的层次。

自然，仅有好书还不够，如果只是把书当成普通商品，用毫无格调的方式，像卖大白菜一样售卖，书店和读者之间也还只是交易关系。所以试图与读者建立情感关联的书店，还需要营造一种氛围，一种格调，让读者认同你是具有他所热爱的书店之美的书店。

咱们来看一个非常有意思的案例，就是单向空间书店推出的"单向历"。

单向空间被视为一家非常文艺的书店，于是它就用单向历做了一件非常文艺的事：

每天一页，结合当下热点，配上一句来自书中的名言佳句，再加上传统老皇历吉凶宜忌的形式，用微信公众号"单向街书店"推送给读者。简洁而有设计感的画面、别致的名言引用，很快聚集了一批死忠粉，转发单向历到朋友圈，甚至成为一种时髦。

比如在电影版《小王子》上映时，当日的宜忌是"宜重返纯真"，当日的名言是引自小王子书中的，"所有大人都曾是孩子，可惜，只有很少一些大人记得这一点"。

比如在 9 月 30 号，十一长假马上开始，当日的宜忌是"宜雀跃"，当日的名言仍旧是引自小王子，但内容配上长假前一天的时机，就特别容易让人会心一笑："如果你说你在下午四点来，从三点钟开始，我就开始感觉很快乐，时间越临近，我就越来越感到快乐。"

作为一家书店，和读者用这种又文艺又有个性又有趣的内容来沟通，拥有大批死忠粉，当然毫不奇怪。

最后，也是最基本的，书店要建立和顾客的情感关联，仅有好书，有顾客热爱的、独特的书店之美还不够，还要有高标准的服务，如果一家书店在服务上有很多硬伤，经常得罪顾客，顾客同样会拒绝与你建立情感关联。

同样是逛书店，
其实每个人的诉求都是不同的

我这个人特别不喜欢去家具城，为什么呢？因为害怕那儿的销售人员，他们常常是一见顾客进门，也不问你想买什么风格、什么价位的东西，就给你看他们最新款的实木家具，或者全套进口的真皮沙发。

但是前阵子去一家国际品牌的儿童家具店，却得到了一次很不错的体验，让我对那个品牌好感倍增。一进门，销售员问我要看什么，我说要把前些年买的两张单人床，拼成双层床。销售员马上说，我知道了，您需要四条短的床腿和四个连接件，一共是 1 500 元钱。我挺吃惊，问她："就是这些吗？"她很肯定："就是这么多，这是我们专门的配件，就是为拼接您说的那种单人床准备的。"前后十分钟，干脆利落地结束。

这个案例，充分展示了顾客关系管理中帮助提升顾客忠诚度的一个重要方法——契合顾客情境。

什么是顾客情境

顾客情境是关于顾客如何做交易的一个宽泛概念，指的是顾客对产品和服务的选择、购买和使用的整个过程，简单地说，就是顾客要买什么、为什么要买、买来怎么用，他要购买的东西，将如何进入他的真实生活。

不同的顾客，进入同一家店铺，他们的顾客情境可能完全不同。比如有人去儿童家具专卖店是因为搬新家，需要给孩子布置一间完整的儿童房。如果销售员用服务我的那种简洁利落的方式来服务那位要买全套家具的顾客，顾客肯定觉得没受到重视，而她把服务买全套家具的顾客的方式拿来服务我，我也会觉得不胜其烦。

这就是理解顾客情境的意义：你需要根据不同的顾客情境，为他们提供恰好契合他们的产品和服务，只有这样，才能赢得顾客的好感和信任，与他们建立对彼此都有益处的关系，而且因顾客的高度认同，将顾客关系导向忠诚。

什么是契合顾客情境

很多三四十岁的朋友，都遇到了一个小烦恼，就是他们六七十岁的老爸老妈，加入了购买保健品的大军，不停地被说服着买各种各样的保健品，儿女怎么劝都劝不住。

这件事，我想了很久都想不通，老先生老太太们，为什么对那些价格昂贵、效果可疑的保健品那么热衷呢？后来我想明白了，保健品的销售人员利用了顾客关系管理中一个很重要的方法——契合顾客情境。

这些人亲热地拜访拿着退休工资又有大把时间的老人家们，跟他们说："叔叔阿姨，您看您生活得多好，咱就得这么过，把身体养得棒棒的，自己不受罪，儿女不受累。"

老人家一听，对啊，我要是生了病住医院，可不就是又花钱又受罪又拖累儿女吗。所以我得好好吃点保健品，把身体养好，于是开开心心地去买保健品了，还边花钱边感谢别人：人家这都是为我好啊。

你可能和我一样不喜欢他们做生意的方式，但却不得不承认，他们对顾客情境的把握，实在是高明。

契合顾客情境，说起来简单，但大多数企业都做不到像保健品企业那样，把契合情境的事做到顾客的心坎里去。

为什么呢？因为他们太关注自己提供的产品或服务是否足够好、是否完美了，而完全忽视了这些东西如何满足顾客的需求，如何进入顾客的真实生活。

在契合顾客情境上，宜家商场可以说是一个典范。人们为什么那么喜欢宜家，一个很重要的原因，就是宜家场景化的陈列方式。

您想要布置一个漂亮的客厅？那我布置出一个漂亮的客厅来给你看。你只有小小的一居室？我就给你示范如何在十几平方米里布置舒适的床铺、好用的工作区和小巧的休闲区。你想要一张软硬适度的床？尽管躺上去试试，没有人会来制止你。

宜家为家居需求中几乎每一个顾客情境都提供了令人向往的解决方案，所以尽管这个自助式的商场并没有多少人为你服务，宜家的忠实顾客们还是觉得，在宜家，他们受到了很好的照顾。

书店如何契合顾客情境

书店顾客最典型的情境，是"逛书店"。他们有大块时间，但没有什么具体目标，就是慢慢逛，逛累了拿本书坐下来，舒舒服服地看一会儿，看到喜欢的书，挑上几本，付款，离开。这部分顾客，几乎不需要特别照顾。

但恰恰是因为这些不需要照顾的顾客，让书店常常把另外一些顾客情境给忽视了。

比如"限时急需"。我急需一本书，现在就要买到，买完马上就走。那么书店有没有通过适当的培训，让店员可以在顾客求助时，快速识别出他的顾客情境，然后快速满足他呢？

比如"新来乍到"。一个新顾客，进到你的书店，肯定不会像老顾客一样，对陈列区域特别熟悉，那么，书店有没有考虑到这个情境，给新顾客提供清晰的指引呢？

比如"集团采购"。对于有大笔预算，但不知如何着手的顾客，你有没有提供一种方便快速的绿色通道给他们，让他们可以享受到一对一的个性化服务呢？

再比如，带小朋友的顾客。爸爸妈妈是带着孩子来给自己买书，还是来给孩子买书？前一种情境，爸爸妈妈可能需要一个安全的儿童乐园，把孩子"暂存"起来，自己从容地逛一会儿书店；后一种情景，顾客可能需要一位有培养儿童阅读兴趣经验的导购，帮他们挑选适合孩子年龄段的童书。

其实再细致分析，书店的"顾客情境"还有很多。毕竟每一个顾客都是不同的，一个顾客在某时某刻出现在书店，背后一定有他独特的理由。

你的书店是
如何倾听顾客意见的?

有一次我坐高铁出差回来,到家后,发现身份证不见了。赶紧找吧。当时已经晚上十点,抱着试试看的想法,我打了北京南站的客服电话,居然还有人接,并且告诉我,我刚刚坐的那趟高铁,已经重新出发,她会联络车上的乘务人员帮我找找,有消息会发短信给我。

第二天,短信来了,告诉我乘务人员已经到我座位附近找过了,不过非常遗憾,没有找到。身份证虽然没找到,客服热心且富有同情心,还是让人相当舒服,连带着让我对铁路服务的印象都大为改观。

说这件小事,是想说明顾客关系管理至关重要的一个部分:与顾客的对话机制。

与顾客对话的机制

与顾客对话的机制,就是企业提供稳定、常规的途径,与顾客沟通互动,内容包括了解顾客需求并做出反馈、倾听顾客对产品服务的建议并做出反馈、接受顾客的投诉并给予满意的解决、接受顾客的求助并尽可能地提供帮助等。可以说,企业服务顾客的所有环节,以及与顾客相关的所有事务,都是重要的对话内容。

比如你要开新店，你有没有先去了解一下，顾客是喜欢灯光更亮一些还是更柔和一些？

比如，顾客希望店面服务人员对顾客咨询的反应更灵敏一些，他该找谁去反映？

比如，顾客来店里买东西，如果他感到不满意，是否只有"找你们主管来"这一个途径可以解决？

再比如，顾客有事求助，对这种义务之外的求助，你是觉得这不关我事呢，还是尽力帮忙呢？

顾客真实的需求，只有倾听顾客真实的声音才能获得；顾客的建议中，蕴藏着改进产品与服务、提高顾客满意度的重要机会；顾客不满其实没有那么可怕，可怕的是处理顾客不满的糟糕方式；顾客的求助，其实是给你建设关系的机会，如果你反应冷漠，顾客会大为失望，如果你积极提供帮助，就算是最后没有帮上忙，也会给顾客关系加分。

对话机制的形式

与顾客对话的机制有很多。比如，早些年很多商店或者服务场所挂着的意见本，就是一种对话机制。银行、酒店的大堂经理，也是一种对话机制。

再比如，企业的客户热线、购物网站的在线客服和购物评价，本质上都是与顾客对话的机制。

还有，如果企业开设有微博，顾客的私信、评论、转发，也都可以看成是和企业的对话。

此外，网站请访客填写简单的调查表、做关于商品和服务的投票，大型企业聘请调查公司做消费者问卷和访谈，其实也都可以看成一种与顾客对话的机制。

尽管现在可以和顾客对话的途径还是挺多的，但质量不是很高。

客户意见本虽然表明了乐于倾听的态度，但并不关注对顾客意见的反馈。

除了银行和酒店，值班经理在其他类型店铺中非常少见。如果你对一家商店有意见或者建议，如果没表现出激烈的投诉态度，除了营业员和客服，你找不到任何可以真正负责的人来听。

在客户热线上，客服人员能处理的，通常只是简单的业务问题，对于顾客意见和建议，只能公式化地回答一句："我会记下您的意见，转给有关部门。"

在线客服更关注交易的达成，而不关注顾客的需求和意见；购物评价更关注顾客的好评，而不关注顾客对这笔交易的整个过程，到底哪里满意，哪里不满意。

企业的微博微信更关注单向地向顾客传播，鼓励顾客帮助转发，倾听顾客反馈的功能却常常得不到足够的重视。

这些机制，并不鼓励消费者直接表达他们的不满、需求和建议，也很难对顾客的表达做出及时有效的反馈，这是顾客关系中的一大损失。

真正有效的对话是什么样的呢？

顾客关系管理专家们提出了两条重要的建议：第一，与顾客的对话，应该积极、坦诚、持续、平等；第二，要从顾客的角度理解对话的目的、意义和质量。

举个反面的例子。一个顾客，在网站上看中了一款高级羽绒被，他给客服留言说："可以加礼盒包装吗，女儿结婚用，包装就一个很薄的塑料袋，拿不出手的。"客服回复说："尊敬的顾客，您好，经查询，商品为普通纸箱包装，无礼盒，敬请核实。如有任何疑问，欢迎您随时致电顾客中心与我们联系。"如果你是那位给女儿买嫁妆的顾客，你会喜欢这样的回答吗？

　　如果用同样生硬的态度处理顾客投诉，问题就更大了。你不能和顾客做有效的对话，那么他就到微博上公开投诉并且 @ 你、到微信上对着他的几千个粉丝骂你并且截图给你。当然，这也是一种对话，他表达愤怒，你收到了。但这种质量极低的对话，对于顾客关系和品牌形象产生的是纯负面的作用。

与顾客对话的机制在实体书店行业的状况

　　小型书店的店主和店员，更容易以一种热诚、善良、富有人情味和同理心的态度与顾客对话。比如你今天跟店主说，有机会帮忙找一本书，可能过几天，他就给你回电话，书找到了。你今天在他狭窄的过道上绊了一下，下次去时，那个碍事的展台可能就挪了地方。

　　但是书店规模一大，这种富有人情味的态度和非常迅速的反馈就变得很稀缺。你要找一本书，店员的反馈可能就成了公式化的"好，我帮您做个缺书登记"。你说"你们的通道太窄了，能不能弄宽一点"，店员的回答可能是"好，谢谢您的建议，我跟领导反映一下"。然后可以预期的是，你下次去时，过道没有丝毫变化。

　　所以，我的建议是，想建设更好的顾客关系，吸引和保留更多的忠诚顾客，实体书店需要检讨与顾客对话的途径和质量，与顾客进行真正高质量的沟通和互动。

提供特别待遇：

你的书店会
请会员免费喝咖啡吗？

如果经常坐飞机出差，你可能已经发现，大型机场都有各种各样的贵宾专属区域。

比如停车场，像我这样，开普通品牌车的乘客，出差时，会选择坐车而不是开车去机场，因为停车费太贵了。但是如果你开着一辆奥迪车，你就会潇洒地开去，停到奥迪专属的贵宾停车区去，不但车位充足，而且位置颇佳、进出方便。当然，如果你是某银行信用卡的VIP用户，你也可以放心大胆地开车去，因为银行也在那儿给你准备了专属停车区。

在候机大厅也是一样，普通乘客在熙熙攘攘的大厅里等候，坐连排座椅，很可能还找不到座位，但航空公司、电信公司、银行、豪华汽车公司的VIP用户，则可以到安静的贵宾专属休息室去休息。

当然，作为普通乘客，你可能会稍有不平，但换个角度，如果你自己是这些VIP用户的话，你绝对会感谢为你提供了这些优厚待遇的商家。

这些例子都在体现顾客关系管理的一种重要方式——为顾客提供特别待遇。

为顾客提供特别待遇

为顾客提供特别待遇就是企业为了保持和提升顾客忠诚度，为消费达到一定级别的顾客，提供与普通顾客有区别的直接、持久、个性化的服务。机场的贵宾停车区、贵宾休息厅，都是为顾客提供特别待遇的典型案例。

这些特别待遇，通常都是不直接导向消费的增值服务，而且企业为此也要支出不菲的成本。那么，企业为什么要这么做呢？因为顾客喜欢。

如果顾客已经与企业建立关系，在企业这里有高额消费，认为自己对企业来说是重要顾客，并且也愿意在企业持久消费，他们会有一个很普遍的期待，就是企业"认识他"、认可他是重要顾客，并且乐于将他与一般顾客区别对待，单独为他提供别人享受不到的服务。

对他来说，这比你给他高额折扣、额外赠品或者让他用积分换购什么东西重要得多，因为折扣、赠品、积分换购，是你对他消费的奖赏，而你给他特别待遇，是对他重要顾客身份的认同，并且表明你真正关心他，而不是仅仅关心他的钱包和订单。

在如何照顾好忠诚顾客上，一些企业可能犯了一个方向性的错误。他们给每位顾客发一张会员卡，把他们的消费累计进去，达到一定的额度，可以享受折扣，消费累计额度增加，折扣也随之提高。

然后，企业会对高额消费的顾客进行数据库营销，定期给他发送促销活动的电子邮件，甚至打电话告诉他到了什么新货，希望他来买。

如果你是顾客，遇到这种情况，你会有什么感受？没错，你会感到营销压力，尽管这些积极的营销活动可能还不足以让你远离，但一定有某些时刻，会让你感到有些厌倦，影响你对企业的看法。

这就是着眼于消费的营销活动和着眼于长期关系的"特别待遇"在效果上的巨大差异：营销压力破坏顾客关系，特别待遇强化顾客关系。

很多成功进行顾客关系管理的企业积累下来的经验都表明，对以优惠或者赠礼的方式奖赏和感谢顾客的高额消费是必要的，但不应该优先于认识顾客、认同他的 VIP 身份，并给予他特别待遇。所以银行、车企、航空公司等实力强劲的大品牌，才会把顾客关系管理的投资，花到能给顾客带来实际的额外价值，并且能够彰显顾客身份的机场贵宾区域上。

实体书店如何给顾客提供特别待遇

宜家家居除周末，或者有特别的营销活动、人流量太大的日子，一般工作日，宜家的会员都可以凭会员卡，在宜家餐厅享受一杯免费且无限续杯的会员咖啡，这个小小的举动，吸引了很多会员随时把会员卡带在身上，并时不时地去喝上一杯。一杯咖啡的成本有多高呢，不超过 1 元钱，但是一个忠诚顾客在宜家的消费能达到多少呢，保守估计，3 万元以上。

如果你的书店同时有咖啡区域，我觉得，像宜家一样提供一杯会员免费咖啡，是个不错的办法。

还有，一般顾客是来店买书，而且只能买你店里有货的书，那么能不能考虑给那些老来你这里买书，而且消费很高的顾客提供一些特别的服务呢？比如，帮他找一本市面上比较少见的书；比如帮他订一套你没有现货的高码洋书，让他享受到大大低于别家零售价的价格；再比如做一个二手书寄售区域，帮他解决家里书房爆满的问题。只要去想，一定能想出花费不高但成果卓著的好办法。

与顾客保持接触：
你的书店会
主动联络顾客吗？

在商业信息通过各种媒体、各种通信手段传播得多到几乎泛滥的今天，大家有一个普遍的误解，就是顾客不喜欢来自企业的任何联络。

比如接电话。可能你也和我一样，不太喜欢接陌生电话，就怕一接电话，就是生硬的推销，如果不小心接到了一个广告电话，就赶紧把这个号码加入黑名单。这似乎证明所有来自企业的电话都是不受欢迎的，很多正规的企业，也不太愿意给顾客打电话。

但就我自己来说，对于熟悉的企业，经常往来业务的企业，我是不会把它们的电话拉进黑名单的。而且顾客关系管理的研究者们也发现，顾客并不是拒绝接任何企业的电话，他们只是反感纯粹的推销。

再比如邮件。邮箱都会有过滤机制，将垃圾邮件和广告邮件分别放进垃圾邮件文件夹和广告文件夹，这可能让人误解为，所有的来自企业的商业邮件都是不受欢迎的。但事实上，顾客还是相当普遍地对他已经成为会员的企业的邮件放行，甚至到广告文件夹中打开广告邮件。如果没有打开率，邮件营销就早被所有企业抛弃了。

为什么是这样呢？这里边有一个重要的机制，就是顾客许可。当一位顾客跟你有过交易，成为你的会员，并且打算继续保持关系的时候，他会给你一个无形的许可，就是你可以联络他，但前提是你提供对他有价值的信息，而不仅仅是向他推销。

顾客甚至在一定程度上是欢迎这种联络的，因为他可以通过这些信息，获得消费上的帮助。比如我就很喜欢宜家的产品目录，没事时还会拿出来翻翻，找找家居布置的灵感。

和顾客的联络与接触，对企业当然更重要。企业需要与顾客持续互动，来保持与顾客的关系，并提升关系层次，如此才能建立顾客忠诚。

如果只是登记信息、发个会员卡，然后就把顾客扔在一边，再不主动接触，那么你的会员卡，就难逃被扔在家中某个看不见的角落的命运。

企业如何与顾客保持接触

第一个层次，和顾客保持一对一的联络。

这种联络，可以通过邮件进行，也可以通过电话、短信或者微信进行。比如我是顺丰快递的月结签约客户，顺丰会每一两个月给我打一个电话，跟我讨论一下最近的发件情况，询问对服务的满意程度，并且提醒我，如果有什么问题，可以随时电话联络他们。这种电话，因为不包含任何推销信息，而且是从顾客利益的角度来沟通，所以每次接到，我都不会有任何厌烦。

第二个层次，是社群形式的联络。

企业可以组织在线社群，企业人员参与其中，提供关于产品和服务的信息，回答顾客提出的问题，与顾客互动。百度的企业贴吧，就是一个典型的案例。你可以去搜索一下华为贴吧，它的关注者超过250万，贴吧帖子超过2 000万条。

企业还可以组织自己的顾客微信群，让顾客在其中互动，同时也与企业互动。

第三个层次，是公开的信息传播。

比如企业的微博、微信公众号、头条号，以及其他各种自媒体账号，都是企业主动进行公开的信息传播的重要方式。这些方式的互动性虽然没有一对一联络、社群形式的联络那么强，但可以向粉丝或者订阅用户传递更丰富的信息，帮助顾客了解你的品牌、服务、产品和最新动向。

那么，得到顾客的联络许可，是不是就意味着你使用这些途径和顾客保持联络时，就可以随时向他们发送纯粹的广告信息呢？当然不是。你只要换位思考一下：如果你是顾客，你会需要什么样的信息，希望从中获得什么样的价值，就可以明白到底应该怎么和顾客联络，发送什么样的信息给他们了。

实体书店与顾客的接触

其实书店在与顾客保持联络上，是最有优势的一类企业，你给顾客推送他感兴趣的新书信息，没有人会觉得你是生硬的推销，你给顾客推送书评、书摘，顾客更是欢迎。但实际情况并不乐观。

比如我去新浪微博搜索书店，可以搜索到2万多个结果，但很多大型书店的粉丝数量和评论转发的活跃度，都低于一些微博做得好的小型书店。

再比如我去微信搜索书店的微信公众号，一些相当知名的书店，一篇微信文章，才只有一两千阅读量，说明它们并没有积极引导来店顾客关注自己的公众号。

再比如百度贴吧，仅有的若干个书店贴吧，关注数量都不过几百人，而且其中顾客问询的帖子，几乎都没有官方回复。

至于和顾客的一对一联络，就我所知，几乎是小型书店的专利，大型书店很少致力于和顾客建立一对一的关系。

当然，换一个积极的角度来看，我们也可以认为，在与顾客保持接触方面，实体书店还有巨大的潜力可以挖掘。

第四章

书店如何
做服务

什么是好服务：
飞机上
提供老干妈的启发

很多网友说，四川航空公司的飞机餐可能是全中国最好的飞机餐。好在哪里呢？我曾经去成都讲课好几次，正好体会了一下。

我发现他们有几个做法和别的航空公司不同。第一，送餐时，空姐会问乘客要不要辣酱，我观察，大约有一半乘客要了辣酱；第二，除了常规的冷热饮，他们还给乘客提供一种特别饮品，比如热的红枣茶，空姐还会积极给你续杯；第三，常规餐饮外，他们提供一些特别的小吃，比如蒸胡萝卜、蒸红薯、蒸土豆等，都是符合健康饮食潮流的食物；第四，川航空姐的服务，不像其他航空公司那么正式，多了些亲切的成分。

这几个不同加起来，就让川航成为我说的"什么是好服务"的好案例。我认为，他们的服务，刚好满足了好服务的两个条件：一是超过一般标准；二是超出了顾客的事前期待。

超过一般标准的服务

超过一般标准的服务，是我在《我爱做书店》这本书里提出来的，也是我做书店时一直奉行的服务准则。我认为，超过一般标准的服务，是一个好的书店品牌的重要组成部分，它甚至会成为顾客选择你理由之一。

什么是超过一般标准的服务呢？简单说，就是你在服务上做得比同行好。这个好，不是员工更善于"微笑服务"，或者服务标准化程度比同行更高，而是让顾客更开心、更舒服。

在直接面对顾客的行业中，服务更多地被理解成态度层面的问题，其实这远远不是服务的核心。微笑着对顾客的需求视而不见，比冷漠地熟视无睹更让人伤心。

我认为好服务的真意，在于让顾客的需求得到更好的满足，让顾客更方便，让顾客觉得被尊重、被善待了，让顾客与你打交道的时候从头到尾都感到自在、轻松、满意。如果你能在这些方面做得比同行好，你就胜出了。

就像航空公司，"微笑服务""标准化服务"是航空公司服务的一般标准，但是为什么大家会认为川航的服务更好呢？因为他们的服务，超出了微笑和标准化，给乘客深刻印象的，也正是他们超出一般标准的部分，额外的辣酱、红枣茶、蒸胡萝卜，还有空姐的亲切态度。

我做书店时，我们为顾客提供很多超出一般标准的服务，比如，任何一个顾客都可以打电话询问某本书有没有货，以免白跑一趟；店员能叫出很多老顾客的名字，有他们需要的新书到货，会用电话或者短信通知；一位新顾客来店，可以要求店员帮他把店里某一主题的书全找来供他挑选。因为这些小举动，我们获得了"服务很不错"的名声。

超出顾客的事前期待

超过一般标准的服务着眼于企业为顾客提供什么样的服务，超过顾客的事前预期，着眼于顾客对你的服务有什么样的感受。

"超出顾客的事前期待"，是日本管理大师畠（tián）山芳雄的观点。他从美国营销科学学会的一项调查结果归纳出一个结论：

当顾客接受某种服务时，他心里已经对希望得到的服务，有一种期待，这叫"事前期待"。顾客接受服务之后，又会对服务做出评价，这叫"实际评价"。

事前期待和实际评价的吻合程度，就代表了顾客对企业的服务质量的判断。有三种情况：

第一种，实际评价比事前期待高，顾客会觉得非常满意，很可能成为回头客。

第二种，实际评价比事前期待低，顾客就会产生不满，可能不会再来。

第三种，实际评价和事前期待水平相近。这说明企业的服务满足了顾客的一般需求，但同时，这样的服务也很难给顾客留下深刻印象。

最好的情况当然是顾客的实际评价比事前期待高。

畠山芳雄先生的这个观点，和我们自己作为一个普通顾客的切身感受非常相近。比如，你去了一家口碑不错的餐厅，当然希望吃到口味在水准之上的菜品，同时得到水准之上的服务。如果菜品和服务都很一般，甚至很差，你肯定会不满；如果菜品和服务比你在网上看到的评价还要好，你当然会特别惊喜，然后一去再去。

道理很简单，但要做到并不容易。服务不是有现成库存的标准化商品，顾客对每一次服务的满意度，都取决于他"那一次"实际感受到的服务。所以，如何保证让每一次服务都超出顾客的事前期待，对企业的服务管理水平是一个考验。

实体书店行业的服务状况

坦率地说，我们所在的图书零售业，服务水准还普遍不高。大部分的情况是，你走进一家书店，店员们都在忙着，没有人招呼你，也没有人关注你。你想问个问题，要么是找不到人，要么是让你觉得像打扰了人家一样不好意思。买完书离开时，最好也别期待一定能得一句谢谢，或者什么不一样的待遇，店员的表现常常让你觉得，好像应该表示谢意的是你而不是他。

在这样的大背景下，如果哪一家书店能去仔细研究整个行业在服务上的一般标准是什么，在这个标准之上能为顾客做什么，那么就会像川航的服务一样，给顾客留下深刻印象，让顾客一次又一次地光临。

精益服务：

让消费真正成为
轻松愉快的事

去超市买东西，有一件事，我能理解但一直不能接受，就是超市常常关闭很多收银通道，让顾客在一两个收银台前排队等待。为此，几年前，我放弃了去一家全球著名的超市购物。我能理解超市这么做是为了节省人力，但不能接受企业为了自己节省人力而浪费顾客的时间。而且更糟糕的是，从服务的角度看，收银环节的不顺畅会大大增加顾客的不满。这不符合"精益服务"的精神。那什么是精益服务呢？

什么是精益服务

精益服务，就是如何不让消费者的消费过程变得费时费力，让消费真正成为轻松愉快的事。

20世纪90年代初，学者詹姆斯·P. 沃麦克和丹尼尔·琼斯提出了"精益生产"的概念，用来描述丰田公司非常高效的流程管理，掀起了全球企业界学习丰田生产方式的热潮。

在之后的研究中，他们又发现了一个有趣的现象：产品质量越来越好，价格越来越低，购物渠道也在不断增加，按理说，消费也应该更便利、更让人满意。但情况似乎正好相反，对消费者来说，消费过程却越来越费时费力、让人沮丧。于是，经过研究，他们提出了"精益消费"的理念。

什么是精益消费？按照这两位学者的说法，"精益消费并不是要减少顾客购买数量或者他们带来的业务量，而是要以最高的效率和最少的麻烦，为他们提供期望从商品和服务中得到的全部价值"。

精益消费着眼于企业如何配合顾客的精益消费需求，配置相关业务活动，以便在不浪费企业和消费者时间、精力和资源的情况下，满足消费者的需要。从企业为顾客提供服务的角度来看，我更愿意将精益消费直接称为"精益服务"。

精益服务理念的 6 个原则

第一个原则，彻底解决顾客问题——确保所有产品和服务都能发挥正常功效并且相互配套。

很多企业都会设一个顾客热线，但这些热线态度虽然很好，却常常并不能真的帮顾客解决问题。按照精益服务的理念，企业该怎么做呢？办法是，不让对业务所知甚少的人员去反复"高效地"解决客户的问题，而是让客服人员训练有素，不仅能帮顾客解决问题，还能发现症结所在，然后由管理层采取永久性措施杜绝此类问题重复发生。

第二个原则，不浪费顾客的时间。

企业浪费顾客时间的表现形式很多，比如，让顾客在收银台前排起长队等待，顾客在卖场中想找个服务人员帮忙却发现所有人都"忙着"，等等。它们可能都被包裹在很好的"服务态度"里，但顾客需要的不是"服务态度"，而是切切实实的"服务"。还有，多数企业越来越重视规范化的操作和服务，但企业基于自己的资源和成本考虑制定出来的这些流程和规范，往往也会成为让顾客的消费变得费时费力的罪魁祸首。

第三个原则，为顾客提供他们确实需要的产品。

想买的东西缺货，是顾客造访零售商时的痛点之一。这听起来像是供应链问题，但对顾客来说，这就是他感受到的服务。解决办法是，企业建立快速补货系统，及时补充顾客买走的商品，甚至有的企业，比如麦德龙和宜家，发展出卖场和库房合一的"精益供应"方式，以大幅度地减少卖场缺货状况的发生。

第四个原则，在顾客确切希望的地点，提供他们需要的产品。

第五个原则，在顾客确切希望的时间，提供他们需要的产品。这两个原则密切相关。

消费者总是希望"想买的时候就能买到"，而且在他希望的地点买到，而不限于商家的卖场。如果企业能做到这两点，顾客的满意度将大幅度提升，消费额度也会随之增加。餐饮企业提供外卖服务、大型实体商家建立线上销售渠道、大型电商不断缩短配送时间，都是成功案例。

第六个原则，不断集成各种解决方案，为顾客节省时间并减少麻烦。

精益消费理念的两位提出者还发现了另外一个现象：消费者正在使用越来越多的供应商，解决越来越小的问题。他们由此建议，企业可以集成各种解决方案，以让顾客在消费时更省时省力。我就遇到过一个特别好的案例，有一次，我在一家大型电商买了一台洗衣机，商家附赠一项服务，免费送货并回收旧的洗衣机，这就解决了我的一个大问题，否则我就得再找一家旧货回收商来处理它。

在精益服务上，实体书店行业有很大的想象空间

比如，很多没有阅读习惯的顾客，进入书店时，只有一个模糊的目标，并不知道自己想买什么。我在书店讲儿童阅读时，就发现很多妈妈根本不知道该为什么年龄的孩子选择什么样的书。如果书店能够有更专业的导购，帮这些顾客选到合适的书，就为这些人解决了问题。

比如，在比较大型的图书卖场，顾客找到一本书的确切位置，常常要花不少时间，如果我们能有一个相对精准的货位查询系统供顾客使用，就帮顾客节省了时间。

比如，一家实体书店，如果同时有线上销售渠道和外送服务，顾客就更容易在需要的时间和地点获取到需要的商品。

再比如集成各种解决方案。一家实体书店，能否在销售新书的同时，为顾客提供回收二手书的服务呢？能否在销售纸质书的同时，也销售这本书的电子版呢？能不能在增加咖啡的同时，也像咖啡馆一样提供外卖服务呢？

精益服务的理念除了为书店带来服务的新的想象空间，还提供了一个全新的视角，供我们全面检讨自己的服务，看看我们提供的服务，是让顾客变得省时省力，还是让顾客感到厌烦和沮丧。有了这个思考角度，服务上的很多改变和提升，就会成为顺理成章的事。

人性化服务：

把顾客
当亲人来对待

什么是人性化服务

我们看很多关于服务的观点，都会发现，无论是叫"卓越服务""极致服务"，还是"理想服务""完美服务"，都离不开一个要素，就是在提供服务的过程中，把顾客当成"亲人"而不是流水线上的操作对象。

关于服务的人性化，或者叫人性化服务，并没有统一的定义。我个人认为，简单说，人性化服务就是充分尊重顾客，善意、体贴地对待顾客的服务。

无论你有多好的服务理念、多高的服务标准，顾客得到什么品质的服务，仍取决于在每一次接受服务的过程中，企业、企业员工与顾客的互动。其中起决定作用的，是顾客的感受：他是否被商家当成一个重要的人，被充满尊重、充满善意地对待了，他的需求，是否受到了重视，并且得到了满足。

人性化服务的三个原则

我认为，顾客对人性化服务的需求，其实并不高，如果企业能做到以下三点，顾客就会有良好的感受：

1. 当他需要有人为他服务时，能找到人

很多顾客都会抱怨，他不需要时，可能有一堆人围着他转，希望他买点什么，而等到他真的遇到一些问题，需要帮忙时，要找到一个靠谱的人来为他提供确切的帮助，又非常困难。

我个人最怕的是各种"顾客热线"。一大串问候语之后，"某某业务请按1""某某业务请按2""普通话服务请按1""某某话服务请按2"，一番折腾下来，光小心翼翼地选择按键就已经让人头晕脑涨。而顾客想要的，不过是找个"人"问上个一两分钟，帮他把问题解决掉。

所以，当顾客真正需要有人为他服务时，能顺利地找到人，这一点非常重要。

2. 在服务中放进感情和善意，而不是冷漠地公事公办

日本有一家雷克萨斯销售明星店，同时也以极致服务闻名，连给客人奉茶，都有根据传统茶道礼法制定的操作步骤。但是有一次，一位新来的门店指导总监发现，员工奉茶时哆哆嗦嗦，搞得客人也非常紧张。她认为，这正是因为潜意识里首先考虑的是自己需要按照行为手册做事，而不是自然地像在家里一样招呼客人，如此一来，服务就变得徒有其表、缺乏诚意了。后来这家店发展出一个新理念，就是"行为准则有时是多余的，和手册相比，心更重要"。

真正的人性化服务，应该是在服务中投入了感情和善意，这样服务就会变得自然、亲切，让顾客感到舒服。这正是人性化服务和前面说的"工厂心态"的关键区别。

3. 顾客具体、细微甚至额外的小需求，能被体贴和关注

面对大规模商家时，个人消费者其实常常处于很被动的地位，只能在制式化的大规模服务中选择能满足自己需求的项目，而不得不放弃一些对商家来说很细微，而对顾客来说又很必要的需求。

比如顾客想去买东西，又不知道想去的店有没有，能事先打电话问清楚以免白跑一趟自然最好；顾客买了太多东西，有点拿不动，能有人帮顾客送到他的车里或者出租车上、公交车站自然最好；顾客不得不带着孩子去买东西，而慢慢挑东西孩子又会不耐烦，如果有一个安全的地方能让孩子暂时玩一会儿自然最好。

当然，如果商家做不到，顾客也不会因此有明显不满，但商家做到了，至少可以收获几个方面的益处：

一是增加顾客好感，建立顾客关系。老顾客很明白他的一些"小"要求你不会拒绝，自然会把你视为体贴的老友，新顾客有点忐忑地寻求"额外"帮助，不想却得到热情的回应，对你的第一印象也会马上增加几分。

二是增加销售机会。每一个"小"需求或"额外"需求后面，跟着的都是很好的销售机会。

三是建立独有的竞争优势。虽然"顾客是上帝"喊得很响，真能满足每个顾客具体而细微的需求，而不是仅以自己的便利来设计服务的商家还不是很多。

所以，在企业能力之内，多为顾客想一些，多给顾客一些便利，

无论如何，对企业来说，都是特别划算的事。

实体书店在提供人性化服务上有哪些可能

首先，增加一些人情味，把服务的温度提高一些。我自己开过很多年书店，但走进一些书店时，我还是会感到有点紧张，因为从店面到店员，都太"高冷"了，缺乏人情味和温度。当然，这也并不是说，店员在见到顾客进门时齐声高呼"欢迎光临"，我觉得如果店员能在遇到顾客时展现一个发自内心的微笑，轻轻说一声"您好"，就让人相当舒服了。

其次，增加一些对顾客的尊重。在书店，我遇到过当着顾客大声聊天的店员；遇到过在顾客面前咣当咣当上书的店员；还有一次，只是因为在独立的咖啡区里轻声说话，就被店员满脸严肃地制止，"对不起，我们这是看书的地方，不能聊天"。我想，如果他们能多一些对顾客的尊重，顾客对服务的感受会好得多。

最后，乐于为顾客提供一些额外的小帮助。比如，有的顾客愿意坐在地上看书，你能不能给他送去一个柔软的坐垫？有的顾客问一本书，你能不能除了指给他在哪个书架，还把他领到书架前，把那本书找出来交到他手上？有的顾客问卫生间在哪儿，你能不能把他领到能一眼看到卫生间标志的地方？做这些小举动都毫不费力，但会让顾客的满意度大幅度提升。

其实，只要对顾客用心、在服务中投入人情味，提供人性化服务的机会多得不胜枚举，无非尽你所能照顾好顾客而已，毫不复杂。

个性化服务：

"不准和
我说话"

很多人逛商店时都很怕店员跟在身边。不想让店员向你推销、不想跟店员说话，这时候怎么办呢?

日本的高岛屋百货有一项特别的服务，叫"不准跟我说话"。顾客进门时可以在服务台要一个叫"S.E.E. Card"的徽章，别在身上，店员就绝对不会再来跟你搭话，除非你主动询问。

日本还有一家化妆品专卖店，设计了一种方法，让顾客用腕带颜色来表示自己希望接受的服务。进店时，顾客可以先选择不同颜色的腕带，白色代表"我想快速买好东西"，粉色代表"我想自己慢慢看"，绿色代表"我有时间，请慢慢接待我"。这样，无论你的需求是什么，都能得到店员恰当的照顾。

这两个例子，生动地解释了什么是个性化服务。

什么是个性化服务

当我们说起个性化服务，其实包含了两个层面的意思：一是满足顾客个性化的需求，二是以满足顾客个性化需求为基础，发展出自己与同行相比不一样的特色服务，从而帮助建设顾客关系和品牌形象。

高岛屋"不准跟我说话"徽章、化妆品专卖店的三色腕带，都是为不同需求的顾客提供的个性化服务。有人逛街时喜欢店员在旁边帮他推荐，有的则喜欢自己慢慢逛不被打扰，这些需求，常常很难向店员具体表述。"不准跟我说话"的徽章和三色腕带，就巧妙地帮顾客解决了这个难题，让顾客既可以无压力地购物，又不必生硬拒绝店员的服务。

当然，这两项简单的个性化服务，也让这两家店铺从林立的同行中脱颖而出，建立了自己更好的品牌和服务形象。

如何设计个性化服务

让人惊艳的个性化服务是怎么设计出来的呢？我认为有两条思路：一是想象顾客还需要什么，二是找找同行还没做过什么。这两个方向交汇之处，就是个性化服务储藏量丰富的区域。

广告创意行当里一个经典的道理是，真正有创造性的人从来不相信一个问题只有一个答案，他们相信有一大堆好点子在空气中飘来飘去，如果你不抓住，它们就会跑掉。这其实和做书店、开任何类型的店铺一样。如果认为只有一种"标准"的"对"的方法，恐怕很难在大店林立、小店如云的市场上找到立足之地。但如果能跳出常规路数，一定可以找到一大堆别人没做过，而顾客正好需要的服务，不但不愁立足之地，而且地盘一定不会太小。那些"标准"之外的办法，就是个性化服务。

书店的个性化服务

如果实体书店把个性化服务当成一项战略，可能会发现更大的想象空间。我曾经写过一篇文章，叫《对实体书店未来的十个想象》，其中好几个想象都和个性化服务密切相关，在这里和你简单分享一下。

一个想象是，实体书店如何为不买书的顾客提供非书消费场景。

我认为顾客越来越少到实体书店买书的情况不可逆转。但是我们又能看到，实体书店的顾客这几年确实多起来了，他们来干什么呢？来看书，然后上网去买；来拍照，然后发朋友圈；来喝咖啡；来看有格调的文创产品；等等。顾客未来在书店的消费，很可能主要是非书的消费。

所以未来有活力的书店，主要任务很可能是为不买书的顾客提供个性化的、非书的消费场景；他想喝咖啡，给他咖啡；他想买文创，给他文创；他想买面包，给他面包；他想享受在书店吃饭的感觉，给他美食；他想住在书店，给他一张舒服的床；他想在书店拍婚纱照，给他布置一生难忘的场景。

另一个想象，书店成为智力型自由职业者的工作空间。

这两年，我成了自由职业者，身边的朋友中，自由职业者也越来越多。我们这些人，有个普遍的爱好，就是去咖啡馆。有的人是为了约人见面，有的干脆就在咖啡馆工作。这样一个逐渐扩大、数量相当可观的人群去咖啡馆，无非是需要一个能坐下来谈事儿或者工作的场所，而不是为了咖啡。这样的功能，其实书店也可以有。如果附近有一家书店能满足我的需求，我一定会选择去更有文化氛围的书店，而不是去纯粹的咖啡馆。

于是我就大胆想象，一家已经成为文化空间的书店，只要对社区的覆盖度足够好，未来很可能成为智力型自由职业者的工作空间。

　　还有一个想象，个性化主题书店快速增加。

　　我的想象是，未来可能有越来越多的书店，根据不同顾客的个性化需求，成为个性化主题书店，比如儿童、健身、美食、生活、旅行、琴棋书画等；然后在这一主题内，垂直延伸，组合进各种与主题相关的服务，比如儿童书店组合进儿童教育，健身书店组合进健身教练和健身房、美食书店组合进食材和烹饪培训，旅行书店组合进旅行顾问和旅行社。

　　与此相关的想象是，契合某一生活形态的"生活形态书店"不断出现。

　　现在公认的最著名的生活形态书店是"代官山茑屋书店"，它的目标顾客是中年以上、生活富裕稳定、有一定经济实力也有一定空闲时间的消费者，它为这样一群消费者，组合了符合他们生活形态的商品和服务。用茑屋创办人增田宗昭先生的话说，"向他们做生活方式提案"，让他们看到自己心目中更理想的生活。

　　所以我的想象是，未来针对某一特定群体，比如主妇、奋斗中的城市白领、40多岁、50多岁人群的生活形态，去做个性化的生活形态书店，很可能是书店在个性化发展上一个可以想象之处。

让顾客得到快乐的完美服务：

你快
乐吗？

————

我是个宜家粉丝，但有一阵子，我特别不喜欢去宜家。为什么呢？因为我已经买过很多，不需要大宗购买了，每次去就是补充一些小物品，但为了付几十元的款，我不得不跟大宗采购的顾客一起排队，看着他们满满的手推车上可能有好几千元的东西，我就觉得特别绝望：这得等到啥时候啊。

不过，后来我又愿意去宜家了，因为发现他们重新规划了收银线，给我这样只买几件小东西的顾客专门开辟了一个通道，前面有七八个收银台一起服务。这样，偶尔去买几件小东西就舒服多了。

这个小案例说明"让顾客得到快乐的完美服务"是多么重要。

"让顾客得到快乐的完美服务"五原则

这个世界上当然不存在所谓的完美服务，但如果一次服务过程结束时，顾客感到快乐，这次服务就可以说是完美的。

惹恼顾客是糟糕的事。但不幸的是，这种事经常发生。到底顾客是怎么被惹恼的呢？企业又该如何设计和管理自己的服务，让顾客感到快乐呢？

美国两位服务管理专家理查德·B.蔡斯和西姆·达苏基于行为科学的研究，在《哈佛商业评论》发表了一篇重要的文章《如何使公司服务趋于完美？》，专门讨论了这个话题，提出了让顾客快乐的完美服务的五项原则。

第一个原则：出色地收尾。

一次服务要有强有力、让顾客舒服的收尾，这比精彩的开头更重要，因为它永久地留在顾客的记忆中。顾客可以接受的状况是，开始时不那么精彩，但整个过程越往后越好，直到结尾，不能接受的状况是开始时感受特别好，但越往后越差，直到有一个糟糕的结尾。

所以企业在设计和管理服务时，需要更重视如何出色地收尾，让收尾处有一两个精彩的亮点，避免出现开头精彩，然后顾客感受一路走低的状况。

最典型的是航空公司服务。因为经常出现航班延误等状况，顾客开始时的感受常常并不美好，但如果登机后有比较周到的服务、比较好吃的餐点，顾客的感受就会好很多。最关键的点出现在最后，如果忍受了航班延误的状况，最后又不得不长时间等待行李，顾客对整个旅程的感受就会降到最低点。这时，如果航空公司能给取行李的顾客一些帮助，就可以让顾客留下相对美好的记忆。

第二个原则：尽早消除不好的体验。

在接受服务时，人们更愿意不愉快的事情先发生，这样他们就可以避免担忧，也愿意令人满意的事件在结尾时再发生，这样他们可以欣赏、回味这些美好瞬间。

当然，这并不是说，你要先为顾客准备一些不好的体验，而是说，如果坏体验不可避免，那么一开始就让顾客知道，不要把它们隐藏到最后。

比如需要等待比较长的时间、某种商品缺货、某种支付方式暂时不能使用、某种优惠有比较多的限定条件等，最好都能尽早让顾客知道，不要等到最后，让顾客大为不满："你为什么不早说!"

第三个原则，细分愉悦的感觉，整合痛苦的感觉。

有一个有趣的例子，说的是人们在赌博时的感受。赢的时候，绝大多数人更喜欢两次各赢 5 元钱，而不是一次赢 10 元钱，等到输的时候，人们更喜欢一次输 10 元钱，而不是两次各输 5 元钱。

顾客对服务的体验也是一样，当糟糕的体验一次又一次发生，人们会变得难以忍受，而愉快的小事情一次一次发生，人们会非常愉悦。所以，设计服务时，如果想让顾客感到快乐，就把愉悦的感觉细分，而把痛苦的感受集中在一起。

第四个原则，让顾客感到他可以掌控某件事情。

所有人都讨厌失控的感觉，当觉得对一件事失去控制，人们会变得不满、焦虑、烦躁、易怒。所以要让顾客对服务感到愉快，一个有效的方法是，让顾客觉得，其中有某些事情是自己可以选择和控制的。

比如，酒店通常会让顾客自己选择第二天要不要打扫和更换床单毛巾，餐厅接受顾客预订和选择座位，商店提供多种付款方式供顾客选择，有的航空公司在长途飞行中让顾客选择什么时候提供送餐服务，甚至有的医院会允许病人选择是否被告知他得了重病。

第五个原则，创建并坚持仪式。

人们喜欢在重复的、熟悉的行动中寻找舒适、秩序和情趣，对待服务也是一样。所以要让顾客快乐，可以为服务设计一些仪式，尽管有些仪式微不足道。

比如，有的店铺坚持让收银员在收款时对顾客说谢谢，有些店铺在客人离开时说"欢迎您再来"，甚至有些店铺的店员会叫出顾客的名字。它们看起来都不是那么重要，至少没有影响到顾客的满意度，但有了这些，顾客对服务的整体感受无疑会更好。

总的来说，这些原则的目的，都在于改善和提高顾客在接受服务过程中的切身体验，强化他们在接受服务之后形成的美好回忆。

这个原则对实体书店的意义

那么，对于实体书店，这些原则的意义在哪里呢？我认为，它们为实体书店的经营者提供了一个检视自己的服务是否让顾客满意的方法。用这些原则去衡量，你会很容易发现，哪些你不曾注意的地方造成了顾客不愉悦的感受。

比如我去书店，个人不太好的感受主要来自以下几处：

一是最后的收款环节，如果没有一声真心实意的谢谢，我会觉得这家店对顾客缺乏热情。

二是缺乏有效的查询系统，想找一本书，只有等浏览了所有相关的书架才能发现。

三是让人不快的小细节随时出现，比如被顾客放乱的书没有及时整理归位，店员把我挤到一边，整理我正在找书的书架。

四是想查询一本书，常常找不到店员。

五是缺乏仪式感，你进门没有人向你致意，出门时也没有人说再见，感觉你来了或者走了根本没人关心。

　　当然，这么说可能有点苛刻，但我真是由衷地觉得，和其他类型的店铺相比，目前的实体书店行业，在店面设计、营造美感、打造可见的品牌形象上投入的关注过多，而在如何设计让顾客愉悦的服务上投入的关注过少。这让书店在一定程度上成为一个观光景点，让顾客成了游客。

变化是
永恒的

————

十多年来，我们家周末一直在北京一家著名的中档餐厅吃广式早茶，由此我亲眼见证了这家餐厅早茶服务好几次有意思的变化。

最开始，接受早茶的顾客比较少，餐厅推出了很多特别划算的特价点心，不久，顾客数量明显上升。但问题也跟着来了，顾客太多，上菜变得很慢，服务也显得忙乱起来。餐厅增加了服务员，同时减少了特价品种，顾客数量和服务于是都稳定了下来。过了一两年，北京服务人员对薪水的要求明显提升，这家餐厅开始减少服务员。服务员一减少，点单就变得很慢，于是餐厅精简了点心品种。接着问题又来了，点心品种减少了，顾客也跟着减少，于是过了一段时间，点心数量又大致恢复，然后服务问题也回来了。最新的变化是，餐厅开始推行顾客自助点单。

看起来有点混乱是不是？事实上，因为多种顾客变数的存在，零售企业经常会面临此类混乱的状况。所以，一个重要的课题就是，如何应对顾客变数，在服务质量和成本、效率之间求得平衡。

什么是顾客变数

简单说，顾客变数就是顾客的变化和顾客之间的差异，以及由此给服务提供者带来的压力和挑战。

服务管理专家们将顾客变数分为五种：

第一种，顾客到达变数。对零售商来说，顾客到达变数尤其明显，比如一家商店，工作日可能人流平稳，到了周末，就人流激增。

第二种，顾客要求变数。不同顾客可能会有不同要求，满足顾客所有不同要求，可能会需要大幅增加服务人员，会导致成本上扬，拒绝部分顾客的要求，或者拒绝顾客的部分要求，则可能导致顾客满意度降低。

第三种，顾客能力变数。有的顾客可能不需要服务人员帮助就能完成消费过程的大部分环节，有的顾客可能需要服务人员手把手地帮助才能完成。

第四种，顾客投入变数。有的顾客可能会主动在消费过程中投入更多精力，有的顾客可能倾向于自己的投入越少越好。比如买完东西，有人会把购物车归还到指定地点，有人则可能随手丢在通道中间了事。

第五种，顾客主观偏好的变数。什么样的服务才够好，不同顾客会有不同看法，有人喜欢服务人员贴身伺候，有人觉得只要需要帮忙时有人帮忙就好。

如何应对顾客变数

顾客变数，会给企业带来压力，还会影响服务质量、运营效率和运营成本。同时这也给管理者带来一个难题：努力适应所有顾客变数，显然需要更多训练有素的员工，带来人力成本的大幅上升；拒绝适应顾客变数，则很可能导致顾客流失。

两难之间，如何抉择呢？服务管理专家提供了两种思路：一是低成本高度适应顾客变数，二是在不损害服务质量的情况下减少变数。两种思路，都着眼于既不提升成本，也尽量保证顾客的良好体验。

至于选择哪种思路，则主要取决于企业提供服务的性质和顾客的接受能力。我们来看两个例子。

第一个是失败的例子，来自蒂芙尼珠宝在十几年前的一次实践。当时蒂芙尼顾客群大幅度增加，来店客人激增，店员根本照顾不过来，于是他们采取了一个办法，给来店顾客发放寻呼机，请他们在需要的时候呼叫服务人员。这是个低成本高度适应顾客变数的方式。新增加的大众顾客非常喜欢这个服务，不料却引起了蒂芙尼最富有最忠诚顾客的不满：他们认为这个做法拉低了他们的服务体验，而且有悖企业之前的服务承诺。最后，蒂芙尼不得不检讨，到底要不要在同一个渠道服务两个不同的顾客群体。

第二个是在不损害服务质量的情况下减少变数的例子，来自星巴克。为照顾顾客的不同要求，星巴克提供不同分量、不同口味的饮品。同时为减少变数，他们用两种方式来告诉顾客如何点单：一是制作了一份"点单指南"，教会顾客点单；二是当你没有用符合星巴克运营规范的方式点单时，服务人员会含蓄地纠正你。这可能会让新顾客感到不适应，但是去过几次之后，他们会觉得，这是可以接受的，甚至有的顾客还会为自己能正确点单而骄傲。

对比两个例子，我们不难发现，对于销售高价格商品和提供高价格服务的企业来说，顾客对服务品质和服务体验的要求会更高，所以为了长期发展，适应重点顾客的需求应放在降低成本之前考虑。

而对于销售价格不高的商品，或者提供价格不高的服务的企业来说，顾客自身的适应能力更强，更容易接受企业为控制成本而对顾客做出的要求，并且更不容易因此感到不满。

书店如何应对顾客变数

实体书店属于商品价格不高的类型，所以当面临顾客变数和成本、效率的抉择时，选择类似星巴克的方式，在不损害服务质量、适当满足顾客变数的前提下，用有效方式控制和减少顾客变数，而不是满足所有顾客变数，是更可行的选择。而且随着人力和房租成本的上涨，在保证服务质量的前提下，有效控制成本，也是书店必须要考虑的因素。

当然，实体书店在顾客需求变数上还面临一个明显的挑战，就是图书品种太多，而不同顾客想买什么书，差异也很大。如何适应顾客的这种变数，是书店选品的重要课题。

快餐店都变成
自助点餐了，我们能做点什么？

麦当劳和肯德基的手机自助点餐都推行两三年了，不过作为一个中年大叔，我还是更喜欢在柜台点餐，觉得这样自己少了在手机上操作的麻烦。有一次，排队的人真是比较多，我又有点着急，就在店员的提示下开始用手机点餐，一用之下才发现，实在是太方便、太快了，从此以后，我也变成了根本不用排队的顾客。

放眼望去，从餐厅自助点餐、航空公司自助值机，到共享单车的全程自助、电商网站的全程自助，自助服务在日常生活中已经遍地都是，在更传统的实体超市，顾客付款之前的所有环节，也都是自助完成的。

推行自助服务对商家的好处

第一，降低成本。更多顾客使用自助服务，商家就无须雇用太多工作人员。

第二，更好地应对顾客变数。顾客变数有顾客到达、顾客要求、顾客能力、顾客投入、顾客偏好五种，自助服务对顾客能力和顾客投入两种变数的要求比较高，但是可以很好地应对另外三种变数——到达、要求、偏好。

比如对于快餐店来说，在高峰期引导顾客自助服务，等于在适当时间增加了工作人员，就非常有效地应对了不同时段的顾客到达变数。

再说顾客要求。点餐环节，最花时间的是顾客选择品种并向服务人员表述要求。顾客采用自助方式，则既可以充分满足自己的要求，又减少了服务人员理解这些要求的麻烦，也节省了其他顾客的时间。

还有顾客偏好。有的人对人员服务要求较高，有人对人员服务要求较低，有人喜欢慢慢地被服务，有人则是服务人员稍慢点他就着急，自助服务对双方来说，都免去了这些偏好差异带来的烦恼。

第三，控制甚至提升顾客体验。减少服务过程中顾客与工作人员的接触，也是商家控制服务品质的一种有效手段。服务人员个体之间有专业能力和服务意愿的差异，这会导致顾客享受到的服务品质很可能参差不齐，但采用自助服务，顾客体验就不再受到工作人员的专业能力和服务意愿的影响。

自助服务对顾客的好处

第一，节省时间，这不用再说。

第二，掌控服务过程。顾客更喜欢在服务过程中，自己能控制一些事情，自助服务会让顾客觉得，整个过程都是自己可以掌控的，这会让顾客相当愉悦。

第三，满足个人要求和偏好。

使用自助服务，顾客可以更确切、更从容地按照自己的要求选择商品甚至服务时间，满足自己的主观偏好，这也会让顾客对服务的整体满意度大大提高。

第四，享受更优惠的价格。

商家为应对顾客变数而增加的人力成本，最终都会进入商品价格，由顾客自己来承担，如果更多使用自助服务，则可以因商家成本的降低，而享受到更优惠的价格，这对顾客也是很大的收益。

所以，自助服务对商家来说，是一种低成本高度适应顾客变数的主要方式，而对顾客来说，也是一种有益的方式。

自助服务对商家的要求

不过，我们也不能因为自助服务的益处，而忽视商家需要在其中做有效的工作。

首先，需要为采用自助服务的顾客提供足够的利益，并做有效的说服。

自助服务，对顾客能力和投入的要求比较高，所以一些情况下，顾客并不会天然地乐于采用自助服务。

就像我自己，其实在使用快餐店自助点餐服务之前，我已经习惯了很多自助服务，不过，对我来说，接受快餐店自助点餐这种新的自助服务，仍需要时间和一个契机，让我真的看到从人工服务转向自助服务明确的益处。

这就需要商家对顾客做一些说服工作，让顾客觉得，他会因为自己做了一些传统上应该由商家店员完成的工作，而获得一些补偿或者实际的利益，比如更低价格、更多服务定制、具体的优惠。

宜家是引导顾客自助服务的典范。它对顾客说，因为你自己在卖场选择商品、自己把大件商品运回家、自己组装，宜家才能持续地为你提供低价优质的商品，这个理由无疑有效地说服了顾客。

其次，需要适应顾客的能力。

自助服务，最好是学习和操作起来都非常容易，以免造成顾客的流失。比如，很多银行都在推行自助服务，据我观察，较年轻的用户更乐于采用自助服务来节省时间，但如果银行非得要求年长用户更多使用自助服务，就可能造成这部分顾客的流失。

最后，商家需要为采用自助服务的顾客提供足够的便利。

比如宜家，它商品分区非常清晰，商品拿取非常方便；它为顾客提供在商场内使用的大型购物袋和小型购物车；需要顾客到仓储区取货的商品，会有醒目的标签标明货位，而且提供纸笔供顾客记录货位。这样顾客全程自助不会感到任何不便。

书店的自助服务

其实书店的顾客除了付款环节，绝大部分是自助服务的，这种自助服务，是从早期为方便顾客选择而采取的开架售书的方式发展而来的，但还远没有特别清晰地发展顾客自助服务的意识，相应地在自助服务的设计上还有很多不足，还不能让顾客真正充分地享受到其他行业那样的自助服务的利益。

比如，最简单的，很少有书店给顾客准备购物筐，更不用说购物车，那么我们是希望顾客多买东西呢，还是不买东西呢？

比如很多书店的书架都设计得比较高，从两米多高的书架上拿书下来，对一些顾客也是难题。

再比如，一些选择能力相对比较有限的读者，面对书店的自助服务时，在如何选书上会遇到很多困难，这时候他就需要专业的导购提供一些帮助。但书店店员的服务，还远远达不到专业导购的水准。

尊重顾客意见的
极致是什么？

你的书店，采用哪些方式了解顾客对理想的书店体验和书店服务的需求呢？就我了解，大部分公司的常规方式是通过店面人员的接触，收集顾客的零星反馈，一些实体商店会设顾客意见本，请顾客写下自己的意见或者建议，还有一些会不定期地做小规模的顾客满意度调查，请顾客填写问卷。

这些方式收集到的都是零散的信息，主要是顾客对现有服务的反馈，对改进服务之中那些明显招致顾客不满之处会有帮助。但这些方式都没有让顾客真正参与到服务设计中来，所以并不能真正帮助企业按照顾客的需求设计出优异的服务。

如何开顾客小组会

很多商家都会邀请顾客，开焦点小组会议，询问顾客该如何改进产品和服务，但是宜家的做法有些不同。宜家芝加哥的一家商店，在规划阶段，就让顾客参与，他们召集了 9 个顾客小组，每组约 12 人，共同设计有吸引力的顾客体验。

结果，经过这样的步骤设计出来的新店铺，85% 的顾客对购物体

验表示"极满意或满意"，没有人表示"不满意"，连感觉"一般"的
人都没有。新店的顾客回头率更高，顾客平均逗留时间也比其他店多
一小时，销售额比预想的高了一倍。

那么这样的效果是如何达到的呢？经验有如下几个：

第一，为了避免顾客焦点小组会议陷入"改进现有服务"的误区，
宜家给焦点小组会议的说明是："请大家假设所有的宜家商店都毁于昨
晚，新店的设计将从零开始。"

第二，让顾客进入一种"愿望状态"，自由畅想他们理想中的产
品和服务，列出宜家理想的购物体验应该包括什么。

第三，重点鼓励顾客表达什么是他们想要的，而不是罗列什么是
不想要的。

第四，告诉参加讨论的顾客，不必顾虑他们的创意所需费用太高，
或者实施困难。

第五，请顾客拿出一份满足他们所有需求的设计方案。

这种方法，和广告业为获取创意而普遍采用的"头脑风暴法"非
常相近。

头脑风暴法，由美国BBDO广告公司（天联广告公司）的奥斯本
首创，通过小组会议的方式进行，让参加人员在不受任何限制的氛围
中激发联想、畅所欲言，产生新观念或激发创新设想。

头脑风暴会议有严格的原则，包括：

禁止批评和评论：对别人提出的任何想法都不批评、不
评价，以免影响互相激发思考的讨论氛围。

禁止自谦和自我批判：不能说"我有个不成熟的想法"或者"我这个想法不一定可行"，尽管大胆地说出你的想法。

话题集中：事先规定讨论内容，不可以偏离主题。

追求数量：会议上产生的想法越多越好。

鼓励改善和发展他人的想法：每个人都可以自由发展别人的想法，或者在别人想法的基础上提出其他新设想。

与会人员人人平等：无论你是谁，是内行、专家，还是外行，每个人的想法都得到充分尊重，每个想法都被完整记录。

提倡自由发言，不允许私下交谈。

广告公司很多大创意，都是按照这样的原则，通过头脑风暴会议产生出来的。相信如果企业能把这些方法用于顾客小组会议，被激发进入"愿望状态"的顾客，会贡献出无数你自己根本都想不出来的精彩设想，而且更关键的是，它们都是顾客理想中的购物体验。

当然，顾客小组会议能否真的帮助设计出优异的服务，还取决于企业的态度，也就是说，你是真的希望顾客参与到企业的服务设计中来，并且乐于重点参考顾客的设想，完成自己的服务设计；还是仅仅把顾客小组会议当成是建设和维护顾客关系的一种手段，只想让顾客看到你关心他的需求的姿态。

两种态度会得到完全不同的结果。前者让你充分开放，接纳顾客的建议；后者让你自我保护，竭力避免将自己对顾客需求的不了解展现在顾客面前。

书店也可以请顾客参与服务设计

近些年，全新形态的书店不断涌现。我没有深入了解过，哪些书店曾经在事前组织过高效的顾客小组会议，并将顾客对理想购物体验的设想融入书店的整体设计和服务设计当中；哪些书店的创意纯粹出自创始人和团队的单方面设想。

我相信，只要书店乐于提供机会，顾客会非常乐于与自己喜欢的书店分享他对于理想书店和理想服务的期待。只是大部分书店，并没有给顾客提供这样的机会。顾客去书店的时候，他们看到的已经是由书店经营者和部分设计专家设计出来的店面，接触到的已经是设计好的现成服务了。

所以我建议，如果你的书店想开一家新店，或者全面改善服务、提升顾客的购物体验，可以考虑学习宜家的方式，专门邀请不同类型的顾客，召开一些头脑风暴式的顾客小组会议，顾客能够贡献的服务设计，一定超乎你的预期。

当然，同样的方法也可以应用于书店内部，我们可以召集不同层面、不同业务范围的团队成员，请大家放下各自的业务，放下层级差异，自由地头脑风暴一下，畅想"如果我是一位顾客，我希望要一家什么样的书店"。我相信，也会得到一些让你大呼精彩的想法。

服务文化：

八点半
我要下班

我去历史悠久的老字号餐馆吃晚餐，常常会有服务员提醒："您再加菜的话，要在八点半之前。"为什么会这样？因为厨师要在八点半准时下班。果然，下班时间一到，我就能看到穿制服的厨师三三两两地走出来，站在大厅边上和服务员闲聊了。显然，这些餐厅都是缺乏服务文化的典型。

什么是服务文化

服务文化是企业文化的一部分，是企业关于服务的愿景、价值观以及由此产生的所有服务行动的总和。一家企业有怎样的服务文化，决定了它和它的员工为顾客提供什么样的服务，以及如何为客户服务，自然也决定了顾客会有怎样的消费体验。

从理念上，几乎人人都会认同服务很重要，企业需要有服务文化。但是为什么有的企业能建立起服务文化，有的则不能呢？

这与几个因素有关：

第一，企业的目标。企业建立以服务为重心的目标，更容易建立起服务文化，而如果目标只是销售，就很难建立起为顾客所认同的服务文化。

你可能会想，这有什么不同吗？我想从顾客那里赚钱，自然应该对顾客好啊。但是，如果企业只想着赚钱，服务文化就很容易发生偏差。

举个例子，很多女生都会到美发店做头发，美发店的服务态度都非常好，会帮你拿包、帮你放衣服、给你送水，有的还会送果盘，洗头小哥和美发技师还会一口一个"姐姐""美女"地跟你聊天。但这种服务，你会觉得特别舒服吗？我想很多人都不会，因为接下来，他们会劝你尝试各种高价格的美发产品，或者购买长期的储值卡。这是销售文化，不是服务文化。

第二，企业是否乐于为服务做出改变。

一个企业在长期的运营过程中会形成自己的传统做法，这是企业历史和企业文化的一部分。有的企业会乐于根据顾客的需求做出调整，有的则更注重坚持成规。显然，后一种企业就不太容易形成基于服务的企业愿景和价值观。

比如，我前面说的老字号餐厅，厨师八点半下班，其实就是他们在几十年历史中形成的传统做法。在顾客生活方式改变、餐饮企业不断延长营业时间，有的甚至推出 24 小时服务的今天，这种坚持，显然不符合顾客的需求。但他们仍然认为这是理所当然的事，不需要改变。

第三，企业是否从上到下形成以服务为自豪的价值观。

如果企业建立自己明确的服务愿景，帮助员工充分认识和理解这种愿景，鼓励员工照顾好顾客的行动，员工就会以服务好顾客为自豪。反之，服务文化就容易变成一句口号，而不是具体的行动。

美国著名管理专家肯·布兰佳在他的著作《极致服务》中讲到一个场景：一家超市某部门的员工，在一位学习"极致服务"的员工的带领下，悄悄尝试改进一些服务细节，并且得到了很多顾客的正面反馈，他们正期待着得到主管的肯定。然而在例会上，主管严肃地告诉他们：我们最近的营业额提升不理想，大家要多想想办法。一队人马上感到非常沮丧和失望。这也正是在很多企业中经常发生的场景。

如何建设自己的服务文化

第一，明确自己的服务愿景。

服务文化的核心是服务愿景，企业的服务愿景和关于服务的价值观越清晰，就越容易建立起浓厚的服务文化，因为这会让每位员工都明白他的工作重点在于服务顾客。

比如，如果一家超市的企业愿景是"提供物美价廉的优质商品"，这个表述就不包含服务愿景，改成"用货真价实的商品和全心全意的服务真诚地对待每一位顾客"，就成了服务愿景。

第二，从内部着手，将员工作为内部客户，照顾好员工并鼓励员工所有为顾客提供卓越服务的行动。

大家都知道，海底捞创造了很多"变态"服务，让它成为一家以服务文化著称的企业。这些服务是怎么被创造出来的呢？创始人张勇说："创新在海底捞不是刻意推行的，我们只是努力创造让员工愿意工作的环境，结果创新就不断涌出来了。没想到这就是创新。后来公司大了，当我们试图把创新用制度进行考核时，真正的创新反而少了。因为创新不是想创就能创出来的，考核创新本身就是假设员工没有创新的能力和欲望，这是不信任的表现。"

海底捞照顾员工的故事，几乎和他们的员工如何照顾好顾客的故事一样多。这并非秘密，但是确实还有很多企业没有学到。

实体书店行业的服务文化

不客气地说，我认为实体书店行业的服务文化还有相当大的欠缺。

比如，我曾听说，一家大型书店，每天下午6点就结束营业，理由是"一过6点就没有人来了"。但我们换个角度想：你6点就关门，顾客怎么可能在6点以后来呢？其实这是个思考角度的问题，关系到我前面说的企业是否乐于为顾客做出改变。如果我们能站到顾客的角度思考问题，就会明白，在休息时间而不是常规的工作时间逛书店，才是顾客的需求。

再比如，据我观察，书店员工的自豪感，主要来自他在书店工作这件事，因为这意味着他在有文化甚至有格调的企业工作，而不是来自他为顾客服务。这种心态很微妙，它让员工在面对顾客时，常常不自觉地显示出一种优越感，而不是服务文化要倡导的低姿态的、充满尊重的、随时乐于为顾客效劳的那种表现。

友好专业的员工：

对离我 10 英尺的
每一位顾客微笑

零售商在越来越多地使用自助服务，而且自助服务也是企业低成本应对顾客变数的有效方式。但无论如何，对零售企业来说，只要我们做的不是无人超市、无人书店，人员服务仍旧是服务不可缺少的组成部分，而且员工所提供的服务也是影响商店形象和顾客满意度、忠诚度的重要因素。店里工作人员不仅是理货员和收银员，他们是和顾客接触的人性化界面，顾客的满意和不满，常常与他们的服务密切相关。

那么，顾客看重工作人员服务的哪些方面呢？我认为概括起来有两个，一是友好，二是专业。

友好

营销专家在伦纳德·L.贝里在他的著名文章《新零售的旧基石》中，将尊重顾客列为零售商的五个重要基石之一。他认为，"令人心烦的、粗暴的、缺乏人情味"的服务人员，杂乱无章的货架，缺少必要的标志牌，令人迷惑的价格，都是"不尊重顾客的零售行为"。

不尊重顾客的员工行为，大家都会经常遇到。比如，你一定遇到过像机器人一样机械地完成任务、面无表情的员工。有的甚至更加严重，为顾客服务时，表现得极其不情愿，还会跟顾客吵架。

再比如，很多顾客，都有在接受服务时听到员工无关对话的体验。有的是上级跟下级布置工作，有的是同事之间讨论工作。有时还会遇到很戏剧性的场景，比如一个员工正在为你服务，而他的上司跑过来批评他，或者他和同事为工作的事发生争执，甚至是两个员工纯粹闲聊和插科打诨。

除了这些态度上的不尊重，还有对顾客的差别对待。比如，一个零售店的销售人员很容易对一个买了很多东西的顾客满脸赔笑，但是对一个只买一件小东西的顾客有意无意地怠慢。

还有，对顾客需求的不重视。有一位管理专家，曾对 2 500 位消费者做过调查，65% 的人表示，在大多数情况下，接待他的服务人员根本不关心他的需求。

在这些场景中，顾客感受到的都是不友好。

专业

一项面向零售店顾客的调查显示，有一半的顾客希望在结账时收银员可以快速服务，有 1/3 的顾客表示，商店员工应该能解答顾客提出的问题，并且具备相关的专业知识。

这些都是对员工专业程度的要求。如果顾客结账时，收银员慢慢吞吞，甚至不停出错；在卖场向一位工作人员咨询问题，得到的回答是"对不起，我不清楚"或者"对不起，这些货架不是我负责"，顾客对这家店铺的印象一定会大打折扣。

顾客对员工专业程度的要求还不仅限于当面接触，也不限于前台工作人员。比如，当他拨打企业的消费者热线寻求帮助时，他会希望电话中的服务人员能够提供专业的帮助，为他解决问题；当他遇到商店的保安和保洁人员时，他也会希望这些工作人员的态度和行为与商家承诺的服务没有冲突。

企业如何让员工既友好又专业

员工既友好又专业的一个大前提是企业建立自己的服务文化，让照顾好顾客成为整个企业的价值观。具体的方法有：

第一，挑选适合做服务工作的员工。

专业的人力资源管理人员都明白，并非所有人都适合做服务性工作。所以企业需要在招募员工时，就有意识地识别员工的特质，不将态度粗鲁、冷漠、缺乏服务精神的人招募到服务性岗位上。

同时，也需要注重衡量员工的基本素质，因为基本素质不足的人，即便能做到友好，恐怕也难以通过必要的培训，达到某项服务工作必备的专业水准。

第二，建立友好、专业的服务标准。

每一家提供良好服务的企业，都有自己的服务标准，覆盖友好程度和专业程度两个方面，有的甚至规定到顾客不会注意到的细节之处。比如，沃尔玛在一项员工激励和顾客维护计划中提出，"对离我 10 英尺 [①] 的每一位顾客微笑"；一家服装零售企业则要求在顾客进入店铺 30 秒内，工作人员应该主动打招呼。有了详尽的服务标准，员工才能明

---

① 1 英尺≈0.30 米。——编者注

确地知道，企业要为顾客提供什么样的服务。

第三，持续进行有效的培训。

撰写《新零售的旧基石》的营销专家在伦纳德·L.贝里认为，零售企业对员工的培训应该注重两个方面。

一方面，使员工在接待顾客时表现得更有能力、礼貌和精力。其中能力指的是员工专业地向顾客说明商品及使用方法、帮助顾客解决问题的能力；礼貌和精力指的是尊重、友善、个人精神风貌等。

另一方面，让员工学会公平地对待顾客，无论顾客的年龄、性别、种族、购买规模和数量是否存在差异。

第四，向员工授权。

企业应该视情况授予员工解决顾客问题的权力，如果缺乏必要的授权，员工就会限于自己的职权范围，而无法提供出色的服务。当顾客遇到问题找到服务人员时，最不喜欢遇到的情况是，工作人员说，"对不起，等我请示一下领导"，然后让顾客浪费时间白白等待。

海底捞之所以以卓越服务著称，很大程度上得益于他们对一线员工的信任和充分授权。比如，服务员可以在自己认为必要时向顾客赠送菜品，无论这种必要是因为服务瑕疵，还是他认为这样可以帮企业留住顾客。

当然，我也并不是鼓励你在没有充分考虑和准备的前提下匆忙向员工充分授权，但无论如何，让一线员工在服务上拥有一定程度的自主权，对提供出色服务非常必要。

服务英雄：

把我的车开走吧，
用多久都没关系

什么叫服务英雄

服务英雄这个词由服务管理专家史蒂夫·科廷在他的著作《卓越服务》中提出的，指的是超越工作角色和顾客的预期，为顾客提供卓越服务的服务人员。

日本有家雷克萨斯销售明星店，这家店有位保安，每天都会向每一辆从店门前开过的雷克萨斯车鞠躬致意，无论司机是不是他们店的顾客。他的行动让车主们印象深刻，也成了这家著名店铺极致服务的标志之一。向车主致意并不是这位保安的工作职责，也不是车主们的期待，但是他为了表达自己的谢意，自发地那么做了，这就是超越工作角色和顾客预期的卓越服务，就是服务英雄。

无过错服务英雄

科廷把服务英雄分成两种，一种是无过错服务英雄，一种是过错服务英雄。

无过错服务英雄，是在企业或者服务人员没有任何过错，客户也没有期待他做什么的时候，针对一些偶发状况，为顾客提供卓越服务的人。

科廷讲到一件他亲身经历的事。某个结婚纪念日，他在一家珠宝公司订购了一枚戒指，请服务人员邮寄到一家酒店，以让那枚戒指出现在结婚纪念日大餐的甜点中，给他太太一个大惊喜。不巧的是，当地突发暴风雪，去酒店吃大餐的行程不得不取消，他只好通知珠宝公司取消邮寄，但戒指已经寄出了。

故事到这儿，结果似乎是他只能接受他太太无法在结婚纪念日当天收到戒指的事实了。很多企业遇到这样的事，能表示的也只是爱莫能助，毕竟谁都控制不了天气，这件事不是任何人的责任。

但接下来的事，让他又惊喜又感动，珠宝公司派出一位保安，开了两个小时的车，追上了快递公司正准备投递戒指的车，然后又开车一个半小时，把戒指送到了他家。

这就是英雄式服务，珠宝公司的服务人员和那位开车送戒指的保安，就是无过错服务英雄。他们慷慨地提供顾客完全不曾预期的服务，显然给顾客留下了深刻印象，并为企业带来一位忠诚顾客。

过错服务英雄

和无过错服务英雄相对的，是过错服务英雄，指的是当企业或者服务人员发生过错，给顾客带来挫折或麻烦时，勇敢地为顾客提供卓越服务，避免顾客损失并成功挽救这次服务危机的人。

比如，餐厅都可能出现上错菜、漏上菜或者延迟上菜的情况，一般的处理方式是上错的菜端走、把漏上的菜从账单上划掉、把上晚了的菜快点上来。但海底捞的员工，会用不同的处理方式，他们可能把上错的菜送给客人、额外赠送一份菜品，甚至过错稍严重时，可能给顾客免单。这种处理方式，就是英雄式服务。从这个意义上说，海底捞的员工，都是服务英雄，有的是无过错服务英雄，有的是过错服务英雄。

你可能会想，一般企业在服务中发生过错，都会有补救措施，只不过海底捞的补救措施更出色而已。

常规的补救措施和遇到过错时的英雄式服务是不同的。前者是公事公办，作用是补偿或者安慰顾客眼前的挫折；英雄式服务则不是仅仅着眼于为顾客解决眼前的问题，而更看重顾客的体验和满意度。换句话说，平庸的补救服务只能让顾客不再不满，但无法吸引顾客再次光顾；英雄式的服务则会让顾客的态度从不满变成满意甚至惊喜，会让顾客再次照顾你的生意。

科廷举了一个他亲身经历的例子。他去保养车子，同时预约了汽车维修店的班车，打算趁自己的汽车维修时去办点事。班车来时，他正好在打电话，班车司机就表现得极不耐烦。他跑去跟维修店的总经理投诉，那位总经理马上给了他一把豪华汽车的钥匙："请开我的车去办事，用多久都没关系。"这就是英雄式服务，而不是常规的补救。

英雄式服务背后的企业理念

那么，英雄式服务真的纯粹就是某位服务英雄个人的突发奇想吗？其实不是，英雄式服务的背后，仍旧是企业的服务文化中一些具体的理念在起作用，这些理念是：

第一，对待顾客的问题就像对待自己的问题一样。有的企业的价值观中没有这一点，那么员工在看到顾客有困难时，就会选择漠视和不作为。但企业有此理念并有效传达给员工的话，无论企业是否有过错，服务人员都会对顾客遭遇的挫折更同情、更理解，并且乐于尽力提供帮助。

第二，不要防备所谓"挑剔"的顾客。当顾客抱怨没有得到满意的服务时，平庸的服务人员常常给他们贴上"挑剔"的标签，然后防备起来。其实顾客并不是挑剔，只是对服务体验的优劣比较敏感而已，这时候，最好的办法是倾听、表示理解，并积极改善或弥补，以让顾客有更好的体验。

第三，特殊情况需要特殊的服务。一些企业不愿意满足顾客偶尔的特殊要求，担心满足了一个顾客的特殊要求，其他顾客也会这么要求。其实，有特殊要求的顾客不会很多，而且，如果有很多顾客都提出某种要求，说明企业在这方面的服务有欠缺，需要改善。

第四，认识到每个顾客都是不可替代的。有人认为，失去一个不满意的顾客没什么，总会有新客户来补上。这种观念显然有问题，流失一个顾客，就可能有十个顾客继续流失，因为你的服务肯定有顾客不满意之处。所以，每个顾客，都应该被当成最后一个客户，真心诚意地好好对待。

这些理念，对于咱们实体书店行业同样重要，只有把这些理念融入书店的服务文化中，我们才能拥有自己的服务英雄，并且通过他们的英雄式服务，让满意的顾客更满意，让不满意的顾客改变对我们的态度，甚至成为忠诚顾客。

提供便利，节省顾客时间：
网店、外卖
受欢迎的原因

便利和省时，是顾客消费时最基本也最重要的需求，这两点也是顾客最容易对商家产生不满的地方。在前面的"精益服务"部分，我们讲到，精益服务的六个重要原则之一就是不浪费顾客时间。营销专家在伦纳德·L.贝里在他的著名文章《新零售的旧基石》中，也将为顾客节省时间，列为零售商的五个重要基石之一。

许多顾客都会感到时间不够，但零售商的很多行为都会浪费顾客的时间和精力，从杂乱的店铺陈列到效率低下的付款，再到不方便的营业时间，等等。当购物不便时，零售商的价值就会大打折扣。但同时，顾客却常常从服务提供者那里接收到一个明确的信息，"你的时间一文不值"，这就更让顾客不满了。

提供精益服务的企业不会向顾客发出这样的信号，相反，它们从顾客角度来看问题，会梳理顾客消费过程的所有步骤，一旦发现顾客消耗了时间却没有得到回报，就考虑改进服务，杜绝浪费消费者的时间。

对零售商来说，收款台的服务速度常常是最受诟病之处，所以收银台那里的快速服务是成功的零售商最关心的地方，一些商店会不断优化收银流程，减少顾客的排队时间。一些商店采用"前面只有一个人"的政策，当排队的顾客超过 3 个人时，必须开放新的收银台。还有一些商店努力推广自助服务，让顾客也参与到帮助加快服务速度的行列当中来。

当然，要做到这一点，需要良好的计划、员工职责的灵活性，比如在麦当劳、肯德基等快餐店，负责配餐的员工也可以随时转向收银服务，还需要预测和跟踪技术，充分考虑到天气、交通等状况对客流变化的影响。

另外一个容易让顾客产生不满之处，是消费前的等待。比如一些火爆的餐厅常常需要排队等候餐位。对他们来说，消除顾客的等候时间是不可能的，但如果让顾客在等候时感到愉快，顾客所感受到的等待时间就会缩短。所以海底捞才发展出很多特殊的服务，比如你可以在等待时修指甲、玩游戏、吃免费的零食等。

加快收银速度、让顾客在等待时间感觉愉悦，都是提供便利、节省顾客时间的有益工作，但还远远不够，伦纳德·L.贝里认为，为避免浪费顾客的时间和精力，零售商需要为顾客提供以下四种便利：

第一，接近方便，包括方便的零售地点和经营时间、很容易打通的电话、易于从互联网上找到等。

纯粹的实体商家虽然做不到让顾客打开网页就购物、拿起手机就下单，但在让消费者接近更便利上，仍然有很多工作可做。比如选择店铺位置时，更注重顾客往来的便利性，考虑开车来店顾客的停车需求，提供微信客服、客服电话等方便顾客随时找到你的方式，等等。坦率地说，目前实体书店在接近方便上做得还不够理想，最典型的是，顾客想在网上或手机上联络到书店，会非常困难，而且书店也并不鼓励顾客这么做。

第二，查找方便，让顾客很容易地识别和选择他们喜欢的产品。

我个人喜欢网购的一个重要原因，是想找某个东西，只要搜索一下就行，又方便又省时，但在实体店铺购物，就没有这样的便利。比如书店，大部分不能提供某本书位置的搜索，少部分分类标识不够清晰醒目，还有一种情况，就是书店认为某本书应该放在哪里，常常和顾客的理解并不相同。所以我认为，如果某家书店能够在查找方便上做得非常出色，应该会成为顾客喜欢你的理由之一。

第三，拥有方便，保持较高的存货率并及时送到店铺，减少缺货情况，让人们及时得到自己想要的商品。

应该说，这是实体商家的优势所在，因为顾客在实体店铺买东西，除了大件商品，其他商品马上就能带回家，不需要等待送货。缺货问题会严重影响到拥有方便，想象一下，你开车去了一家实体书店，却发现你想买的书根本没有，这样的体验，一定不太舒服。

第四，交易方便，让消费者迅速且容易地完成交易。

多种收款方式的引入，让顾客在实体店铺付款变得越来越容易，而且书店排队付款的情况也并不严重，不过与网上购物整个过程只要几分钟搞定相比，往来实体店铺本身，就是交易不便的一部分。所以，实体商店需要致力于给顾客带来良好的现场体验，让逛店买东西本身，成为一件充满乐趣、让人愉悦的事。

比较一下电子商务和实体商家在这四个便利性上的优劣，我们会发现，除了在"拥有方便"上电子商务略逊一筹外，其他三个方便性，从消费者的角度看，实体商家都不占优势。我认为这也正是各种外卖服务和网上零售快速发展，甚至对很多行业，包括图书行业的实体商家造成威胁的根本原因，因为它们顺应了顾客消费时对便利和省时永远不变的需求。而外卖和网上零售的发展，又反过来对实体商家发起了严峻的挑战——你在为顾客提供便利、节省时间上，做得够不够多、够不够好呢？

顾客不满与关系修复：

算错的书款
应该追回吗？

开店卖东西，不可避免地要遭遇一个难题：处理顾客的不满。顾客不满几乎是所有问题的可怕源头：品牌形象受损、顾客关系断裂、顾客流失等，直至不满的顾客一个个不再回头。

顾客的不满是如何产生的

零售研究表明，顾客的负面购物经历主要来自两个方面：

一是服务系统的错误，包括企业销售或促销政策的失误、服务速度慢或者无法得到服务、定价错误、包装错误、缺货、商品缺陷、错误信息等。

二是人员失误，包括员工无法满足顾客具体要求、收款出错、员工引起顾客的尴尬、员工漠视顾客需求，当然，少数情况下，还包括顾客自己的错误。

顾客可能产生不满的原因不胜枚举，几乎会发生在服务的所有环节。防患于未然，所有地方都做到无懈可击，自然是最理想的状态，但实际销售中，顾客不满很难杜绝。那么是听凭顾客流失，还是消除顾客不满，甚至更进一步变坏事为好事，就完全取决于如何应对了。

在明确如何应对顾客不满之前，我们先要弄清楚，顾客产生不满之后，会有哪些情况，各自产生什么样的后果。

不满的顾客，可能会采取两种行动，一是选择退货甚至投诉，向企业寻求解决不满；二是不投诉也不退货，默默忍受。

如果顾客能顺利退货、投诉得到满意解决，他一般会继续做忠诚顾客，甚至可能向别人分享自己的经历，表示对这家公司的赞同。

但是那些没有要求退货、没有投诉，或者退货要求被拒绝、投诉没有得到满意处理的顾客，则有两种可能：一是默默地心怀不满，再不光顾某家店铺；二是广泛传播自己的负面经历，讲述自己遭遇的恶劣服务。

无论哪种情况，企业都永远失去了这位顾客，但是后一种情况对企业来说尤其可怕。传统的营销学和消费行为学发现的经典规律是，一个不满的顾客，会向 11 个人抱怨。但在网络传播高度发达的今天，这个认知无疑需要刷新，网上一个顾客抱怨帖子的传播范围和能接触到人群，几乎没有上限，一条帖子毁掉一个企业也是有可能的事。

如何看待和处理顾客不满

最糟糕的情况是，认为顾客不满是顾客不好，遇到不满马上就戒备起来。

这听起来不可思议，却也不少见。尤其会发生在经验不足的新店员或者服务观念不好的员工身上。我自己就遇到过得罪了顾客然后又跑来振振有词地投诉顾客的员工。这种人不可留，这种观念也千万不能有。

好一点的处理办法是引以为戒，亡羊补牢。但顾客已经不满，已经流失，已经把他的不满传播给别人了，以后做得再好，他又怎么会知道呢？对于已经被顾客不满传播影响到的那些潜在顾客，我们又如何告诉他们其实我们做得没有那么坏，而且还在继续努力改进呢？

所以，企业应该更积极地看待顾客不满，鼓励顾客表达不满，并且在遭遇不满时，着眼于顾客关系的修复。

第一个建议，更积极地看待顾客不满。

企业应该在自己的服务文化中，加入积极看待顾客不满的内容，让每个员工都能明白，顾客产生不满，暴露出企业现有服务的弱点和有待改进之处，同时为企业提供了表示自己高度重视客户的机会，如果我们处理得当，顾客的不满就是好事而不是只能产生负面效果的坏事。

第二个建议，鼓励顾客表达不满。

前面说过，有的顾客产生不满，会选择向企业表达出来寻求解决，有的顾客会选择默默忍受，甚至把负面经历广泛传播。

如果顾客选择前一种方式，我们就有机会重新赢得这位顾客，修复断裂的顾客关系，并且避免顾客的不满影响到企业的口碑。

所以企业应该鼓励顾客表达不满，建立退货机制、投诉机制，让顾客知道，企业关注他的不满，并且乐于提供补救办法。

第三个建议，在遭遇顾客不满时，致力于顾客关系的修复。

鼓励顾客表达不满后，企业还需要有一整套机制，确保顾客的不满都能得到满意的解决，在顾客流失成为事实之前、在顾客的抱怨影响品牌形象和企业口碑之前，就努力修复和顾客的关系。

这样即便一个顾客遭遇了不愉快的购物经历，企业仍然有机会留住他。并且一个不满得到非常满意处理的顾客，可能会广泛传播自己的积极经历，这样就会影响到更多的潜在顾客，反倒会帮助企业建立更好的形象和重视顾客的口碑。

算错的书款应该追回吗？

我做龙之媒书店的时候曾发生过一个顾客不满的案例。事情的起因是一个还不太有经验的店员在帮一位大客户计算杂志订阅款时算错了，过了几天给顾客打电话要求补款。顾客很恼火：你们怎么搞的，干吗不算清楚，我财务都下账了，你让我怎么补给你？！结果投诉电话打给了店面经理。店面经理的处理办法是马上在电话里道歉，表示我们的错误我们自己承担，然后亲自登门道歉，和客户沟通，并送上我们的新书给当事人做小礼物。顾客消了气，濒于断裂的顾客关系保住了。

后来这件事在内部紧急会议和内部 BBS（电子公告牌系统）上讨论得很热烈。

讨论的第一个焦点是我们的问题出在哪儿。一种观点是错收了款当然不对，但打电话的员工做得没错，能为公司追回欠款是对的；一种观点认为那个电话根本就不应该打，谁的工作失误由谁负责。

大多数人包括我自己都同意后一种观点。算错钱已经很不应该了，再给顾客打电话就更不应该。这等于是人为制造了顾客的不满。说严重点，简直是愚蠢的自杀性举动。

第二个焦点就集中在对于顾客的不满，我们应该建立怎样的制度上。后来大家的共识是：

一是让所有的员工都了解处理此类特殊事件的正确办法。

二是让所有员工明白此类事件关系到顾客关系，不应该擅自轻率处理，而应该请示上级。

三是在不满发生时，努力的重点不在解释，而在于立即着手修复关系。

四是要由部门经理直接负责处理顾客不满，每一位经理都应该培养自己圆熟处理顾客不满的能力，不是敷衍，不是没原则，而是照顾到顾客和我们自己的利益，在其中选择一种不伤害顾客而且对于我们与顾客的关系有长远益处的方式。

五是这个案例应该全员学习，以免再犯。

退货服务：
你的书店
允许顾客退货吗？
─────────────

　　如果你经常网购，就会发现，每一份尚未确认收货的订单，都有一个"退款／退货"的通道供买家申请退货；确认收货后，则有一个"申请售后"的通道，在规定的时间范围内，你仍然可以申请退货。但如果你去实体店铺消费，除少数商家有专门的退货中心外，你很少找到醒目的退货提示。

　　无论是在网上购物，还是在实体商家购物，顾客都可能产生退货需求。有时是对商品不满，比如商品质量有瑕疵，或者虽然没有瑕疵，但没有达到顾客对品质的期待；有时是因为商品真实情况与商家描述不相符；有时商品不符合顾客对用途的期待，比如尺寸不合适、实际功能不适用等；还有顾客买多、买重、买了又后悔等情况。

　　商家提供退货服务，对顾客的利益是显而易见的，因为购物风险会大大降低，所以顾客会更喜欢在有明确甚至宽松的退货政策的店铺购物。

　　但从商家角度看，提供退货服务确实有明显不利的一面，比如需要承担费用的上升和利润的损失，因为退货商品可能无法二次销售；已经拆封使用的商品，其价值会大大降低；处理退货还需要增加相应的部门和流程；等等。

要不要为顾客提供退货服务

我们可以换个角度来看。尽管商家会因为退货提高了费用，降低了利润，但同时也可以获得相当大的利益，就是顾客可以更放心地在你这里买东西，并且减少购物过程中可能产生的不满。

顾客需要退货，无论具体原因是什么（绝大部分情况是因为对商品不满），顾客对商品的不满无法寻求解决，他的不满就很可能从商品本身转向商家服务，进而造成顾客流失和负面评价。所以从顾客满意度角度来看，零售商提供退货服务，是非常必要的选择。

发展良好的商家，对一般商品，大多会规定购买者可以在一个合理的时间范围内退货，有的甚至制定了更有利于顾客的退货政策，比如淘宝为商家规定的基本退货政策是"七天无理由退货"，无论是商品质量的原因、商家销售行为的原因，还是顾客自己的原因。这个政策对淘宝平台、卖家和买家同样重要，平台可以借此约束卖家行为，卖家可以用七天无理由退货吸引顾客购买，买家则可以大大减轻对网上购物无法检查商品或者试穿、适用的顾虑。

宜家的退货政策则更加宽松，标题是"没关系，你可以改变主意"，退货时间期限是 60 天，宜家俱乐部会员则长达 365 天，要求是有完好的货品、原始包装、原始购物小票或发票（如已开具）。

对消费者比较有利的退货政策是否会导致退货率大幅度上升

零售营销专家研究发现，顾客一旦在家里试用了商品，退货的可能性微乎其微，不但如此，退货还会提高顾客的购物频率，因为他不用担心购买风险。

另一个不用过分忧虑退货的理由是，无论是网上购物还是实体店铺购物，退货时，顾客自己也需要付出时间和精力。在网上购物，退货时顾客需要自己打包、发货；向实体店铺退货，顾客需要再去一次实体店。如果不是非退不可，相当一部分顾客并不愿意随意挥霍自己的时间和精力。

当然，在一些极个别的案例中，退货比例可能会达到30%～50%，而且零售专家们还发现了顾客利用退货政策，向商家"借商品"的情况。比如有人买服装用以面试和约会，用完后再退货，有人买商品去模仿和复制，之后再退货。对于书店来说，这种"借商品"的现象也可能存在，比如有人买一本书，看完之后再退货。所以商家需要把握退货政策的尺度。

天猫承诺适用"七天无理由退换货"的情况是，签收货物后7天内，且货物不影响卖家的二次销售，同时也有详细条款，约定什么情况不影响卖家二次销售，也规定了不同类目商品如何应用这些条款。比如已经交付的期刊、报纸不适用七天无理由退货，但对于图书，则是"一次性密封包装未拆封、商品无折痕无阅读痕迹"的情况下，可以退货。

宜家在宽松的退货条款后也有一条说明："很抱歉：食品、植物、处理商品、定制商品、家用电器商品，以及被切割、裁剪和油漆过的产品，不适用于以上条例。"

这样的退货政策，就能做到既让正常购物的顾客没有购物风险，又可以避免恶意退货给商家造成不必要的损失。

退货流程也可能成为引发顾客不满的重要原因

在一项研究中，很多顾客认为退货麻烦、不舒服、令人郁闷，而且可能和卖方发生争执。给顾客这种感受的商家，很可能内心并不乐于让顾客退货，所以会在流程上制造各种麻烦和障碍，让顾客知难而退。

但这样做并不好于没有退货政策，甚至更坏。商品不合用并没有引起顾客的不满，但商家在退货过程中制造麻烦，却很可能激发顾客的不满。

所以，一旦制定了退货政策，商家就需要向顾客明确承诺，并且让退货成为平稳运行的常规流程，让顾客可以在约定的退货政策的范围内，轻松地享受到退货服务。

比如，我在淘宝和天猫购物，退货只需要按照操作流程点按钮就行，没有任何障碍，到宜家退货，也只是把基本完好的货物送到店铺专门的退货区域就行。

宜家还有两个做法特别值得称道，一是在卖场内有醒目的退货政策承诺，让顾客放心，二是卖场角落专门有一个退货货物销售区，把退货商品以较低的价格卖给希望低价淘到宝的顾客，这对商家和顾客都是有益之举。

欢迎投诉：

顾客投诉
怎么成了好事呢？

投诉，是顾客明确表达对商家不满的一种方式，当顾客对消费过程的任何环节感到非常不满时，他可能选择投诉。

顾客的投诉有两个层面，首先他会向商家投诉，如果没有得到满意的处理，投诉就会升级，顾客可能会向消费者协会投诉，或者向商家所在的平台投诉。比如，你在淘宝购物，每个订单上都有一个明显的入口，叫"投诉商家"。

处理好顾客向商家的投诉，既可以维护顾客满意度、防止顾客流失、避免负面口碑传播，又能避免顾客的投诉升级。

实体商家该如何建立完善有效的投诉机制

第一，企业上下把投诉当成好事而不是坏事。

从维系顾客的角度看，顾客会跑来找你投诉，说明他希望不满得到解决，还没有生气到对你丧失信心，给了你留住他的机会。从企业运营的角度看，有顾客投诉，一定是某个环节的操作存在不足，有引发顾客不满的隐患，顾客来投诉了，实际上是帮我们发现这些问题，避免同类不满的发生。

第二，鼓励顾客投诉，建立顺畅的投诉渠道。

很多顾客并不表达自己的不满，而是悄无声息地流失了。所以要避免顾客流失，企业需要明确鼓励不满的顾客投诉，建立顺畅的投诉渠道并明示给顾客。

比如，在卖场设立醒目的顾客服务区域，接受咨询、求助和投诉；在顾客可以接触到的媒体，比如企业网站、微信公众号的醒目位置，设立顾客投诉入口；在服务指南中包含"如何投诉"的内容；在所有面向顾客的资料中提供免费的联系方式；等等。

如果企业规模不大，它的姿态更应该是全方位开放的，每一部电话，每一个对外的 QQ、旺旺、电子邮件、微信号、微博号，都朝向顾客，随时准备倾听顾客的声音、为顾客服务。

第三，遇到投诉要有"先怪自己、不怪别人"的态度。

无论顾客是什么原因来找我们投诉，我们首先得相信，顾客一定有他的道理，不管我们是不是冤枉的，都不能先把自己保护起来，把责任推到别人身上去。做到这一点其实很简单，换个位置想想就好——我们自己去找商家投诉，结果商家告诉你："快递又不是我家开的，我管不着！""产品也不是我生产的，找厂家去！""我又没见到包裹破了，谁让你不当场拒收？！"即便言词不是这么直截了当，我们一样会火冒三丈。

零售管理专家们发现，处理投诉的态度是礼貌还是粗鲁，是顾客对投诉处理结果是否满意的重要因素之一。真诚地对待投诉，理解顾客的不满甚至气愤，有利于达到理想的效果；不礼貌的态度，会让事态进一步恶化。

第四，由专门人员按照有益于顾客满意的程序，妥善处理投诉。

一个运行良好的投诉处理机制应该包括：保证所有当面或者通过电话、邮件接触顾客的员工熟悉投诉程序；选择更适合处理投诉而不容易恶化状况的员工承担具体处理投诉的工作；给负责处理投诉的服务人员足够的培训，并授予他们解决问题的权力；保证不能立刻处理的投诉会继续上报并得到解决；感谢顾客指出问题并使企业能解决问题；让顾客相信企业会采取补救措施；每一项投诉都有专人跟进，直至解决到顾客满意的程度。

具体的处理步骤是：首先向顾客表示，令他不满是我们的责任；接着，对发生的事情道歉，并对顾客投诉表示感谢；倾听顾客的诉说，并对顾客不满以及出现的问题表示理解；之后，明确地给出解决办法并快速行动；通过经济补偿和一些惊喜强化顾客对投诉解决的满意度；最后，适当回访，确保顾客问题得到稳妥而且满意的解决。

企业对顾客提供的补偿是否合理、企业的投诉处理程序是否从顾客角度出发、企业的投诉处理速度，都是和顾客满意程度密切相关的因素。一般认为，处理投诉应该在解决问题的基础上有所超越。比如一个顾客对商品不满，退货就可以解决，如果顾客因为使用商品遭受了一些损失，那么就需要补偿，而且这个补偿应该超出顾客的期待。此外，投诉处理得非常快，顾客会再次光顾，如果处理得很拖沓，让顾客等待很长时间，顾客就会更加不满。

第五，真正帮顾客解决问题。

这也需要一个基本的态度，就是把顾客的利益和需求放在前面，把自己的利益放在后面，是我们自己的问题，该退换的退换，该退款的退款，该补偿的补偿，不是自己的问题，我们能帮得上忙的，也要尽量帮助顾客。

再强硬再精明的顾客，在面对商家时，其实都是被动的，所以真的照顾好顾客，以切实的、顾客可以接受的方案帮顾客解决问题，顾客的态度很容易从不满转向满意，甚至会感谢商家。

能做到前面几点，对顾客具体投诉的处理就算得上比较圆满了，但对企业来说，还不够，只有做到下面这点，顾客的投诉才能从坏事变好事，投诉机制才能真正起到帮助提升企业服务水准的作用。

第六，设立记录分析投诉的程序，分析顾客投诉的原因，改进服务，提升顾客体验。

顾客会投诉，无论什么原因，都说明企业的服务在面对类似情况时有所欠缺，记录顾客不满发生的场景、顾客投诉产生的原因，并细致分析它们，应该是企业的常规工作，这样，企业才能准确定位服务的欠缺之处，寻求内部变革，以减轻、弥补或者改进服务和顾客体验。

了解顾客需求:

你想卖的是
顾客想要的吗?

我有一个朋友要买套二手房,每次在网上看到一个可能符合他要求的房子,就打电话给房地产中介,请他们帮助安排看房。那些中介态度都非常好,每次看过一个房子,都会再带着看几处临近的房源。

这样几次之后,我那位朋友发现事情好像不大对劲,中介热情推介的房子,都和他的需求相去甚远,他不禁有些疑惑带我去看房之前,为什么没有一个人问我,您想花多少钱,买多大的房子,对位置、交通、楼层有什么要求呢? 他们难道不应该先弄清楚我的需求,再帮我匹配合适的房源,既避免浪费大家的时间和精力,他们自己也能快点赚到中介费吗?

这就是问题所在了: 很多服务人员徒有服务热情和良好态度,却完全缺乏服务顾客的一项最基本的技能——了解顾客需求,导致他们根本无法提供真正帮顾客解决问题的高水准服务。

什么是了解顾客需求

了解顾客需求,用营销学和消费行为学的专业术语来说,叫"客户分析",指的是描述和分析每一类顾客的特征,了解他们的需求和喜好，以便根据顾客需求提供服务。客户分析能够帮助企业满足每个顾客的需求，同时不断提高服务水平。

了解顾客需求是服务的起点，但遗憾的是，有相当多企业和服务人员并没有认识到这一点。

比如前面讲的房地产中介的例子，他们虽然很关注销售，却并不关注顾客需求，甚至根本没有意识到，了解清楚顾客需求才能更快地卖出房子。大多数美发店员工也是这样，他们服务态度非常好，但了解顾客需求的能力非常差，只想向顾客推销各种服务和产品，却从不关心顾客到底想要什么。因为这个欠缺，他们反倒非常容易错过向顾客卖出高价商品和服务的机会。

这种现象，其实在实体书店也同样存在。比如，一位顾客在店面叫住一位店员："请问某某类书在哪儿?"店员通常会给顾客指一下"在那边"，然后听凭顾客自己去找，再不关心。如果我是这位店员，我会怎么做呢? 我会停下手头的事，对顾客说，"您想找哪本书? 我帮您找"，然后，我不但会帮顾客找到那本书，还会问顾客："您还想找哪本书，我再帮您找。"想象一下，哪种店员更能帮助销售，顾客对谁的服务会更满意呢?

那么，为什么会出现服务人员并不真正关心顾客需求的状况呢? 这是因为在服务和销售行为中存在着两种导向。

一种导向是传统的销售导向，典型的做法是一旦开始和顾客交流，马上启动一套固定模式向顾客进一步介绍商品的好处。房地产中介和美容美发服务人员采取的就是这种导向，实体书店的店员做得比他们更差，他们常常连销售导向都没有，认为书就摆在那里，顾客自己看就好了。

另一种导向是以顾客为中心的顾客导向，典型的做法是只要接触顾客，头脑中反映出来的第一个问题就是"顾客想要什么"，然后提供顾客真正需要的东西、顾客认为好的东西，而不是把你认为好的东西、你想卖的东西推荐给顾客。

无疑，从销售的角度看，顾客导向更容易达成销售，从顾客满意度的角度看，顾客导向也更容易赢得顾客的好感。

如何了解顾客需求并根据顾客需求提供服务

第一个步骤，观察。

接触到顾客，首先要做的是观察。他的性别、年龄、衣着、举止，他在看什么类型的商品，他的表情如何，然后在头脑中描绘出一个消费者画像。

如果我在书店遇到一位戴眼镜的斯文中年人，我会判断，他是个成熟的读者，不需要我提供多少帮助；遇到一位带着孩子，在不同书架前浏览的妈妈，我会判断，这位妈妈只是想带孩子来买书，但没有什么目标，我可能会多关注她一些，在她表示需要帮助时，帮她找到合适的书供他们母子选择。

第二个步骤，聆听。

一个好的服务人员，应该是一位好听众，会注意倾听顾客的表达，了解顾客的字面意思，也关注顾客的情感流露，以做出恰到好处的反应，同时也会注意启发和引导顾客表达他的购物目标和具体想法。

如果我是一位房地产中介，接触到顾客时，我会请他坐下来，花一二十分钟好好聊聊，先弄清楚他想找什么地段、多大面积、什么价位的房子，他现在住的是什么样的房子，希望未来的房子什么样。

第三个步骤，归纳出顾客的需求。

通过观察和聆听，一个机敏的服务人员会在头脑中归纳出相对清晰的顾客需求，包括顾客的购买意图、购买决策的方式和标准、需要帮助的程度等。

大部分顾客在进入商店时，都带有明确的购买目标和具体想法，对店铺服务人员来说，尽可能准确、快速地满足这些需求，不仅能促进成交，还会令顾客非常满意。

第四个步骤，提出解决方案。

了解顾客需求之后，你才可以比较准确地为顾客匹配他需求的解决方案。很多服务人员因为缺乏了解顾客需求的能力，所以经常用过多的选择扰乱顾客。更适宜的策略是撤回一些缺乏吸引力的商品，把挑选决策降低到一个相对精准、可控的程度。

当然，还有另外一种情况，顾客没有完全想清楚购物的标准，甚至多种想法互相矛盾，这种情况下，就需要服务人员提供专业的帮助，帮助顾客厘清需求，或者通过试用、试穿等方式帮顾客做出选择。

企业如何让服务人员具备了解顾客需求的观念和能力

我认为方法有三个，需要同时运用，缺一不可。

第一个方法，持久有效的培训。首先要在观念上引导员工，从传统的销售导向，转向以顾客为中心、从顾客需求出发的导向。观念正确了，才能有正确的服务行为。

第二个方法，情景讨论。服务总是在不同的场景中发生，经常组织员工讨论在不同场景下应该怎么做，可以帮助他们更好地理解不同类型的顾客在不同场景中的需求，并做出切合顾客需求的反应。

第三个方法，扮演顾客的角色。这是一个经典且有效的方法。让员工扮演顾客的角色，想一想"如果我是一个顾客，我需要什么?"，大家就更容易在提供服务时，站在顾客的角度思考，把了解顾客需求当成服务的起点。

什么是
发自内心的友善？

大约二十年前，我坐公交车遇到了一位特别好的售票员，和别的满脸严肃的售票员不同，她的脸上一直挂着自然的微笑，站名报得特别清晰，张罗给老人和小孩让座时，不是用生硬的例行公事的语气，而是特别亲切热情，有人让座了，她会诚心诚意地说"谢谢您"。毫不夸张地说，那是我坐得最舒服的一趟公交车，那位售票员，让全车乘客都如沐春风。所以这件事我直到现在还记得特别清楚。

那位不知名的售票员，就是具有特别棒的回应能力的服务人员。

什么是服务人员的回应能力

关于服务态度，几乎每一本讲服务的书都会讨论到，但我个人觉得，服务管理专家肯·布兰佳在他的著作《极致服务》中概括得更为精准。他把"在满足顾客需求时展现出真诚的服务态度"，称为服务人员的回应能力，并认为这是极致服务的要素之一。他说："作为一名服务提供者，有时简单几句话或几个手势，就可以让顾客感受到你对他们像对朋友一样关心，而不仅仅是把他们当作陌生的顾客。这种沟通可以迅速建立顾客忠诚度。"

作为顾客，有时我们会感受到服务人员在全身心地为你服务，有时则不能。差异在哪里呢？在于服务人员的良好态度中是否包含了发自内心的真诚和关心。

我们很容易遇到态度良好的服务，但是并不常遇到特别真诚的服务人员。那位素不相识的售票员让我记了二十年，我觉得，正是因为她做的事是发自内心的，而且她为自己那么服务顾客感到愉快，这与按照服务手册做出僵硬的微笑服务，带给顾客的是全然不同的感受。

服务人员回应能力的内涵

第一，做一个好的倾听者，聆听顾客顾虑和需求。

一个具有良好回应能力的服务人员，和顾客沟通时，会看着顾客的眼睛，并不时微笑、点头，自然地与你说话；懂得边听边提问题，或者问些开放性的问题，让顾客参与讨论，以获得更多信息，从而更好地了解他的状况，如果顾客心情不好，他会保持积极的态度去倾听，并让顾客感觉到你在用心倾听他说话。当顾客表达不满时，他能真心实意地表示理解和同情。

第二，能迅速解决顾客的问题。

一个具有良好回应能力的服务人员，懂得在倾听之后，马上向顾客提供帮助，迅速解决顾客的问题。你越了解顾客需求，你越知道如何回应他。

布兰佳说，大多数不高兴的顾客只是希望把问题解决掉，问题是所发生的状况，而不是客户本身。服务人员的工作是尽快找到解决方案，给客户留下正面印象。一项调查显示，如果你能亲切地为顾客解决问题，70% 的不高兴客户还会光顾你的生意，如果你能既亲切又切中要害地解决问题，这个数字将上升到 95%。

第三，让顾客感觉到，你真的关心他。

一个具有良好回应能力的服务人员，会在倾听时，真诚地关注客户及其想法，让顾客觉得自己有价值、被尊重。

布兰佳举了几个例子。一位老太太因为扭伤了手腕，去找康复医生，医生和助手都特别耐心地听她说话，和她讨论每一步的治疗方案。老太太说："他们让我感觉特别好，好像我是他们唯一的病人似的。"

还有一位在动物园开游览车的司机，无论遇到态度多生硬的乘客，都不会介意，仍旧保持亲切和热情，他的妙招是："仔细听他们所说的话，尽量满足他们的需求，不要和他们对立。我只是试着让大家感到我很关心他们，这样大家都会开心一些。"

我想，遇到这样的服务人员，每个人都会觉得开心。

发自内心的友善

对于服务人员的回应能力，我有一个更通俗的说法，叫"发自内心地对顾客好"。我一直觉得严格的服务培训能训练出中规中矩、细致周到、高度标准化的好服务，但好多时候，你看到的微笑是在脸上，不是在眼睛里，而脸上的笑，永远没有眼睛里的友善让人舒服。

发自内心的友善，让人宽厚、不刻薄，不会轻易生出对顾客的不满，也不会时不时流露出你买东西我卖东西，仅此而已的冷漠。我做书店时，有好几位老店员常常讲很多关于顾客的故事，他们讲的从来都是顾客多么好，而很少抱怨顾客多么难伺候。依我看，难伺候的顾客多半是难伺候的店员给逼出来的，要怪只能怪自己，怪不得顾客。

我最怕两种不友善型的店员：一是冷眼旁观型，既不打招呼，也不开口，就是满脸高贵地冷冷瞧着你，直瞧到你浑身不自在，觉得你的到来打搅了别人，最后赶快逃掉；二是旁若无人型，你来了就来了，走了就走了，店员该家长里短还家长里短，该抱怨上司还抱怨上司，该埋头理货还埋头理货，让你即便想问点什么也没开口的机会，最后自然还是快快逃掉。

这两种店员，在书店中都挺常见。有一次，我去一家僻静的老书店看书，店里没几个顾客，倒有四五个中年男女店员，先是冷漠地看着，让人如芒刺在背，过一会儿大概是有些无聊，就开始高声聊天，一时间不小的店堂人声鼎沸，热闹非凡，最后选了书交款的时候，开票和收款的店员又很有默契地恢复到面无表情。一出门我就想，有这样的店员，怎么可能让顾客爱上这家店呢？

我做书店时，我们的店铺曾经得到过一句令我印象深刻的评价，叫"书多，人好，心情美"。这几个字真是特别准确地概括了顾客对一家书店的顾客体验的要求，当然，对于用心对顾客好的服务人员来说，这也是最让人心情美好的评价。

服务的细节：

细节是
魔鬼

多年前，我慕名去一家新开的书店，书店环境很不错，品种也很全。但到交款的时候，问题出来了，找回给我的零钱，少了5分钱。我就问收银员，对方很不在意地说：没有零钱，少找你5分钱。我大半天的好感全没了，不是为了钱，而是不满这家企业处理找零钱的方式和收银员无所谓的态度。

结果是，我坚决要回了属于我的5分钱，而且把满脸莫名其妙的收银员训了一顿：为什么要我让给你5分钱，不是你让给我，有你们这么做生意的吗？有了那次经历，我在自己的书店增加了一个特别的规定：找换的零钱一定要准备充足，实在没有，把零钱让给顾客。

当然，现在移动支付发达，书店已经很少遇到现金找零的问题了。但在书店的服务中，还有很多同样非常非常细小的事，关系到顾客体验和满意度。比如和顾客通电话时，是你先挂电话还是等顾客先挂电话，把书递给顾客时，是单手递过去还是双手递过去，结完账时，是由顾客来说谢谢还是你先谢谢顾客。

这些服务细节，常常并没有得到足够的关注，原因在于，它们的重要程度被大大低估。品牌建设，说起来是个大话题，其实消费者对一个品牌的印象，就是通过一桩桩小事、一个个细节建立起来的。消费者和你打交道的过程，也是由小事和细节构成的。这些是消费者切身体验到的，所以满意和不满意的感觉就会非常鲜明。小的不满意会直接影响顾客体验，小的满意则可以帮助营造良好的顾客体验。

前面我讲了 5 分钱如何毁掉顾客体验的故事，再给你讲几个正面的例子，都是我自己的亲身经历。

有一回我家里的洗衣机坏了，打维修中心的话，第二天维修人员就来了，敲开门，先在外面换好了鞋套才进门。虽然我一再说不用套，而且当时我租住的房子，就是水泥地，连地砖都没有。维修人员还是坚持换好，并且认真地说："这是我们公司的要求。"当时上门服务自备鞋套的还很少，所以这件小事让我印象深刻。几年后，升级洗衣机时，我毫不犹豫地又买了那个牌子。

另一次，我去一家名店找一本畅销书。那家书店很大，我一时懒得自己费神去找，就问一位很年轻的店员有没有这样一本书，他马上说："您等等，我帮您去拿。"他回来时双手捧着那本不是很厚重的书，非常自然地说："让您久等了。只剩三本了，我帮您挑了一本最好的。"这样的尊重和细致，让人觉得特别舒服。

我们很难一一列出服务细节都有哪些，因为它们散布在你为顾客服务的每一个大大小小的场景中。日本个性古旧书店 cow books 的创办人、以关注细节著称的松浦弥太郎列出了 "cow books 的 100 个基本"，每个都是细节，我简单分享一下其中的一部分：

学会让客人开心的问候方式，认真体会打招呼的时机和

声音大小。

一天数次整理仪容，注意衣冠是否整洁。

不留指甲，保持指尖干净。

在客人面前绝不聊天。

对待书像对待宝石一般，注意书的放置方式、触摸方式、拿握方式。

看不见的地方也要好好打扫。

有客人在时不坐着，要站立。

不和客人过分亲昵。

给简单的谢谢加点儿料，比如"远道而来真是谢谢了""下雨天请当心"。

不在店内发出干扰客人的响声，比如放下重物的咕咚声，给客人打包时拉胶带的声音。

保持书的整洁，避免弄脏客人的手。

店内温度要配合客人而不是店员自己的需要。

保持举止优雅端庄。

双手递交客人购买的商品。

天气恶劣的日子，对来店的客人表示感谢。

不叹气，不发呆，不打哈欠。

每天在书的陈列方式上做点变化。

考虑客人视线的高度，打造让人心动的店内陈列。

对同事、客人使用美的措辞。

不做损坏书的事，不做损坏书的陈列。

绝不在客人正在看的书架前穿过。

·········

我相信，一家书店能注意到诸如此类的细节，一定会让造访的客人特别舒服。可惜，还有很多书店，毫不注意服务细节，我就不止一次地看到，店员坐在书架下半部分凸出的柜子上，整理客人正在浏览的书架，把书粗暴地塞到书架上，收款后随意地把书推给顾客，甚至一句谢谢都没有……

那么，从店面服务到款台服务，从回答顾客问询到处理顾客投诉，从当面与顾客交流到接听顾客电话，一家书店的服务细节不计其数，我们到底该怎么做，才能提升细节之处的服务品质呢？

我觉得程三国先生给我的那本《我爱做书店》写的序中，一段关于服务细节的话，说得特别清楚，他说：

"零售即细节"是零售业的金科玉律。"细节决定成败"，"魔鬼就在细节里"更是零售界的口头禅。单纯讲细节也许并不难，写着各种操作细节和规定动作的服务手册在许多零售店里并不少见；每天的例会大多也是诸多细节的提示和强化。难的是弄明白什么样的细节是最关键的；同样是零售店，书店和非书店不尽相同；同样是书店，专业书店和大众书店也各有讲究。更难的是，不仅要知其然，还要知其所以然，不仅要知"术"之所为，还要明白"道"之所在。因为讲究细节的终极目的无非是一个，就是让读者有愉悦的购买体验，让读者来了还想再来，买了还能多买。这样的话，一个看似简单的操作细节，背后需要准确把握和理解读者需求和消费心理；没有"道"的贯通，"术"会显得杂乱；接下来，缺乏理解的执行，就难免显得机械和生硬。

三国兄这里说的"道"与"术"，我特别赞同。品牌理念、消费者理念、服务理念、服务文化，与服务细节之间，确实是道与术的关系。我们没有办法一一罗列出店员服务的细节，但如果能让书店的每个员工都能真正理解服务细节对品牌形象、顾客体验、顾客满意度的重要性，把对细节的重视融入服务文化当中，经常讨论分析服务场景的典型片段，员工在服务顾客时自然会更关注细节，并更加自律。

免费服务：

谁说天底下
没有免费的午餐？

免费服务指商家提供的不收取费用的服务，一般是附加的、义务性的服务，这些服务，可能仅向自己的顾客提供，也可能同时向顾客和非顾客提供。

谈论服务时，人们通常更关心服务理念和关键的服务行为，很少提及免费服务。但事实上，免费服务已经成为很多行业提供给消费者的服务的重要组成部分，并覆盖到很多细微需求。

比如，一些百货公司提供的免费服务包括：免费清洗首饰，免费熨烫衣物，免费护肤化妆，免费借用儿童车、轮椅，免费借用充电宝，免费使用母婴室，免费借用雨伞，免费提供饮用水，免费箱包护理，免费刀具打磨，免费借用老花镜，甚至有的还开通多条线路的免费班车。

比如药店，也提供多种多样的免费服务，包括：免费药材切片和打粉，免费测血压血糖，免费称身高体重，免费提供凉茶、花茶等季节性保健饮品，免费为顾客消毒包扎小伤口，免费代发快递，一定范围内免费送药，免费代煎中药，等等。

再比如，一般的保险公司，都向车险顾客提供多种非事故救援服务，包括：免费接电、免费加水、免费送油、免费帮助更换轮胎、免费现场抢修，甚至需要拖车牵引时，救援中心也可以提供100公里内的免费拖车服务，帮你把车子拖到保险公司指定的维修单位。

还有眼镜店，来配镜的顾客可以享受免费清洗、简单的免费维修，而且配好的眼镜，随时去洗、去小修，都是不收钱的。

商家乐于提供免费服务的原因

一是吸引潜在消费者。

在日本有一家汽车专卖店，挨着一家大型购物中心。每到节假日，购物中心停车场的车位都非常紧张，来逛街的客人经常没地方停车，而汽车专卖店有大片的停车场，经常停不满。于是他们就向找不到停车位的购物中心顾客开放自己的停车场，不但不收停车费，还额外附赠人工洗车服务。现在这家店铺是日本的汽车销售明星店，而且凭借包括免费停车、免费洗车在内的所有服务，赢得了极致服务的名声。

他们测算过，一个汽车销售人员，一天拜访10位潜在顾客是不可能的，但通过提供免费停车和免费洗车服务，他们每天可以接触到50位以上的潜在顾客。这些人很可能因为体验过免费但同样高品质的服务，对这家汽车店产生好感，并在下次买车时考虑他们。

二是帮助建设和传播品牌形象。消费者无疑更容易喜欢和信任重视顾客、乐于满足顾客各种各样的小需求、乐于在消费之外向消费者提供帮助的商家，而免费服务就是传播这个形象的最佳途径之一。

三是提升现有顾客的体验和满意度。免费服务更容易让顾客觉得物超所值，同时也更容易让顾客感受到商家对顾客的重视，这样顾客的忠诚度就会大大提升。比如我自己就使用过保险公司的免费汽车接电服务，这种雪中送炭的服务，比节假日的问候和消费者并不需要的小礼物，更让人心存感激。

企业如何设计免费服务

当然，免费服务也需要把握顾客的需求，进行精心设计，同时要考虑企业的成本和效益，否则不但无法帮助赢得消费者，还可能让企业在免费服务上的投入得不偿失。所以，企业在设计免费服务时，需要特别注意三个关键点：

第一，免费服务也要保证高品质。

免费服务作为企业产品或服务显而易见的形象使者，应该向顾客传递的是"优质"与"卓越"的印象。不能因为某项服务是不收费的，就降低服务质量，敷衍了事，甚至是提供劣质的产品或服务。这样的免费服务，既影响消费者的体验，又影响品牌形象，还不如不做。

比如，下雨天，你向商家借了一把雨伞，结果这把雨伞又有破损，又不容易打开，搞得你狼狈不堪。我想遇到这样的免费服务，谁都不会想再去那个商家消费。

第二，免费服务也要从消费者的需求出发。

消费者正好需要，而你正好免费提供，这样的免费服务，就是雪中送炭，能带来消费者和商家双赢的效果。有的商家，表面上罗列了一大堆免费服务，而当消费者真的需要帮助时，那些免费服务又帮不上忙，这样的免费服务，就成了纯粹的摆设。

第三，免费服务，不能有直接的功利性目标。

我们走在大街上，经常会遇到邀请你免费体验美容美发或者保健按摩的人，而你一旦接受邀请，就会发现自己陷入了各种推销圈套。

商家设计免费服务，可能不会这么直接，但如果免费服务后，包含了一丝一毫的劝导消费购物的意图，消费者的好感就会荡然无存。比如，前面说过的汽车专卖店，他们虽然用免费停车和免费洗车吸引顾客来店，却从不向这些顾客做任何销售工作，那些后来来买车的顾客，都是被良好的服务自然而然吸引过来的。

在书店，我们只能看到收银台，看不到服务台，也很难看到免费服务提示。不得不说，在提供免费服务上，书店是大大落后于其他行业的实体商家的。

是书店的顾客不需要吗？我觉得不是，是因为在书店行业中，服务还没有被高度重视，通过卓越服务而不是漂亮的店面吸引顾客还没有成为大家的共识。但同时我也认为，免费服务是书店打造良好服务形象可以考虑的方式之一。

海底捞
你学不会

什么是"变态"服务

严格来说，"变态"服务是个俗语，在服务管理上，有卓越服务、完美服务、理想服务、极致服务的说法，并没有变态服务之说。这个词可能是网友创造的，用来指那些好到超出常态，只能让人大呼变态的服务。

我们研究服务，就很有必要分析一下，那些"变态"服务到底是什么样的。

我个人认为，大家所说的"变态"服务，其实包含了两个层面。

第一层面，是好到让人吃惊的服务细节，这些细节虽然大大超出常规，但仍在顾客对商家的需求之内。

据说在日本，建房子进入装修阶段后，工人每天都要脱了鞋子才能进去干活，装修完工，工人不仅会把屋子里面打扫得干干净净，还要一步步退着将房子外的台阶也打扫干净，再一丝不苟地盖上塑料布，以把一个绝对完美的房子交给房主。

日本装修工人的工作我没亲眼见过，但几次到日本旅行，我都亲眼见到，机场或者酒店的巴士开出好远，站台工作人员还保持着鞠躬的姿态。

虽然很多企业都做不到这个程度，但这确实是顾客需要的，能做到，自然会赢得更高的顾客满意度。

海底捞的很多"变态"服务，其实也在这个层面。比如下雨天和冬天，客人进店就递上一块眼镜布，让客人擦去眼镜上的雾气；有客人披着头发，就送上橡皮筋以方便客人进餐；为客人送上手机袋，以避免手机进水、进油；向不适合吃火锅的小孩和老人赠送蒸蛋；有老人、小孩、孕妇来时，主动取出坐垫给客人垫上；征得客人同意后帮客人剥虾壳；顾客带来的婴儿睡着了，服务员给搬来一张婴儿床；等等。这都是在了解客人需要的基础上做到极致的服务细节。

我自己在别处也遇到过同样水准的服务细节。比如，我在布衣书局买书，收到的书无论价格高低，都用合适大小的纸盒包装，外面再包牛皮纸，牛皮纸包装的精细程度，堪比礼品包装。把包装做成这样，自然大大超出了同行业的标准，但仍然在顾客需求范围之内，因为每个人都希望自己购买的商品，被商家珍重对待。

我从淘宝上的一家店铺买东西，快递袋内的包裹不但整齐、严实，而且特别让人吃惊的是，包装胶带的结尾，被卖家仔细折出了一个三角形，这样就可以很方便地拉开胶带，而不必翻来覆去地找到底从哪儿打开了。

《什么是好服务》一节中，我讲过好服务有两个标准，一是超出同行业的一般标准，二是超出顾客的事前期待。这里说的这些"变态"服务的案例，其实都是真正的好服务的示范。

所以，对于这一层面的"变态"服务，我个人的观点是，只要是顾客需求范围之内的，在细节上做到多好都是必要的。

超过需求的"变态"服务

通常我们所说的"变态"服务，在好到让人吃惊的细节之上，还有另外一个层面，就是商家出人意料地提供了超出顾客实际需求的服务。

比如广泛流传的海底捞经典案例。

几个人等位时吃了好多哈密瓜，一边吃一边大赞好吃，结果走的时候，服务员拎来一个完整的瓜送给他们。

另一个人吃饭时跟服务员说，你们这筷子挺长挺好的，捞东西很合适，然后走的时候，服务员就送了他一双新筷子。

还有一个人独自吃饭，就有一个服务员全程陪聊，聊工作聊感情，简直像个人生导师，吃完了还把他送到电梯口，跟他说以后常来。

这些小案例中的服务，当然非常好，也会大大提升顾客体验，但和前一个层面的那些做到极致的服务细节不同，这些服务是超出了顾客的实际需求了，算得上是真正的"变态"服务。毕竟，任何一个正常的顾客，都不会期待仅仅因为夸赞瓜好吃，就被送一个哈密瓜；夸一下筷子，就被送一双新筷子；一个人吃饭，餐厅还附赠服务员陪聊。

那么，这样的"变态"服务有价值吗？当然有价值。它们会被顾客当作段子一样，广泛传播，成为企业的活广告，对塑造重视顾客、专注服务的品牌形象大有好处。回想一下，我们是如何知道海底捞的服务超级好的？还不就是通过那些广泛流传、被戏称为"有毒""变态""地球人已经挡不住"的服务段子？

那么，企业要不要向海底捞学习，追求为顾客提供这些超出他们实际需求的"变态"服务？我个人认为没有必要把自己的服务标准定在这里。

一是大范围地这样做，会为企业带来过高的成本。

二是并非所有的顾客，都喜欢这种太过热情、让人无法招架的服务。我自己就是一个，我们全家都很爱吃火锅，但很少去海底捞，就是因为我有点担心，自己会因为什么原因，被提供这种超出我实际需要的服务，那会让我觉得有些尴尬。

三是这种服务，很难人为制造出来。

咱们前面讲到过服务英雄，一些服务理念特别好的员工，可能会在一些偶然的场景中，创造出这样的英雄式服务，为顾客带来特别惊喜、特别难以忘怀的服务体验，但是如果企业把创造这样的服务当成一种追求，这些服务就难免带上了刻意、做作的痕迹，反倒难以赢得顾客的欢心。

当然，如果有员工自然地创造出这样的服务，并且被顾客广为传播，企业也应该特别高兴，因为这是为品牌形象加分的大好事。

第五章

书店如何做
社会化媒体传播

成为自觉的传播者：

让潜在顾客
了解你、喜欢你

美国总统特朗普有一个自己的推特账号，在竞选过程中，他就频频通过推特账号发布各种个人观点，和竞选对手论战；当上总统后，他还频繁地用推特来发消息，访问中国3天，他就发布了8条推特。看特朗普在推特上面说了什么，已经成为美国人民，乃至全世界人民茶余饭后特别喜欢做的一件事。

特朗普作为美国总统，是美国媒体乃至全球媒体关注的一个焦点，他肯定不缺乏传播机会，他为什么还坚持拥有并且更新一个推特账号呢，因为他是一个自觉的传播者。

作为一个商人出身、极有个性的总统，特朗普希望将个人化的形象和个人化的观点传递给大众，而自己的推特账号，对他来说就是一个完全可以由自己来掌控的媒体。

为什么要成为自觉的传播者

成为自觉的传播者的原因很简单，我们需要让顾客和潜在顾客更多地了解我们、喜欢我们、经常光顾我们，如果只是每天开门迎客，肯定是达不到这样的目标的。

我们需要更主动地通过各种途径，向顾客和潜在顾客表达观点，告知相关活动的信息，回复顾客的提问和求助，并经常提醒他们，有这样一家书店存在，而且非常棒。这样的活动，在营销上就叫营销传播。营销传播，是以市场营销为目标、以消费者和潜在消费者为对象的传播活动。从这个意义上说，特朗普在推特上做的事，也是他自己的营销传播。

如何成为一个自觉的传播者呢？

传播学上一个著名的模式，叫 5W 模式。5W 模式由传播学家拉斯韦尔在 1948 年提出，他用 5 个问题，描述一个传播活动。这 5 个问题是：谁？说什么？通过什么渠道？对谁说？产生了什么效果？5W 就是这个问题的缩写。

第一个问题，谁，指的是发起传播的主体，他既是传播活动的发起者，同时也需要对传播内容进行力所能及的控制。

第二个问题，说什么，是指传播者传播什么样的信息给目标对象，也就是传播内容。

第三个问题，通过什么渠道，指传播活动使用的媒介。

第四个问题，对谁说，指的是传播对象。

第五个问题，产生了什么效果，指的是你希望达到什么效果，实际产生了什么效果。

我们说成为自觉的传播者，最简单的要求，就是需要对这五个 W 有明确的认知，有了这个认知，你才能主动地去规划、组织自己的传播活动、传播内容，选择你要使用的传播媒介，确定你的传播对象是谁，然后尽力达到预期的效果，而不是被动地等待被媒体采访、报道，或者偶然被几个顾客拍几张照片发到网上，甚至因为各种负面原因被媒体或者顾客曝光，成为负面新闻的焦点。

我们看特朗普在推特上所说的话好像很随意，其实，他说话的内容、时机，都有他自己明确的考虑，同时他选择推特这个影响巨大的社交媒体，也显示出他在媒体选择上的高明之处。

不得不说，就现状来看，我们实体书店行业在营销传播上还是有很多欠缺之处，绝大多数书店都不能有意识地主动进行营销传播活动，而且在做营销传播的书店，对传播内容的规划、传播媒体的选择，也仍然很不充分，很多传播机会都没有利用起来。

但是放眼行业之外，我们会看到很多成功的企业、成功的品牌，它们都是高度自觉的传播者。对于每一年度的营销传播活动，它们会有详尽规划；传播内容会按照规划，由专门的文案人员来撰写；在媒介选择上，它们也进行严谨分析，以通过所选择的媒介有效接触到目标消费者和潜在消费者；每一年度的传播活动，还会有事后的效果分析，以确认是否达到了营销传播目标，如果没有达到目标，就分析问题出在哪里，应该如何改进。

我们看到很多品牌蒸蒸日上，很多企业销售迅速提升，一些新品牌在一两年内迅速崛起，一些老品牌几十年、上百年长盛不衰，你可能会想"它们是如何做到的呢?"。这其中当然有战略、运营等很多层面的因素在发生作用，但营销传播是一个无比重要的推动力量。

书店要增强自觉传播意识

那些进行大规模营销传播活动的企业都是有庞大的营销、公关、广告费用投入的，我们作为一家规模不大的书店，怎么可能有那么大的营销和广告费用预算呢？

其实，成为自觉的传播者，首先是一个意识问题，而不是资金投入的问题。有明确的营销传播意识，我们才能去发现传播机会，没有这样的意识，再好的传播机会放在那里，也一样看不到。

我们还以特朗普为例，他通过推特，获得了巨大的传播效果，但他在这上面花了多少钱呢？可以说，是免费的，他所做的不过是注册一个推特账号，有空写上几句话而已。

放眼望去，随着互联网的发展，免费的传播机会比比皆是，只要我们能善加利用，每一个都能产生巨大的传播效果。

发现和运用社会化媒体：

你的书店在使用
微博微信进行传播吗?

我是个社会化媒体重度使用者。每天早晨送完孩子上学，第一件事就是打开手机，看看微博的新消息，我自己微博的点赞、评论和转发，然后打开朋友圈，看看新消息，该点赞的点赞，该评论的评论，然后，我会打开订阅的几个微信公众号，看几篇文章，重要的文章我会转发到朋友圈。做完这些事之后，我会进入我建立的十几个"真心爸妈育儿讨论群"和几个"我爱做书店讨论群"，回答大家提出的问题，一天的工作就这样开始了。

我们书店的消费者，已经和我，和你，和数亿中国互联网和移动互联网用户一样，成为社会化媒体重度使用者，发现这个现象，善用社会化媒体，对书店来说，是潜力巨大的传播机会。

在互联网，尤其是移动互联网时代到来之前，说到媒体，我们马上想到的是大众媒体，包括电视、广播、报纸、杂志；说到传播，马上想到通过大众媒体进行传播。但是作为一家书店，我们有多少机会进行大众传播呢？

做大众媒体广告是一种方式，但那意味着昂贵的广告费用，即便是规模很大的书店，也无法负担。另一种方式是上新闻，但一家普通的书店，又有多少机会频繁地成为新闻报道的对象呢？所以说，书店行业在营销传播上普遍比较薄弱，其实也和缺乏传播机会密切相关。

但是现在，形势发生了变化，变化之一是从十几年前的博客开始，各种形式、各种功能的社会化媒体层出不穷；变化之二是越来越多的人，尤其是青少年、职场年轻人、中年人，甚至老年人，越来越多地把时间花在社会化媒体上，把它们作为获取信息最主要的途径和最主要的社交方式。这些变化，对书店来说是特别值得重视的趋势。

社会化媒体概念和特征

社会化媒体是运用容易使用和传播的沟通技术，并以社会化交流为目的的各类在线媒体的统称，有几个显著的特征。

第一个特征，它们都基于互联网或者移动互联网，现在是有一部智能手机加上数据流量或者 Wi-Fi，你就能充分使用它们。

第二个特征，它们没有任何技术门槛，三岁小孩也能学会用微信，八十岁的老人也能和儿女视频通话。

第三个特征，它们都鼓励甚至依赖用户参与，可以说，没有用户参与，它们就无法存在。

第四个特征，在社会化媒体上，人人可以参与创造和分享内容。这一点正好与传统媒体相反，传统媒体提供内容，但是基本不允许读者、听众或观众参与内容的创建和发展。

第五个特征，社会化媒体的传播，不是单向传播，而是互动和对话形式的沟通。

第六个特征，它们都自带一个重要的互联网属性——传播和接收信息都是免费的。

　　了解了社会化媒体的这些特征，我们就可以看到书店在运用社会化媒体上的广阔空间。我个人认为，发现和运用社会化媒体，对书店的营销传播来说，可能意味着一个革命性的变化，首先是我们不必再像大众媒体时代那样，苦于缺乏在媒体上传播的机会；其次，如果运用得当，实体书店也可以像很多已经通过社交媒体传播获得巨大成果的商业机构一样，成为社会化媒体传播高手。

社会化媒体主要类型

　　第一个类型是社交网络，如早期的开心网、人人网，今天的微博。

　　第二个类型是即时通信，比如 QQ、微信。

　　第三个类型是视频分享，如优酷、土豆、火山视频、抖音、快手、B 站等。

　　第四个类型是音频分享，比如喜马拉雅、荔枝电台、千聊、蜻蜓FM 等。

　　第五个类型是社会化电子商务，比如美团、有赞。

　　第六个类型是消费、产品点评，比如大众点评网、小红书、豆瓣。

　　第七个类型是百科，比如百度知道、互动百科。

　　第八个类型是问答，比如知乎问答、天涯问答、悟空问答。

　　第九个类型是音乐图片分享，比如虾米网、酷我网。

　　第十个类型是传统的论坛，比如猫扑、百度贴吧、天涯论坛。

　　当然，还有很多其他类型的社会化媒体，各自有各自专注的领域和活跃的用户群体。可以说，每一类型的社会化媒体都蕴含着书店营销传播的机会。

　　当然，其中最值得重视和善加运用的，仍然是微博和微信。我们实体书店行业对微博和微信的运用，还远远低于平均水平。新浪微博的一个数据显示，2017年，新浪微博上实体书店的账号，只有700多个，这些账号全年发布的原创微博，仅有6 000多条，而且年度数据对比显示，这些账号2017年发送的原创微博条数，比上一年下降了90%。在微信公众号领域，我们已经看到，有很多公众号，年销售图书达到数亿码洋，但可惜的是，它们都不是实体书店的公众号；那些频频出产10万+甚至100万+刷屏文章的公众号，也几乎没有一个来自书店。

　　这些数字显示出，我们实体书店行业对社会化媒体中蕴含的巨大的传播潜力，严重缺乏重视。当然，换个角度看，这也意味着，社会化媒体对于书店的营销传播来说，是一块尚未开垦的处女地，等待有眼光的先行者去发掘和耕耘。

有明星为
你的书店宣传吗？

什么是意见领袖

意见领袖这个词，我们并不陌生，而且每个人的身边，都有各种各样的意见领袖。比如，你办公室有位护肤达人，那么对于女性同事来说，她很可能就是一个意见领袖，大家有护肤问题会去问她，她推荐的护肤品，大家会马上去买。再比如，你朋友中有位健身达人，那么他对于减肥、健身、锻炼方式的观点，也会影响到周围的人。

对于罗辑思维的用户、得到的用户，还有无数追随者来说，罗振宇就是一个重要的意见领袖。最近几年的 12 月 31 号，罗辑思维和得到的创始人罗振宇都会做一场跨年演讲，在演讲中，罗振宇都会推荐几本书，我朋友圈里马上就有人晒出自己的订单，并且说"买了，罗胖推荐的书一定要读"，然后下边马上有人评论"我也去买"。这样的情景会在很多人的朋友圈里发生，据说，被推荐的几本书，当天在几大网站都销量可观，有的甚至大卖到断货。

当然，意见领袖也叫舆论领袖，它并不是一个简单的日常用语，它是传播学中一个重要的专业术语，指的是在传播中，他的意见对其他人的态度有相当大的影响力的一些人。

传播学家们最早是在选举研究中发现意见领袖的作用的，他们发现，在美国的竞选活动期间比较晚做出决定，或者中途改变主意的选民，更多提及他们受到了别人的影响，而影响他们的人，常常是社区中更有名望的人。

根据这些研究，传播学者总结出一个著名的传播模式，叫两极流动传播。它描述了这样一种现象：媒介的消息首先抵达意见领袖，接着意见领袖将他的所见所闻传递给邻居、亲朋好友、同事、同学或者其他的追随者，并且一定程度上影响到那些追随者的态度和行为。

同时，研究人员也发现，社会的每个阶层都有意见领袖，他们在自己的社群有或大或小的影响力。意见领袖会受到其他意见领袖的影响，同时，意见领袖的影响限于特定的时间和特定的话题。

什么样的人可以成为意见领袖

现在的各种大 V（社交平台上活跃且有大量粉丝的用户）、网红，是意见领袖吗？没错，不仅他们，一本书的作者，对于喜欢他的读者来说，是意见领袖；一个明星，对于他的粉丝来说，是意见领袖；一个领域的专家，对于一部分关心这个话题，并且和他意见相近的人来说，是意见领袖；一个微信公众号作者，对于他的忠实读者来说，也是意见领袖。

那么，一个人到底要具备什么样的条件，才能成为意见领袖呢？

首先，他在某个话题上，要掌握比他周围的人更丰富、更深入的信息。

其次，他需要有一定的专业性和权威度，被认为是一个可靠的、值得信赖的信息来源。

最后，他需要有一定的传播能力，包括通过大众媒体或者社会化媒体传播信息、观点的能力，也包括通过人际传播传达信息和观点的能力。

一个人具备了这几个条件，就很可能被某一群体视为意见领袖，获得自己的追随者，并且对追随者有相当程度的影响力。

如何在书店的营销传播中运用意见领袖

新浪微博有一个账号，叫"单向街图书馆"，是单向空间书店的官方微博账号，它有 57 万粉丝，粉丝数量在书店微博账号中很可能名列前茅。单向空间书店自己拥有一个天然的意见领袖，就是创办人许知远。于是，你会看到，单向街图书馆发布的原创微博中，经常提及许知远和他的各种活动、分享许知远的观点，其他有影响力的账号发布的有关许知远对话某名人的信息，也会被单向街图书馆的微博转发。

不仅如此，单向空间邀请著名作家、学者举办各种讲座、对话活动的信息，也是单向街微博的一个重要内容，他们会分享这些名人的观点，同时也 @ 这些人的微博账号，自然经常得到这些名人的转发。

从单向街的例子，我们可以看到书店在营销传播中善用舆论领袖的两个方法。

第一个方法，如果自己的创办人本身就是一个意见领袖，那么毫不犹豫地运用他的影响力，去影响你的传播对象。

这对于创办人个人色彩比较浓的书店，是一个相当可用的方法。

可是，如果创办人没那么有名怎么办呢？先别妄自菲薄，我们前面说过，意见领袖的影响范围有大有小，一个书店的创办人在他自己的圈子里，至少是一个对新书、好书有发言权的意见领袖。

第二个方法，充分挖掘活动来宾的传播价值。

这听起来好像有点功利，其实换个角度想一下，无论是作者来我们这里签名售书，还是来做讲座、对话，对他自己来说，本身都是传播活动，既然是传播活动，那么传播效果自然是越大越好。如果我们通过自己的社交媒体账号分享了来宾的活动信息、来宾的观点，同时也请来宾通过自己的传播途径帮助传播，是双赢的好事。

沿着这个思路，我们还可以发现第三个方法，邀请明星顾客帮助传播。

当然，这里的明星顾客，并不是指那些大众明星，而是那些在自己的圈子中比较有影响力的忠实读者，每个书店都会有很多这样的明星顾客。如果我们能在满足顾客需求、提供良好服务的基础上，主动与这些顾客建立更好的关系、做更充分的沟通，那么这些明星顾客就很可能成为经常主动在自己的社交媒体推荐你的书店、推荐从你这里购买的好书的意见领袖，就像我们在微博上经常看到美食家们向粉丝推荐自己吃过的好吃的餐厅和菜品一样。

当然，如果大胆设想，我们或许还可以考虑自己培养出像那些卖货网红一样的"卖书网红"，或者与各领域达人，比如育儿达人、电影达人、音乐达人、美食达人、旅行达人合作，联手传播，共享传播成果。

让顾客为你传播：

给人一个
晒的理由

有一年夏天，我带两个孩子去古镇同里旅行，在网上订了一间小客栈。刚进房间换上拖鞋，俩孩子就惊喜地叫起来："爸爸快来看，这里的拖鞋超级舒服。咱们能带走吗？"我一看，可不是，虽然也是一次性拖鞋，但是厚实舒适程度，比五星级酒店的拖鞋还强。

小儿子一边穿着拖鞋走来走去，一边跟我说："爸爸，我觉得你得发个朋友圈晒晒，他们对客人太好了。"于是我就把客栈里里外外拍了好几张照片，特别拍了拖鞋的特写。刚发完，马上有人问我："这家客栈在哪儿？叫什么？"估计我这条朋友圈，能给客栈带来好几波客人。这就是让顾客帮你传播。

现在是社会化媒体时代，社会化媒体的一个重要特征，就是鼓励用户创造和分享内容。这意味着，每一个人，只要有微博、微信，或者其他社会化媒体的账号，都能成为主动的传播者，把他生产的图文内容，分享给粉丝或者好友。

这对企业来说，既是好消息，也是坏消息。说好消息是因为，如果你让顾客满意，甚至给他们带来惊喜，你会拥有成千上万个义务宣传员，他们自发地帮你传播；说坏消息，是因为如果你得罪了顾客，只要一两分钟，他就可以通过自己的社交媒体，把给你曝光，曝光的后果可大可小，无法预料，因为顾客的粉丝，可能会帮他继续传播，这就应了那句老话："好事不出门，坏事传千里。"

"让顾客为你传播"，有一个重要的前提，就是做好顾客满意度管理，尽量避免顾客为你做负面的传播。

给顾客一个晒朋友圈的理由

在社会化媒体时代，每个用户都可以创造和分享内容，这也意味着，人人都需要可传播的内容，以供他晒出来、秀出来，获得各种各样的满足感。

那么，人们喜欢什么样的内容呢？最受欢迎的内容有两种类型。

第一种类型，美的东西。人们喜欢通过社交媒体，晒出他们看到的、感受到的美。一杯好咖啡、一份精致美味的甜品，蓝天、大海、鲜花、落叶、美丽的街道、朝霞、夕阳、美术馆、博物馆、旅行、演出，是朋友圈最常见的内容。当然，最美的书店、最美的书，永远是人们发朋友圈特别喜欢的内容。

第二种类型，有趣的东西。人们喜欢被当成好玩、有趣、有幽默感的人，所以看到新奇、有趣的东西，也喜欢在社交媒体上分享，比如萌萌的小猫小狗，把食物糊得满脸都是的小婴儿，特别有创意的家居物件，超级大的抱抱熊，等等。只要够好玩，让人惊喜，人们都喜欢发出来，和别人分享。

这就给我们带来一个重要的启发：想让顾客帮我们传播，我们需要给顾客一个晒的理由，或者足够美，或者足够有趣，或者两者兼备。

实体书店如何给顾客提供晒朋友圈的理由

1. 设计之美

近年很多书店都在升级改造，设计之美是大家的一个共同追求，这当然主要从为消费者提供有美感的环境和空间、吸引读者来店考虑，但也附带地收获了一个额外的利益，就是让读者可以拍到美图，发微博和朋友圈来晒，很多设计独特、很有美感的书店，都因此收获了无数顾客的自发传播。

但也有例外，我就在我的朋友圈里见到一位书店顾客发牢骚，说是慕名去一家据说设计得特别好的书店，结果书店谢绝拍照，他只好在店外隔着玻璃拍了几张。

书店不允许拍照，真的是太过时、太老旧的做法。你不让读者拍书的封面、条码，读者一样可以在实体书店看书，到网上买书，但是不让顾客拍照，书店自己就会失去让顾客免费帮你做正面传播的机会，不仅如此，很可能还会让失望的顾客到网上吐槽你。两相对比，得不偿失。

2. 独特的书

很多人喜欢拍书，因为在朋友圈发书的美图，会让人觉得你特别有格调、有品位。所以如果一家书店有特别美、特别值得拍、特别抓眼球的书，一定要摆出来，让顾客看到、拍到。

我去茑屋书店参观时，在其中的一家店，就见到特别醒目的位置，有一个特制的大展架，上面放着一本足有一米宽、几十斤重的超大型精装画册，旁边放着一副手套，让读者戴上手套自由翻看，自然，也有很多人拍照，我也是其中一个。

现在每年都有各种各样"最美的书"评选，如果书店能为历年最美的书专门布置一个适合拍照的展示区域，我想会成为一个吸引顾客拍照、发微博和朋友圈的小小热点。

3. 有趣的装置

有一次我去苏州诚品书店，见到一场特别有趣的小兔子展览，展区里陈列着十几只各种造型、各种表情的兔子雕塑，墙上挂着各种兔子图片，入口有一个近两米高的大型兔子雕塑，吸引了很多人拍照。

我去百度搜索"诚品书店 兔子"这组关键词，搜到了13万多条结果，基本上都是网友们在各种社交媒体上的晒图和讨论。一场普通的展览，引发如此规模的传播，顾客自发传播的价值，由此可见一斑。

当然，有趣的装置并非只有展览一种，只要在书店卖场布置中稍稍多些创意，书店可以创造出很多可供顾客自发拍照、晒图的装置，比如一块留言板、一个手账风格的留言本、一面专门让人留影的背景墙。这些做起来都不难，但是顾客帮你传播起来，效果却会很可观。

书店微博、微信
公众号有多少关注者？

最近我家附近的 MALL 在做一件事，就是让顾客关注它的微信公众号。通常情况下，我和你一样，去到一个商家，有个二维码放在那儿，让你扫码关注，我不会主动去扫。不过这家 MALL 用的方法比较特别，它把二维码放在停车场附近，告诉大家，关注公众号可以免费停车 3 小时，而且还可以通过微信缴费，这就大有吸引力了。类似的做法，是实体店发展粉丝的窍门。

书店的传播对象

书店要成为主动的传播者，就需要有传播对象。但是传播对象在哪里呢？你可能就想了，我的顾客都是我的传播对象啊，还有潜在顾客，也是传播对象。这些传播对象，他们在哪？你可以用什么途径接触到他们呢？

他们来到店里，有或多或少的消费，然后在你的会员系统中留下会员信息，有的是电话，有的是电子邮件。接着，如果你有新书到货信息要告诉他，有活动消息要告诉他，你怎么联络他？给他打电话？发邮件？恐怕在当今时代，都不是有效的办法。

更不用说，有的人来了你的店里，没有任何消费，然后离开了，消失在茫茫人海中，他们是谁？你如何让他们再次光顾呢？

如果我们没有做点什么有效的工作，无论是顾客还是潜在顾客，实际上你都没有办法向他们传播任何信息，更不用说和他们有日常的互动了。

所以，在营销传播上，我们需要的不是会员、顾客和潜在顾客的概念，而是传播对象的概念。传播对象，是你可以通过自己发起的传播活动，通过某种或者某几种传播途径，有效触达的人群。

他们可能是你公众号的关注者、你微博的粉丝、你朋友圈的好友、你顾客群的群成员、你豆瓣小组的成员、你百度贴吧的关注者，总之，是通过某种媒体，而且通常是具有互动性的社交媒体，跟你建立某种联系的人。拥有这样的人群，你的营销传播活动，才可能有确定的、成规模的传播对象。所以我才说，有粉丝才有传播。

我特别做了一些小调查。我去新浪微博搜索名称中含有"书店"的用户，发现微博认证的企业蓝 V 书店账号，只有不足 10 个账号粉丝超过 10 万，绝大部分账号粉丝都在 1 万以下。也就是说，全国这么多书店，如果想在微博上发消息的话，只有不足 10 家书店能覆盖到 10 万人，其他的都只能触达不到 1 万人。新浪微博企业蓝 V 书店账号一共 750 个，粉丝总数量是 450 万人，平均每个账号只有 6 000 名粉丝，这个数字，基本与微博上稍稍活跃一点点的个人账号的粉丝数量相当。

我又去关注了一些书店的微信公众号，发现大部分账号的文章阅读量，都只有一两千，有的甚至只有几百，按照公众号推送文章的平均打开率为 3% 来推算，这些公众号的关注者，大概只有两三万人。当然，我也找到了运营得非常好的"中信书店"的公众号，他们的文章，基本上有数万阅读量，背后的关注人数，估计有几十万。差异如此之大，公众号的传播效果差异，也就可想而知了。

我跟一位在中型城市做独立书店的店主聊天，我问他，你个人有几个微信号？他说有一个。我又问，你微信上有多少好友，他说有两千，我问他你有几个顾客微信群，他说有两三个一两百人的群。他的书店，刚刚过了二十周年生日，而且是当地文化地标地位的书店，在当地累积至少有数万个顾客，但是很可惜，这些顾客中的绝大部分，他都没有任何主动的传播方式可以接触到。

我再给你举个特别成功的例子，微信公众号"一条"，2014 年 9 月上线，上线 15 天，粉丝即超过 100 万；到 2017 年底，粉丝已经达到 3 000 万。2016 年 5 月 9 日晚 8 点，一条发布了关于美国热销悬疑书《S.》的图文推送，这本 168 元的小众图书在接下来的 2 天内卖出 25 000 本，产生收入 420 多万元；此外，一条还曾在一周内卖出 60 台总计 180 多万元的独立音响，1 万多个总计 720 多万元的猫王收音机；等等。

我跟你说这些，并不是为了批评实体书店在社会化媒体运营上做得有多差，恰恰相反，我想让你看到的是，我们实体书店，在吸引粉丝并将粉丝转化为顾客上，潜力有多大。

实体书店如何吸引粉丝

在策略层面，我有几个建议。

第一个建议，把吸引粉丝作为营销传播上一个重点工作。以往我们会关注会员数量的增长，但是会员从哪里来呢？他们绝大部分，来自通过各种传播途径接触到书店的各种信息的人，而且需要较长时间的好感积累，才会真正产生消费，所以我们需要通过各种传播途径，去吸引大量的粉丝。

第二个建议，选择几个主要的社会化媒体，比如微博、微信公众号、微信群，集中发力，争取快速建立起成规模的粉丝群体。现在很多书店都有官方微博和微信公众号，但投入的力量不足，就造成了传播途径都在，但是粉丝不在的现状。我们要做的事，其实不是把能用的途径都用起来，而是让在用的途径真正成为有粉丝、有效果的高效传播途径。

第三个建议，如果有可能，建立专门的社会化媒体传播部门或者团队。社会化媒体传播和其他任何事一样，都是一分耕耘一分收获，那些收获了大量粉丝的社会化媒体账号，都是投入了足够的精力，去研究传播规律、学习创作内容、探索吸引粉丝的方法，然后才收获巨大的传播效果的。

有传播才有粉丝：

如何让你的
书店拥有很多粉丝？

前面说到"有粉丝才能有传播"，这节说"有传播才有粉丝"，这不是鸡生蛋、蛋生鸡的问题吗？

其实不是，有粉丝才能有传播，说的是你要做营销传播，需要有可以通过各种途径有效触达的传播对象；有传播才有粉丝，是说粉丝不会自己跑过来粉你，你要向顾客和潜在顾客发起有效的传播活动，才能吸引他们成为你社会化媒体账号的粉丝。

那么，什么样的传播活动才能吸引别人成为你社会化媒体账号的粉丝呢？有两个有效的途径。

第一个途径，提供有吸引力的好内容。这是社会化媒体账号吸引和留住粉丝最主要的途径。

比如你打开朋友圈，看到好友转发了一篇文章，题目很吸引你，你就点进去读，读完了文章，你觉得很好，想继续读这个公众号的其他文章，你会很自然地点击"关注"。在微博和其他社交媒体上也是一样。

而且好内容自带传播属性，你现有的粉丝会帮助你转发，让粉丝群体如滚雪球般不断扩大。我们看到很多公众号几天内就凭借刷屏文章吸粉十万、百万，靠的就是好内容带来的大量转发。

第二个途径，提供具体的实际利益，线上线下互动，通过日常的传播活动吸引粉丝。

吸引粉丝的具体方法

1. 引入微信结算，结算过程中提示关注微信公众号

现在微信结算越来越普遍，你提供微信结算方式，让付款更方便，对顾客来说，就是个实际利益。微信结算提供了自动关注微信公众号的设置，通过这个小步骤，你就可以逐渐让来店消费的顾客，成为你公众号的粉丝，也就有机会向他们推送更多信息，进而促使他们提升来店消费的频率。

2. 用微信会员卡替代传统会员卡

这是很多商家都在使用的办法，这个办法对顾客的益处是，他既不需要携带实体会员卡，也不需要在结算时报出手机号，只要通过微信付款，消费就会自动记入会员账户，同时还可以享受积分、优惠券等会员权益。对商家的好处是，你不但能有效管理会员，还能和会员建立起有效的传播渠道。据我了解，目前使用这个方法的实体书店还很少。

3. 通过提供 Wi-Fi 密码引导关注公众号

对于很多重度手机使用者来说，长时间待在一个没有 Wi-Fi 的地方，简直是一件难以忍受的事，那么提供 Wi-Fi 密码给来店顾客，对他来说，就是一个实际利益。当然，他需要通过关注你的公众号获取Wi-Fi 密码，他也很容易接受。

4. 通过活动吸引粉丝

现在书店都经常搞活动，搞活动的机会，就是一个吸引粉丝的机会。比如，你可以制作一张带微信公众号二维码的海报，通过朋友圈投放，或者推送给现有粉丝，承诺他们转发分享可以获得优惠券，这样，你既能有效传播活动消息，也可以借此收获一批新粉丝。

5. 促使现有顾客分享优惠券或者免费机会

一个最典型的例子，是滴滴打车。我们经常在朋友圈看到好友分享滴滴打车的优惠券，为什么人们乐于分享呢？因为滴滴的优惠券分享机制使分享者和被分享者都能得到优惠。当然，这种分享活动，也为滴滴 App（应用程序）带来了大量的新用户。

6. 通过短信、电子邮件，激活现有会员，将他们转化成粉丝

很多书店都经营多年，积累了大量的会员，但是现在这些会员都比较难以触达。你可以规划和发起一次针对会员的传播活动，用短信、电子邮件等传统方式，再加上一些具体利益，吸引会员关注你的社交媒体账号，从而将他们转化成粉丝。

7. 转发抽奖

转发抽奖是在微博上最有效增加粉丝的方法，我曾经帮助一家书店规划转发抽奖活动，每次活动都能增加数百个粉丝。抽奖礼物最好是作者签名本图书。

当然，如果书店花大力气投入社会化媒体营销，还能在实践过程中，不断摸索出新的、更具体的方法。不过，有一点我还想提醒你一下，我们做营销传播活动，是为了实际的效果，不是为了粉丝数量好看，所以一定不要使用低俗内容暴力吸粉，甚至买粉丝。

你多长时间可以发现
顾客对你书店的微博投诉？

有一次，我们全家旅行，出发前，我通过一家租车网站预订了一辆车，准备到了地方来个自驾游。不想火车还有一个多小时就到站了，租车公司打来电话："不好意思，节日期间租车需求太大，您预订的车已经租出去了，您再找别家租车吧。"

我的旅行就是按照自驾规划的，而且租车订单连款都付了，这时候告诉我没车，简直是太过分了。于是，我马上发了一条投诉给租车公司的官方微博，对方马上回复说尽快解决，5分钟之后，客服电话打来，车子有了。

这个故事就是企业运用社会化媒体与传播对象充分互动的典型案例。租车公司官微帮助我解决投诉，就是典型的互动。

社会化媒体的互动性

社会化媒体的一个重要特征，是互动。也就是说，在一次传播活动中，传播者和传播对象之间不是单向传播，而是互动和对话形式的沟通。

这与传统媒体有巨大的差异。传统大众媒体的传播是单向的，只向传播对象提供内容，读者、听众、观众基本不能参与内容的创建和发展，传播者和传播对象之间，也无法进行即时的互动。比如你看电视时，不能点赞；你读到报纸文章，不能马上公开评论；听广播时，除了打热线电话，也没有办法参与节目。

但新的社会化媒体完全不同，它们是互动式的，你可以通过点赞表明态度，通过评论发表意见，通过转发参与传播，还可以通过留言和评论发起与传播人的对话。你也可以像我一样，遇到问题，找商家的微博、微信客服投诉，请他们帮你解决问题。

这种互动性特征，是社会化媒体能吸引到海量用户的重要原因之一，因为与被当成木偶式的传播对象相比，人们更喜欢被当成一个参与者、对话者，在传播活动中拥有自己的权力。

这也是我个人更喜欢用"社会化媒体"这个术语，而不喜欢把它们称为"自媒体"的原因。因为当你把自己的微博、微信叫自媒体，你更关心的是我对别人说什么，而不是我和传播对象之间有无对话和交流。可以说，没有互动的社会化媒体，既无法充分发挥它的传播价值，也无法获得预期的传播效果。

如何发起与传播对象的互动活动

利用社会化媒体的互动性，有两个层面的工作可以做：第一个层面是发起与传播对象互动的活动，第二个层面是与传播对象进行日常的互动。

企业在社会化媒体上发起旨在吸引消费者和潜在消费者参与的活动，在营销上有个专门的术语，叫互动营销，它有几种常见的形式。

（1）参与型活动。号召传播对象参与，比如参加投票、参加比赛、按照活动主题上传照片、按照活动主题分享自己的故事等。美国一款著名的薯片公司曾连续多年举办视频大赛，一家咖啡公司让它的推特粉丝讲述某款受欢迎的咖啡如何融入他们的日常生活，可口可乐在社交媒体上做每日益智问答，尼桑汽车在推特上征求某一版本的汽车应该采用什么样的技术的建议。这些活动都吸引了大量的参与者，并且获得无数点赞、转发。

（2）话题讨论型活动。号召传播对象就某个问题发表自己的见解。特别善于使用微博的杜蕾斯，是运用这种形式的高手，比如在春节前，杜蕾斯官方微博就发起了一个这样的讨论：

> 再有二十多天就过年了，如果你突然打电话回家对爸妈说"我要结婚了，今年过年我要带个对象回去给你们见见"，他们会有什么反应？在他们的反应之后，你会有什么感想？试试看，杜杜期待你的试探反馈。

这个话题，马上就聚集起一大群粉丝热烈参与讨论。

（3）见证型活动，请粉丝见证某一事件或者时刻。人们喜欢用社交媒体的一个原因，就是喜欢围观，看各种各样的故事如何发生。一个著名的例子是，美国一家动物园曾经在 Youtube（优兔）上连续一个多月直播一只即将分娩的长颈鹿的生活，吸引了数百万人围观、留言，甚至在网页上讨论即将出生的小长颈鹿该叫什么名字。

这三种形式的活动，都有高度的互动性，能够吸引大量粉丝参与，所以也成为企业特别喜欢的互动营销形式。

实体书店也可以学习这些形式，开展互动活动，比如我们可以邀请顾客讲他和书店的故事、讲他和某本书的故事，讨论某本畅销书中的观点，或者见证一家新店的开业。只要打开思路，你能找到无比多的新创意。

与传播对象的日常互动

与传播对象进行日常的互动是企业通过社会化媒体进行营销传播时最基础的工作，你完全不理粉丝，粉丝也不会喜欢理你。

日常互动包括以下 4 件事。

1. 跟进投诉

顾客感到不满，需要有投诉的渠道，对习惯了使用社交媒体的顾客们来说，拿起手机找到你的官微或者微信公众号，比找到你的客服电话，给你打电话投诉，要方便得多。现在很多企业都能对微博、微信收到的顾客投诉，做到"五分钟反应"（这是我 2010 年最早在微博提出来的）。快速反应非常重要，如果你没有及时反应，顾客就很可能通过他自己的社交媒体账号，将他的不满扩散出去。

2. 回答问询

顾客遇到疑问，需要有问询的渠道，无论他是给你发了条私信，还是在微信公众号上留言问询，得到你及时的回复，他的疑问得到解决，都会让他更喜欢你。"问询有回复"，是对社会化媒体账号运营人员的一个基本要求。

3. 回复评论

别人评论了你发出的某个内容，说明他非常关注你，如果你能回复他的评论，会让他觉得，你也在关注着他，这是一种让人舒服的互动感受。做到"评论有回复"，会让你与顾客和潜在顾客有更好的交流。

4. 感谢转发

别人转发你的内容是帮助你做传播，表示感谢是应有的礼貌。如果粉丝经常转发你的内容，但你从来看不到他的善意，从来不为此感谢他，他转发的热情也会越来越低。

培养强关系粉丝：

你的书店
有多少铁粉？

2017年10月8日中午，明星鹿晗突然公布恋情，紧接着，微博因为大家疯狂的搜索而崩溃，连微博客服都在微博公告中无奈地说"具体怎么造成的，大家心里也都有数"。这让我们见识了明星粉丝的巨大力量。但这还仅仅是开始，接下来，中国网民们又通过各种社会化媒体，围观了鹿晗粉丝的发声，还有不少老粉的脱粉声明。

开始，我有点不解，不就是一个明星公布恋情吗，粉丝们何至于如此伤心呢？但看到了一位粉丝在评论中说"那些觉得没关系的，只是个普普通通的点赞关系罢了，根本不会懂我们这么多年的心情"，我突然明白了，这不就是我们谈到社会化媒体营销时常说的"强关系"吗？

强关系、弱关系

强关系和弱关系，原本都是社会学中的概念，由美国社会学家格兰诺维特提出。他认为人际关系网络可以分为强关系网络和弱关系网络两种。强关系最有可能产生于家庭成员、同事、同学等之间，他们在生活和工作中有较多的互动机会，人与人之间关系紧密，有较强的情感维系。弱关系，也就是我们常说的泛泛之交，人与人之间联系较少，并没有较强的情感维系，在一起的机会和互动的机会也很少。

我们现在谈到互联网和社会化媒体时，所说的强关系和弱关系，其实是从这对社会学概念衍生出来的，意义已经不尽相同，但仍旧保持着关系强弱的对比：强关系可能不再限于家庭成员、同事同学，甚至不一定要在现实生活中有很多互动，人们通过社交媒体也可以建立和保持强关系；而弱关系则是我们在社交媒体上的泛泛之交。

明星的铁粉、死忠粉和明星之间，就是这样一种强关系，或者至少在铁粉看来，他和所粉的明星已经建立了强关系。

为什么书店要培养强关系粉丝

原因很简单，强关系粉丝有巨大的传播力量，他们到处挺你，帮你传播，还有强大组织力，能够支持你发起的活动，甚至把他自己的粉丝发展成你的顾客。

前些年我做一家一小时到货的电商网站——快书包，就见证了强关系粉丝的力量。因为服务不错，我们有一些顾客，成了回头客，然后我发现，他们还从忠诚顾客变成了铁粉，我们的官微发什么消息，他们经常主动转发，而且向自己的粉丝热情推荐我们。"他们家的东西很靠谱，服务也特别棒"，别人说我们不好，他们比我们自己还着急，甚至冲上去和别人理论，特别有意思的是，一些原本互相不认识的铁粉，因为都粉我们，彼此成了现实生活中的朋友，会约着见面、吃饭。

你可能会想，这不就是大家常说的"忠诚顾客"吗？其实，铁粉和忠诚顾客是不同的，忠诚顾客可能一次又一次来找你买东西，但可能从来不帮你传播，别人说你不好时，也不会义愤填膺地挺你，铁粉可能在你那儿买东西不一定是最多的，但他就是喜欢你，而且喜欢挺你，喜欢帮你传播。

作为企业，我们既需要忠诚顾客，也需要社交媒体上的铁粉。

如何把弱关系转化为强关系

当然，企业在社交媒体上的粉丝，也会分成强关系粉丝和弱关系粉丝。强关系粉丝关注的是你们之间的关系，弱关系粉丝关注的是你传播的信息的质量。两部分粉丝都很重要，有成规模的弱关系粉丝，才能将他们之中的一部分人转化为强关系粉丝。

那么，这种转化是如何实现的呢？美国社会化营销专家斯科特·斯特莱登提出了将弱关系转化为强关系的 6 个准则。

第一个准则，在社会化媒体上做具有即时性与相关性的互动。比如有人抱怨你的服务，你应该马上做出反应，不能顾左右而言他。

第二个准则，让互动公开化。比如有人在你的微博下留言，说你卖的东西不好，有的企业会装傻，但是装傻会让顾客更加愤怒，明智的做法是公开表示歉意，并主动询问不满产生的原因，这不仅会给你带来好名声，还很可能让不满的顾客因此喜欢上你。

第三个准则，让顾客成为品牌放大器。比如给一些有影响力的顾客独家或者稀缺的机会，试用新产品或体验新服务。如果体验不错，他们会乐意帮你传播，而且会感谢你对他的重视。

第四个准则，重视口口相传的威力，不忽视任何一个微不足道的顾客不满。比如，一个顾客在推特上抱怨她订的比萨迟迟未到，她不仅马上收到了回复，第二天，还收到了比萨店负责人道歉的视频，顾客大为感动，把视频转发出去，无疑中帮比萨店完成了一场成功的传播活动。

第五个准则，主动聆听沉默的声音。比如有的顾客对你不满，不会 @ 你，而会在自己的账号中悄悄抱怨，我们应该关注到这些可能连再见都不说就一去不返的顾客，主动倾听他们的声音并做出回应。

第六个准则，不要跟网络人渣纠缠。有一些网民，我们叫作"喷子"，斯科特·斯特莱登把他们叫网络人渣。他认为，不要和这样的人纠缠，因为和他们纠缠，只会降低粉丝对你的好感。

弱关系粉丝转化为强关系粉丝之后，一件特别重要的事，是像照顾好朋友一样照顾好他们，给他们礼遇。如果可能，让企业的负责人亲自照顾他们，保持和维护和他们的关系。

圈层：
你进入顾客的
"圈子"了吗？

我大儿子喜欢游戏，我小儿子喜欢漫画，一家人聊天时，他们经常给我们讲关于漫画和游戏的事。大儿子会说，某某游戏主播家的猫今天怎么样了，A主播和B主播原来是同乡。小儿子会说，某画手的某漫画停更了，某画手开始画一部新漫画，这次不知道会不会"坑"（指中途停止更新）。在自己感兴趣的领域内，他们了解的信息之细、之新，让我叹为观止。我问他们："这些你们是怎么知道的呢？"他们说："网上啊，微博啊！有游戏圈子，有漫画圈子，各种各样的消息可多了！"

这就是做社会化媒体传播时，企业要研究的如何进入目标对象的"圈子"。

圈层定义

"圈子"是个形象的说法，更专业的说法叫"圈层"，指的是在某些方面具有相似性的特定群体。人们用不同维度划分圈层，比如房地产和银行业，主要以收入和财富占有量划分顾客和潜在顾客的圈层，而社会化媒体平台，则主要以兴趣差异来划分用户的圈层。

比如新浪微博，他们分析数据后发现，在微博上有大量的垂直领域人群，比如动漫类，有几百万人。这些动漫类用户非常分散，也没有什么进入公众视野的大 V，但是动漫类的用户自己知道哪些人在微博上，他们互相抱团，活跃互动，以各自圈子的意见领袖和活跃用户为中心，发布、讨论、分享自己感兴趣的内容、形成一个个圈层。

不只动漫类用户，对健身、旅行、育儿、瘦身、美食、美妆、萌宠感兴趣的用户，都有自己的圈层。某个明星的粉丝，自己就形成一个圈层。甚至某本流行的网络小说的读者，也会形成一个自己的小圈层。

不只微博，其他的社会化媒体用户的圈层化，也非常明显。

圈层对社会化媒体营销传播的意义

目前大多数即将上映的电影，都会在微博上开通官方账号，主动分享和创造内容，利用官微进行宣传互动和售票。它们首先需要接触的就是微博上的明星粉丝，电影官微会引入明星和粉丝互动，让这部电影迅速在粉丝中引发讨论热潮，这些粉丝又会不断地传播关于这部电影和自己喜欢的参演明星的消息，让电影在微博上的传播越来越广，影响越来越大。可以说，在一部电影的微博营销中，明星的粉丝圈子，既是传播对象，也是活跃的传播参与者，对电影营销的成功与否，有相当程度的影响力。

电影是这样，其他产品和服务的营销也是一样，你没有在社会化媒体上找到对它最感兴趣的人群，你在社会化媒体上的营销就不会产生很好的效果，所以我今天要和你讨论进入传播对象的圈子。

你可能会想，我不进入某个圈子，我建立自己的圈子不行吗？这恐怕很难。社会化媒体上的圈层，是基于兴趣产生的，而兴趣又基于内容产生，可以说，没有内容，就没有兴趣。书店销售的是图书，有的还有咖啡和文创产品，一定程度上是内容的载体，而不是内容本身，所以你很难聚集起纯粹对书店感兴趣的人群，我们需要找到和进入对某一方面的内容有兴趣的顾客和潜在顾客的圈子，才能对他们进行有效的传播。

书店如何做到进入圈子

1. 根据你的定位，找准你需要进入的兴趣圈子

比如你是电影书店，你需要进入的是对电影感兴趣的圈子；你是美食书店，你要进入的是美食圈子；你是设计书店，你要进入的是设计圈子；如果你有高品质的咖啡，那么你要进入喜欢咖啡的社交媒体用户的圈子；如果你有高品质的文创产品，你要进入文创人群的圈子。如果你的书店在好几个内容领域内都有鲜明特色，那么你需要同时进入这几个领域的圈子。

2. 根据圈层兴趣，持续发布高品质的内容

社会化媒体圈层化的一个重要特点，是对内容品质的重视，一个能持续发布相关性强、优质、可信的高品质兴趣内容的用户，才能被这个兴趣圈层接受、认同。如果你只是通过社会化媒体，简单地发布新书简介，那么很难有任何一个圈层把你当成自己人。

比如，你推荐一本美食书，如果只是照抄图书简介和作者简介，再加上几句这本书如何如何好，那么这本书的目标读者群，也就是对美食感兴趣的人群，不会关注你发布的信息。但如果你能深入挖掘书中的内容，发出一条对他们来说质量够好的信息，比如一款特别美味

的蛋糕是如何做出来的，或者在某个很特别的地方，有一款如何的美味，引起美食人群的关注，就容易得多了。如果你能持续在某一兴趣领域发布高品质的内容，你就慢慢进入了这个兴趣圈子。

3. 争取成为意见领袖

社会化媒体兴趣圈层化的一个重要特点，是意见领袖在圈层中的影响力。在一个兴趣圈层中，能持续生产高质量内容的用户，会成为圈层中的意见领袖，对圈子中的其他成员，具有相当大的影响力。

我有一位朋友叫张帆（@张－帆上海），是手表玩家，他发的微博数量并不很多，但是每一条质量都很高，或是对某款表很中肯、专业的评价，或者是几款表设计优劣的比较，所以他的周围，就聚集起相当多的手表玩家。而且我还经常看到，一些新手玩家特别认真地咨询他要不要入手某款手表。

4. 与圈子成员互动

社会化媒体营销传播中与传播对象互动，有互动活动和日常互动两个层面。但对于做圈层化传播来说，这还远远不够，你要保持在一个圈层中的地位和影响力，还需要与圈子成员就兴趣话题，进行更深入的互动。比如，在电影圈子，你需要能和其他成员讨论很专业的电影话题；要得到二次元群体认同，你需要能参与二次元话题的讨论。当然，这样的工作，属于在兴趣圈层中的深耕了，难度不小，但效果会很棒。

比如我自己，研究书店业，也研究育儿，所以我每天都会花一些时间，和我的十几个育儿微信群里的爸爸妈妈们讨论，就他们的各种育儿问题，给出我自己的建议。

微信群：

书店如何
运营顾客微信群

问你个小问题，你管理着多少微信群？我自己的情况是这样的：除了同学群、家人群，我自己还建立和管理了 20 多个群。这些群有两种类型，一类是工作群，一类是我的顾客群，其中群数最多、群成员量最大的是顾客群。

比如，我对古琴感兴趣，每年会帮助我的古琴老师老桐张罗两三期琴班，我就建立了三个古琴群，一个群是有兴趣参加下次班的，一个群是往期琴班学员的，另一个是古琴爱好者群。我出版了育儿书《育儿基本》《育儿基本 2》《阅读手册》，我就又建立了十几个育儿读者群。

为什么要建立和运营顾客社群

社会化媒体营销专家徐志斌提出了一个观点，叫"小群效应"，把这个问题说得非常清楚。

什么是小群效应呢？就是随着社交媒体的深度使用，人们已经由大广场、大社交圈分享的状态迅速进入了小群沟通和分享的状态，用户主要活跃在小群之中，更容易受到小群的影响，而且人们在小群中活跃地进行分享互动，可以引发巨大的社交传播效果和转化结果。

当然，运营顾客社群有很多途径，比如 QQ 群、豆瓣小组、百度贴吧等，不过最容易操作、使用最普遍的，还是微信。我本人就是微信群的重度使用者，并且大大受益于我的顾客微信群。所以我们今天主要聚焦于微信群。

顾客微信群的作用

1. 更精准的信息传递

我有个朋友，就是一碗羊汤的创始人茹敏，他父母在家里种着十几亩地的苹果园，出产的苹果很好，但因为销售渠道不通畅，卖得很差。他经营着自己的企业，也没办法帮家里开个淘宝店卖苹果。于是他想了个主意，在自己的朋友圈发起"我们都是有树的人"的活动，让朋友们一次性付款，认领一棵苹果树，然后得到这一整棵树的苹果。

但是他朋友圈有好几千人，他肯定没有办法一个一个回复有兴趣的人提出的各种问题，他就建立了一个讨论群，把大家都拉到群里，他在群里统一给大家解释这件事到底怎么操作。这就精准、高效得多了。

2. 售前和售后服务

咱们再继续看"有树的人"是怎么做的。他为付款购买的人，单独建立了一个群，在里面处理售后问题，也随时发布苹果采摘、发货的消息。这样，他就不需要专门腾出大块时间，一个一个处理售后了。

我这个朋友只用了几个微信群，就解决了家里十几亩果园的销售问题，后来群友不断帮助传播，家里的树不够用了，他又把街坊邻居家的果园发展进来，整个村子，都大大受益于他的微信群。

3．信息的转发

微信群的群友以及他们和群主之间，是一种相对比较强的关系，他们更容易互相信任，也更容易互动，群主发布的消息，群友也更乐于转发，而且一条消息在微信群的生命周期也会更长，人们一般只看一两个小时内的朋友圈，但是微信群显示有未读消息，大家一般都会爬楼看完。

我写育儿文章，每次都会先转发到我的育儿群，很快就有很多群友转发。这些最初的转发，会让你发布的信息很快传播出去。

4．直接销售

微信群的群友之间，有一种从众效应，一个人说我买了什么东西很不错，其他人也容易跟风购买，所以微信群对于直接促进销售，也有很大的帮助。

顾客微信群的这些作用，和书店的需求特别吻合，我们既有很多新书信息、活动信息要传递给顾客，需要给顾客提供售前售后服务，同时也需要强关系的粉丝帮助我们传播，还经常会需要发布促销消息，即时促进销售，所以我一直特别提倡，书店大力投入运营顾客微信群。

2020 年春天新冠疫情期间，书店都无法营业，有不少书店通过微信群和顾客互动，介绍书的信息，也实现了一些可观的销售。

书店如何建立自己的顾客微信群

有两个非常简便的办法可以建立自己的顾客微信群。

1．基于不同的阅读兴趣建立顾客群

微信群主要有两种类型，一是共同身份的群，比如同学群、同事群、项目工作群、家人群；二是共同兴趣群，比如育儿群、健身打卡群、阅读兴趣群等。书店建立的就应该是基于阅读兴趣的群。

比如，书店根据不同读者的兴趣，建立若干个群，然后遇到购买相关内容图书的顾客，就可以告诉他，我们有一个某某阅读兴趣群，您加入这个群，可以和大家共同讨论感兴趣的话题。

这样的阅读兴趣群还有一个特别直接的好处，就是你有关于这个方向的新书信息，可以马上发到群里，精准地触达目标消费者。

2. 建立活动群

有的顾客，买书不是很多，但是特别喜欢来书店参加活动，那么我们就可以用活动群把他们组织起来。比如，我们把活动消息通过公众号发出来，同时让想报名参加的人进入一个微信群，在群里就可以继续做更具体的说明，将有兴趣的人转化为实际的报名者了。

如果每一次活动，都做这样的工作，那么你很快就能聚集起成千上万个对来书店参加活动有兴趣的顾客，每次活动的召集，就会变得又方便又高效。

最近几年，我给好几个省市的新华书店讲社会化媒体传播，每次都重点建议大家建顾客微信群，后来在中国书店大会上遇到听过我的课程的书店同行，好几个人都跟我说，他们建了一些顾客微信群，效果特别好。

书店如何管理微信群

建立顾客微信群之后，还有一项非常重要的工作，就是有效地运营它。如何运营得更好，你可以慢慢学习，但是有两件重要的基础工作需要做到。

第一，微信群要有专人管理。

顾客微信群建立起来之后，如果没有人去管理和维护，包括在群里发布消息、和群友互动，这个群很快就会沉寂下来，成为死群。

第二，设立群规并严格执行。

如果是基于共同身份的微信群，比如同学群，内容必然杂，天南地北五花八门的内容都有，一般群主也不用约束和管理内容，但基于共同兴趣建立的微信群，人与人之间未必认识，那么相对严格的管理至关重要，否则就会出现广告、拉投票、灌水等事情，很容易就把群友都吓跑了。

在我管理的育儿群里，我会规定：只讨论育儿话题，不转发与主题无关内容进群，每人每天最多转发两篇文章入群，两人对话请私聊，只发文字不发语音不发视频，不赞不夸默默看。不问候早安晚安，不祝节日快乐，不许发广告，不许拉投票，不许发红包。可以拉朋友入群，但要提前说明群规。

我经常开玩笑说，我这可能是史上最严格的微信群群规，不过几年运行下来，效果很好，大家习惯了之后，都只在群里认真讨论育儿话题，而且提出问题的人，大多都能得到我本人和群友非常具体的建议。

成为积极的内容生产者：

实体书店在网上
宣传书完全是给别人做嫁衣

我在百度搜索"书店"，百度显示"找到相关结果约 4 360 万个"；我又搜索"小米手机"，搜索结果是 4 230 万个；我又搜"诚品书店"，结果是 475 万个；然后又搜了几家蛮著名的书店，结果大约是四五十万个；然后我又继续好奇，搜索了几本育儿家教方面的畅销书，结果在 200 万到 600 万个不等。

这个数据叫什么呢？叫百度搜索词条数量，它代表的是搜索引擎储存在其数据库中的相关网页数量。简单说，全网提及"小米手机"的数量和提及所有"书店"的网页数量，大体相当，都是 4 000 多万；而提及随便一本畅销书的网页数量，都远远超过提及一家知名书店的网页数量。

这说明我们实体书店自己生产的与我们相关的内容，以及由别人，包括读者和媒体生产的有关书店的内容，在互联网上实在是太少了。书店应该做一些改变，成为积极的内容生产者。

为什么网上关于实体书店的信息少

企业要做传播，传播的是什么呢？按照传播学的术语，是信息，按照现在最常使用的说法，是内容。有信息、有内容才有传播；没有信息，没有内容，传播就无法进行。而且只有传播出了足够多的内容，才能获得足够大的传播效果。

互联网上传播的内容来自哪里呢？有两个途径，一是用户生成内容，像我们个人，发一条微博，发一条微信，在论坛发一个帖子，或者上传一个自己拍的小视频，都叫用户生成内容；二是专业生产内容，比如电视台在自己的网站发布一个节目、报纸媒体发布一条正式报道、微信公众号发表一篇经过正式写作与编辑的文章，都叫专业生产内容。用户生成内容数量更大，专业生产的内容总体上品质更高。

我大致浏览了几家书店的搜索结果，发现提及某家书店的网页，也来自这两个内容生产途径：用户生成内容方面，主要是读者对书店的讨论；专业生产内容，则主要有媒体对书店的报道、相关会议发布的关于书店的消息，还有少量的由书店自己编辑发布的消息或者文章。

书店的搜索结果少，是因为无论是读者，还是媒体、会议，或者我们实体书店自己，都没有生产出来那么多内容可供网上传播。

你可能说，不对啊，我们书店经常在微博发消息介绍书啊，我们发的内容应该没有那么少吧？这个问题，正好对应了我前面说的那个关于畅销书搜索结果数量的数据，正是因为每家书店都会推荐书，而且主要集中于畅销书，畅销书的搜索结果才会那么多！

换句话说，我们实体书的营销传播，大部分是在为书做广告，而读者在网上看到推荐书的信息，正好随手去网店购买，因为畅销书到处都有，它的信息不会和一家书店绑定，而且读者也不是非来你这里买不可。也就是说，实体书店推广书，并不是在做自己的营销传播。

书店应该生产什么样的内容

书店要做积极的内容生产者，提供更多内容以供传播，但实体书店推广书，又不是在做自己的营销传播，那么我们要生产什么样的内容呢？

我认为有两种类型。

第一种类型，和自己的书店有高度相关性的内容。

比如讲某某书店的故事、某某书店的经营之道、某某书店有多美，这样的内容，都是和你自己有高度相关性的内容。甚至做一个你书店所有分店地址、营业时间的列表，供人在网上查询，都是好内容。但不得不说，我们实体书店发布这样的内容，实在是不多。

咱们看个和书店业特别相关的例子。你肯定知道，这一两年，有一家位于北戴河黄金海岸的"孤独图书馆"迅速走红。我去百度搜索，搜关键词"孤独图书馆"，得到的结果是 927 万个。

其实，孤独图书馆是由一个房地产项目策划的，它走红的路径大致是：首先策划者发布了一批关于孤独图书馆的公关稿，正好切中了网民对于"书和美"的关注，然后有不少网民开始造访，拍摄照片，写下自己的感受，产出了一大批用户生产内容，然后相关内容在网上如滚雪球般越滚越大。这就是高相关性好内容的力量。

第二种类型，高度原创的图书推介内容。

我们在网上推荐一本书，如果只是照抄一些内容简介、作者简介，或者出版商的推广文案，那就不是在生产自己的内容，也不是在为书店做有效的营销传播。但如果我们能编辑发布高度原创的图书推介内容，你就成了这些内容的真正生产者，这些内容也就打上了你书店的印记在网上传播。

中信书店的微信公众号就擅长编辑各种各样的原创书单，比如《10本比畅销书还好看的大部头》《2018年中信出版社最值得关注的30本书》《2017年中信书店最受关注的40本书》《不忍错过：2018最不俗的新年书都在这里了》《12本一指捅破窗户纸的好书》，这些书单，每一篇都有一个主题，由内容运营人员精心撰写，而且都有特别抓人眼球的标题，每一份书单的阅读量，都是好几万，而且我在朋友圈里，经常看到非书业的人在转发。

在营销传播上有一个规律，就是内容传播越久，带来的收益越大；内容品质越高，带来的收益越大。前面我说的两个类型的内容，都具备品质高、能比较持久地传播的特征，所以我相信，坚持做下去，书店会收到很好的营销传播成果。

当然，我们在营销传播中，也需要关注生产短时间带来大流量的流量内容，比如参与讨论某个有相关性的热门话题等。

刷屏文章是怎么来的：

从油腻
中年男谈起

2017 年 10 月底的那几天，中国网友们突然被作家冯唐一篇题为《如何避免成为一个油腻的中年猥琐男》的文章刷屏了，一时间像我这样的中年男人们，都照照镜子，检讨一下自己是否成了油腻中年男。大家互相拿保温杯开玩笑，连我太太这样的中年女性，都在担心，自己是不是油腻中年女。油腻中年，成了年度大热的流行词，更产生了无数跟风文章。

我们来分析下"刷屏文章是怎么来的"，或者叫"社会化媒体营销传播中如何生产高关注度文字内容"。

要做传播，你需要生产内容，稍长的文字内容，也就是完整的文章，是最主要的一种内容形式，对微信公众号来说，尤其重要。

但是，微信公众号运营者却常常遇到一个问题：辛辛苦苦完成了一篇文章，发布出去，却只获得很少的阅读量，而且转发和评论也都很不理想。别人的文章动辄 10 万 +，自己的文章阅读量上千都很难，这不免让人沮丧。

那么，我们如何生产出高关注度的文字内容，并且让它们能产生即便不刷屏，至少达到比较理想的传播效果呢？

我自己在头条号"真心爸妈"写作育儿文章，也写出过很多10万＋甚至几十万＋的文章，同时我也研究那些刷屏文章的共性，剔除整蛊搞怪、以低俗内容媚众等对于严肃的传播者来说并不可取的手法，我认为有几个方法特别值得书店在生产文字内容时学习。

坚持原创

原创是最基本的要求。一篇受欢迎的文章一定有自己的故事要讲，或者有自己的观点要表达。只有原创的文章，大家读起来才有新鲜感，才乐于转发。

冯唐的这篇"油腻中年男"就是如此。作为著名作家，他的写作水准是不用怀疑的，但是为什么只有这一篇迅速引发了一场流行呢？因为他在其中提出了一个高度原创的说法"油腻中年男"，又新鲜，又形象，又高度概括，又容易理解，又容易记忆和传播。

网民的眼睛是雪亮的，你东拼西凑，靠抄袭别人的内容完成的文章，没有人愿意看，更不用说转发了。

关注话题性，写有讨论价值的话题

你写的话题，最好有比较广的关注度，而且能引发讨论，能激发出正反两方的意见，让读者们争论起来。能引发讨论的话题，特别容易产生刷屏文章。

毫无疑问，冯唐这篇"油腻中年男"就特别有话题性，已经进入中年和即将进入中年的人都会特别关注，而且他在文章中提出的"10个不要"，不要成为一个胖子、不要停止学习、不要待着不动、不要当众谈性（除非你是色情书作家）、不要追忆从前（哪怕你是老将军）、不要教育晚辈、不要给别人添麻烦、不要停止购物、不要脏兮兮、不要鄙视和年龄无关的人类习惯，每一个都是特别容易引起讨论的话题，所以才会引发广泛的共鸣，并引发出各种各样关于"油腻中年男特征"的讨论，甚至延伸到关于"油腻中年女"的热议。

2017 年底流行起来的另一个词"佛系"也具有同样的话题性，人们可以讨论佛系职场、佛系购物、佛系育儿、佛系恋爱，总之工作生活的很多话题，都能装进来讨论一下。

我自己写过一篇《为什么中国人养孩子那么累？七大原因，爸爸妈妈中了几个？》，也是因为抓住了一个特别有讨论价值的话题，在我自己的头条号上就有几十万的阅读量，后来又被很多公众号申请转载，当然也被数不清的账号盗用，在全网获得了几千万的阅读量。

把握热点

热点类文章，历来比较受网民的关注，几乎每个人都会有了解时事热点的需求，以免自己与社会脱节。

常见的热点，大致分为两种：一种是可预见性热点，比如中外节日、重大体育赛事、行业热点"双 11"等；另一种是突发性热点，比如娱乐八卦、突发事件等。

每当发生以上这些热点事件时，跟进这些主题的文章，都会获得大量的转发和关注。当然，我们要做的是企业的营销传播，跟进热点时需要特别注意两点：一是与企业的相关性，如果挖掘不到相关性，就不要勉强去蹭热点；二是保持比较高的底线，不能因为跟进热点而影响企业形象。

提供趣味

人们都喜欢有趣好玩的东西，也喜欢把有趣好玩的东西分享给别人，所以增加文章的趣味性，也是一个可以采用的方法。具体手法包括挖掘某件事情的真相、揭穿某个广为人知的谣言、提供让人大开眼界的事实等。在文章中包含有趣的小测试、让人做答题游戏，也可以增加文章的趣味性。

但需要注意的是，应该避免纯粹的整蛊和恶搞。比如标题是"深入分析，你为什么买不起 iPhone 8"的文章，点开正文显示一个大大的"穷"字。这样的传播套路，可能也挺好玩，但是对企业形象没有好处。

提供价值

提供价值的具体方法包括提供解决问题的方法、送赠品、送优惠等。你的文章能帮读者解决问题，或者带来实际利益，读者就会很喜欢转发分享。

我写过几百篇育儿文章，我发现其中阅读量最高的文章，不是特别具有话题性，就是提供了具体的方法，比如《如何教会孩子时间管理？七个方法，孩子不忙不烦又高效！》。

我们书店做营销传播，有一个天然的优势，就是有大量的图书可以提供素材，比起简单地做图书介绍，到书里挖掘可以帮助读者解决某些具体问题的方法，是一个非常可行的写作思路。

写出有吸引力的标题

在社会化媒体传播上，有一个特别突出的规律，叫"标题决定打开，内容决定转发"，也就是说，标题在很大程度上决定了一篇文章的打开率，所以在社会化媒体写作中，才出现了"标题党"的说法。

我当然不是让你去做"标题党"，去按照写那种"中国最厉害的多少个什么什么""史上最全什么什么""看到的人都泪奔"了之类的烂俗到不行的标题，而是想提醒你，标题无比重要，你花三个小时写出一篇文章，值得再花一个小时，为它写出一个新鲜、有趣，既能概括文章内容，又能激发读者打开看看的兴趣的好标题。像"如何避免成为一个油腻的中年猥琐男"，就是一个你读到之后一定想点开看看的好标题。

发现短视频的传播力量：

你有没有想过给你
书店的猫拍一个视频？

什么是短视频

说起在微博、微信发布内容，大家首先想到的，是或长或短的文字内容，其实视频，主要是短视频，已经成为一种重要的内容形式。

短视频，也叫短片视频，或者视频短片，一般是在互联网新媒体上传播的时长在 3 分钟以内甚至 1 分钟以内的视频传播内容。随着移动终端的普及和网络的提速，短平快的大流量传播内容逐渐获得各大平台、粉丝和资本的青睐，也出现了无数像李子柒这样的短视频创业者。

对于商家来说，短视频的走红意味着什么呢？意味着重要的营销传播机会。我们可以想象，如果你给自己的书店拍摄了一条视频，通过微博、微信、头条号等社会化媒体发布，或者抖音、快手等视频分享平台发布，能获得 10 万＋的播放量，那会有多大的传播效果？如果我们能累积成百上千万的播放量呢？

拍短视频很容易

做视频很难吗？我只是一家书店，又没有专业的拍摄团队，怎么做得了视频传播呢？

欢子 TV 账号的主人欢子，并不是专业的媒体人，更没有视频制作的经验，他来自贵州农村，在做视频头条号之前，是位月收入 3 000元的保安。因为做保安，有比较多的时间玩手机，就经常在头条号上看一些搞笑视频打发时间，也尝试着和朋友一起随便拍一些视频放到网上，后来得到一位做短视频创业的朋友提点，才开始认真地做自己的短视频。

他选择的是自己最熟悉的乡村生活，拍摄手法和视频内容都非常简单，但正是这样一些远离城市喧嚣的质朴内容，为他带来了大量的粉丝。

李子柒在被投资之前，也是只有自己一个人用一部手机拍视频。

我回老家，还发现我们那里好多农民，都在玩快手。他们拿起手机，随便唱首歌、说个笑话发到网上，就能开始自己的视频播主生涯。

视频传播是一件门槛非常低的事，既不需要专门的设备、专业的技术，也不需要专业人员，实体书店做起来毫无困难，难的是我们首先要发现视频传播的力量。

书店的短视频拍什么

书店的短视频可拍的真是太多了，很多书店都养猫，你每天给自己的猫拍个 30 秒短片发到网上，加上个标题"某某书店一只猫的日常"，都能很快地给书店和这只猫聚集起大量的粉丝。如果你书店真的有猫，我建议你试试。布衣书局的抖音账号，从 2020 年 2 月起，已经开始这么做了。

你还可以拍书。我们现在社会化媒体上推介书，都是用出版商提供的现成的封面图片，连自己的店内展示图都很少拍。大胆想象一下，如果我们找一位斯文的店员，每天拍一小段介绍新书的视频，把书的封底、封面、内页、局部，像展示衣服那样展示给读者看，效果会如何呢？

还有拍活动。书店经常会有活动，我们能不能把活动现场、嘉宾演讲、作者和读者的互动拍成视频，发到网上，给更多没有办法亲临现场的人看呢？有些书店还会有朗读活动，我们有没有想过把大家在书店里朗读的美好场景拍下来，分享给网友呢？

还有拍书店的日常活动。很多人都有开书店的梦想，但很少有人知道书店真实的日常活动是什么样的，如果我们能拍一个"书店一日"的小短片，或者拍一拍你如何布置卖场、如何做展示、如何上架新书、如何整理库房，对于网友们来说，都是特别新鲜有趣的内容。我们自己对书店生活已经习以为常，但你的生活恰恰就是别人的故事，你能分享出来，一定有人喜欢看。

做短视频需要注意什么

今日头条曾经邀请 17 个顶尖的视频创业团队分享自己的经验，制作了一份"短视频创作指南"，我把其中最重要的内容来跟你分享一下。

1. 一个受欢迎的短视频应该包含哪些要素？

这些成功的视频传播者认为，要有趣、有用、有性格、有价值观、有短小精悍的内容、贴近生活，才能引起用户共鸣。

2. 如何寻找选题？

他们认为，定下创作方向后，你自然会需要很多话题，从不同的视角去观察生活，生活中就有很多很好的话题。看到有趣的人和事，或想去表达一些观点时，应该马上想到这个能不能做成一期短视频。

3. 短视频中要不要有人物？

短视频不一定要有人物，但如果出现人物，人物的特点应该比较鲜明，最好幽默且具有正能量，有性格、有故事、有真实感，能让观众产生认同。

4. 短视频和长视频节目有什么不同？

他们认为，短视频更加注重视觉冲击，和长视频相比，短视频的叙述方法受时长、观影设备和环境的影响，更直接干脆、碎片化、快餐化。短视频最精彩的部分需要在第一时间刺激到观众。

如果你想开始学习制作短视频，网上有无数的指导性内容可以学习。但对于我们实体书店来说，我认为，最重要的不是马上能做到多高水准，而是尝试迈出短视频营销传播的第一步。

发现音频的力量：

建立属于你
书店的"品牌电台"

———————————————

　　说到音频，你可能马上想到得到 App 的音频课程和每天听本书、樊登读书会的讲书，还有千聊、喜马拉雅、荔枝 FM、蜻蜓 FM 等音频平台。没错，和视频一样，音频也是最近几年的大热话题。

　　音频内容和一个热门关键词密切相关，叫知识付费，或者叫内容付费。不过这是内容创业者关心的话题，对于书店来说，音频内容的传播价值在于，随着音频技术门槛的降低和音频平台的发展，我们可以挖掘出自己投入极低并且对于收听者完全免费的机会，用于营销传播。

　　这么说可能不太容易理解，我来给你讲一个例子。2017 年，我的育儿书《育儿基本》出版，当当网安排我进行了一次网络音频直播。

　　当时是这么操作的：当当在基于微信的直播工具千聊上建有一个自己的直播间"当当读书汇"，我拿起手机通过微信进入当当直播间，就可以按时开始语音直播，听众通过当当和我在微信分享的链接，就可以进入直播间，免费收听直播，而且直播过程中，还可以现场提问、现场回答。这就是一个通过音频进行营销传播的典型场景。

实体书店有哪些场景可以进行基于音频内容的营销传播

第一个场景，也是最主要的场景，是图书作者音频分享。

每一位图书作者都需要推广机会，每一家书店，也都欢迎读者见面会这样的活动，但是问题在于，著名的作者可能没有足够多的时间往来各地书店，举办读者见面会，不够著名的作者，又缺乏举办读者见面会的机会；有的读者，喜欢参加现场的作者见面会，有的读者却觉得去现场太浪费时间和精力；有的书店规模不足，请不到作者来现场，有的书店空间太小，根本没有举办见面会活动的场地。

而作者通过音频与读者见面，可以为书店、作者、读者三方都带来实际的利益：音频分享活动不需要场地，可以吸引成千上万人同时收听；可以异地进行，作者拿起手机就可以直播或者录音，不需要差旅费用，也就意味着有更多的作者可以得到这样的推广机会；对于读者来说，拿起手机听作者的音频分享，也比去书店参加读者见面会要付出的成本更低。

所以我的建议是，书店可以将作者音频分享发展成常规的活动，这样既可以为读者提供实际利益，强化与读者的互动，也可以加强与作者的联络，为更多作者提供推广机会。

以前你可能每月举办一次读者见面会，但是采用音频分享，你可能每周都能请一位作者来为你的读者进行音频分享，这对于扩大书店在读者中的影响力、促进图书销售，都大有益处。

第二个场景，阅读推广人通过音频讲书。

现在很多书店，都会举办阅读推广人给读者讲书的活动，其实这样的活动，除了在店面进行，也可以在网上通过音频进行，操作简便，又能扩大传播范围。

如果我们能在音频平台或者使用音频工具建立一个或者多个阅读推广人音频讲书专栏，针对不同内容为不同兴趣的读者群讲书，可以大大帮助到图书销售。

第三个场景，通过音频进行线上的读者朗读会。

书店举办的朗读活动，也一样可以通过音频进行，而且通过音频进行，还可以提升举办此类活动的频率，让书店和读者的互动更加频繁，同时还能吸引更多读者参加。

音频分享可以采用直播形式，也可以采用录播形式，直播更方便现场互动，录播可以方便上传在更多的音频分享平台，书店可以根据不同活动的需要，灵活选择。

音频分享可以借助哪些平台或者工具

（1）你可以使用各种音频分享平台，如喜马拉雅、荔枝、蜻蜓等。这些平台都开放注册，你只要注册一个账号，就可以开设一个属于自己的"品牌电台"。在这个属于你的电台中，你可以规划各种栏目，之后按照平台的技术要求，上传音频内容，或者按照操作步骤开始直播，就能将自己的音频内容分享出去。

如果你的音频内容足够吸引人，就能慢慢地在这些音频平台上聚集起自己的粉丝。当然你也可以向现有的顾客和社会化媒体的粉丝推广你的品牌电台，吸引他们来收听。

关于品牌电台，我推荐一个例子供你参考，就是 IBM（国际商业机器公司）在喜马拉雅建立的品牌电台 IBM 超 in 播。

（2）你可以使用微信群语音联播。我在前文建议你建立自己的顾客微信群，有了这些微信群，你就可以随时向群友分享音频内容，或者直接做同时覆盖所有顾客微信群的语音联播。

微信群语音联播技术门槛不高，你可以借助各种工具轻松实现。这样，假如你有 10 个微信群，每个群有 500 人，你就能同时对 5 000 人进行语音直播了。

（3）你可以建立自己的千聊直播间或者使用小鹅通、有赞。千聊是一款基于微信的语音直播工具，有独立 App，有免费使用的个人版本，也有更适合机构使用的版本。千聊允许用户进行很多自主设置，可以灵活地设置单次课程和系列课程，也可以设置免费和收费，还有鼓励粉丝分享的工具，使用起来更加灵活。小鹅通、有赞都只有付费版本，小鹅通适合知识付费，有赞更适合同时经营知识付费和图书销售，可以将两者打通运营。

有效激发扩散传播：

原创重要，
粉丝转发也重要

微博上的实体书店账号有 750 个，共有粉丝 450 万人。你可能觉得很诧异，这比微博上一个大 V 账号自己的粉丝都少啊，这么少的粉丝，就算是大家都努力做，能有多大的传播效果呢？

先别着急，你再看下面的数字，这 450 万粉丝，一共有多少粉丝呢？有 9.8 亿，他们被微博官方称为"二度粉丝"。也就是说，如果我们发布的一条微博得到自己粉丝的大量转发，你能覆盖到的人群，可能成千上万倍地扩大。

还有一个数据，微博上关于读书的内容，二度转发率也就是被粉丝的粉丝转发的比例，超过 30%，这意味着，人们特别愿意转发关于读书的内容，以彰显自己的品位。

如果我们能把这样的传播潜力有效挖掘出来，就很可能获得超乎想象的巨大传播效果。那么，要如何做，才能挖掘出这些潜力呢？

信息是如何扩散的

扩散，也叫散布，指的是一个消息，如何从一个信息源头，通过特定的传播渠道，传递给少量的早期接触者，又从这些早期接触者，传播到更广泛的人群。

我们在社会化媒体上，经常遇到的刷屏现象，就是一种典型的扩散。有的扩散，可以在瞬间达到很大规模，比如某明星公布恋情，可能在几分钟之内，就能上微博的热搜榜，甚至引发微博瘫痪；有的微信文章，你一早见到转发，然后只要一两个小时，你微信朋友圈就满屏都是这篇文章。当然，也有的消息或者文章，扩散很慢，或者根本达不到很大范围的扩散。

那么扩散的速度和程度，与哪些主要因素有关呢？

首先，是内容品质。很明显，有些内容本身就不具备传播潜力，比如你在自己的微信公众号发表了一篇文章，说自己今天心情不太好，这样的内容，没有人会转发分享，但如果你说在旅行时遇到了一件特别奇怪的事，并且把这件事讲出来，那么传播潜力就比你关于心情的文章大得多。

其次，是参与者的数量。比如你微博有 50 个粉丝，然后这 50 个粉丝又各自有 50 个粉丝，那么你发布了一条微博，能扩散的范围就非常有限，如果你有 5 000 个粉丝，这 5 000 个粉丝又有 5 000 个粉丝，那么扩散范围就会大得多，而且如果你发的消息是特别有传播潜力的事，那么你的消息就很可能引发一个刷屏话题。

最后，是传播者的传播能力，包括生产内容的能力和调动传播对象参与的能力。你善于生产容易引发扩散的内容，就容易获得比较大的传播效果；你善于调动传播对象参与，也比较容易把你的内容扩散出去；如果你既善于生产内容，又善于调动传播对象参与，你就会成为一个特别善于激发扩散传播的传播者。

社会化媒体的扩散方式

社会化媒体的扩散有两种，一是粉丝转发，二是粉丝参与创造相关内容，成为积极的传播者。

1. 激发粉丝转发

人们是否转发，是由内容本身的传播潜力决定的，所以我们需要了解在社会化媒体上，人们喜欢转发什么样的内容。

《纽约客》曾经发表过一篇研究报告，认为以下几个类型的内容最容易被分享：

第一个类型，主题积极，读者读完后感到兴奋的内容。

第二个类型，让用户读完感到非常愤怒或者恐慌的内容。

第三个类型，让读者觉得自己不仅聪明，而且消息灵通、见多识广的内容。

第四个类型，实用而且容易记住的内容。

第五个类型，有价值的故事。

国内有社会化媒体研究者，把人们喜欢转发的内容，总结成四个类型：

一是人们喜闻乐见的内容，人们喜欢看到有趣的事、好笑的事，还有方便自嘲或者可以没有负担地笑话别人的事。

二是让人感同身受的内容，人们读到了，可以对号入座。比如谈论孩子教育，爸爸妈妈们就会有强烈共鸣；谈论北漂，北漂族会乐于参与；谈论房价，几乎所有成年人都会关注。

三是让人觉得有用的内容，书单、游戏攻略、下载地址、美食做法、做某事的多少个方法，都是此类有用的内容。

四是转发能带来实际利益的内容，转发抽奖就是一个典型。

另外，有人研究推特的转发，发现人们喜欢转发的推特有下面几种类型：

即时新闻；带图片的；带事实和数据的；带有互动提示，比如"请转发"字样的；内容不太短或太长的；小窍门和指南类；幽默笑话类。

前面说的这些，咱们实体书店在生产微博、微信内容时都可以参考，总之，我们发布任何内容，都需要首先考虑到这个内容，粉丝会不会有兴趣转发？

2. 捕捉热门话题

新浪微博的"随手拍"活动，最初是在 2016 年由新浪微博官方发起，指定话题，让用户发布自己的随手拍图片或者视频。这个活动在 2016 年就吸引了 6 500 万人参与，话题内容累积阅读量达到 174 亿次。之后，很多商家看到活动成功后，纷纷发起自己的随手拍活动，有的账号发起"随手拍美食"，让粉丝发布自己拍的各地美食，有的账号发起"随手拍宠物"，让粉丝秀出自家宠物。这种随手拍，就是激发粉丝创意的一个特别有效的方式。

在随手拍中，还不断出现捕捉热门话题，激发粉丝更大参与热情的案例。

比如 2016 年，明星鹿晗在自己微博上晒出了一张与上海外滩一个绿色邮筒的合影，很快这个邮筒就吸引了大批粉丝来合影。这个"网红邮筒"，很快引起了中国邮政的关注，马上发起了"随手拍邮筒"的活动，在微博上引发了一个寻找邮筒、与邮筒合影的热潮，这样，中国邮政就成为"网红邮筒"这个热点事件中最大的营销传播赢家。

病毒营销：
如何让书店的
消息像感冒一样传播

2018 年 1 月 2 日，支付宝发布了 2017 年度全民账单，马上，大家的朋友圈又来了一次刷屏，人们简直是争先恐后地把支付宝给自己定的 2018 年关键词，配着系统自动生成的图表，晒到朋友圈，有人是"才华"，有人是"颜值正义"，连我太太那样特别不爱发朋友圈的，也骄傲地把她的关键词"当家"晒到了朋友圈。

每一年的支付宝晒账单活动，都会成为当年度最成功的营销活动之一，这个在传播上就是病毒营销。

什么是病毒营销

病毒营销，也叫病毒式营销、病毒性营销，有人夸张地叫"核爆式营销"，指的是利用公众的积极性和传播网络，让营销信息像病毒一样，被迅速复制，爆发式地传向数以万计甚至百万计、千万计的传播对象，制造出某种流行。由于这种传播是用户之间自发进行的，因此病毒营销的发起者只需要投入极低的费用，甚至几乎不需要费用。

支付宝年度晒账单活动，就是典型的病毒营销，支付宝只用一个每年都会生成的账单，再加上一些供分享的关键词和图片，就轻松地引发了这场全民传播活动。

病毒营销，为什么会引发爆炸式的传播呢？其中的关键点，就在于一种病毒式的感染力，或者叫病毒式的传染性，人们会像感染感冒病毒一样，无法抗拒地参与到病毒式信息的传播中。

病毒营销的六个原则

那么，病毒营销的这种感染性从何而来，为什么有的企业精心策划病毒营销，却无法成功，有的企业无心插柳，却意外地受益于一场病毒式的传播活动呢？如果我们要规划病毒营销活动，该如何着手？

宾夕法尼亚大学沃顿商学院市场营销学教授乔纳·伯杰在他的著作《疯传——让你的产品、思想、行为像病毒一样入侵》中，给出了详尽而有说服力的解释。他在分析了数以万计的流行且具有感染力的信息后发现，一些产品、思想、行为，之所以具有病毒式的感染力，是因为它们符合下面六个原则中的全部或者其中的几个。

1. 社交货币

人们都特别关心朋友们如何看待他对相关产品或思想的评论，大部分人都看重形象，希望自己看起来更加灵巧、更加富有、更加时尚，这就是社交货币。

如果你能认识到社交货币的存在，洞悉人们的内心，能帮助他们构建出他们渴望的形象，让人们感觉到自己进入了自己渴望的世界之中，并能向身边的朋友炫耀，你就可以找到某种特别具有感染力的传播密码。

支付宝给用户提供的 2018 年度关键词，就特别符合这个原则。这些关键词包括：能干、远方、自由、温暖、柔软、颜值正义、当家、爱、才华、小确幸、值得、潮、品位、范儿、坚持、快乐、懂得、纯真、成就、旺。

然后，每个词都给出了一个特别能打动人心的解释，比如"才华"的解释是，"2018 年你会乐于探索广泛的精神世界，好看的皮囊千篇一律，有趣的灵魂万里挑一"；"能干"的解释是"2018 年你会腾出更多时间享受生活，真正的能干是总能找到合适的替你干"；"远方"的解释是，"2018 年你会去看更多的风景，生活不是赶路，而是去感受路"。

获得如此让人骄傲的评语，哪个人舍得不去发个朋友圈炫耀一下呢？

2. 诱因

要想唤起公众对某种观念或者思想的认同，传播者需要用一些瞬间、一些刺激物，激发人们的某种联想或者共鸣。有了这个诱因，你的信息才更具感染性。

比如多芬曾经推出了一部视频短片"我眼中的你更美"，推出后仅一个月，浏览量就突破了 1.14 亿。短片中，一位 FBI（美国联邦调查局）人像预测素描专家和一位女性隔着帘子对坐，素描专家根据这位女性自己的描述画出她的画像，然后再根据其他人的描述，画出这位女性的画像，两张画像对比，得出一个结论，一个女人在他人眼里要比在她自己眼里美丽得多。

这部短片里，就包含了一个对女性特别有吸引力的诱因：在别人眼中，我是什么样的呢？

3. 情绪

伯杰说："情感是驱动人们分享内容的一个因素，在 YouTube 上我们发现很多有趣的东西都像病毒一样传播，但一些令人愤怒的内容也在疯传……任何能够点燃情绪的内容，都能激发人们分享的冲动，包括幽默、惊叹、兴奋、愤怒、焦虑等。"

户外高清摄像机厂商 GoPro 就曾经借助"情绪"原则，获得一次意外的传播成功。一个小镇发生火灾，一位消防员在营救过程中救出了一只小猫，刚好他的头盔上装了 GoPro 摄像机，整个过程都被记录下来。之后这部视频被上传到 YouTube，几周内获得了 150 万次浏览。这个视频吸引大量观众的原因，就是它能触发人们爱和同情的情绪。

4. 公共性

人们都有从众心理，看到别人也在用什么，怎么做，或者看到别人面临同样的困难，会让自己感到好受点。所以，把私人的事情公开化，会大大增强一件事的感染力，让它快速传播扩散起来。我们在社会化媒体上，经常看到一些明星私事广泛广播，就是这个道理。

当然，我们在营销传播中学习这个原则，并不是要曝光别人的隐私，而是要巧妙地增加一个产品、信息的公共可视性。支付宝晒账单活动，也体现了这个原则。

5. 实用价值

人们喜欢传递具有实用价值的信息给别人，以显示自己是个乐于助人的人。美国曾经有一个 86 岁老人展示如何清除玉米棒上的玉米须的视频在社交网络热传，比展示摩托车绝技的视频还要受欢迎。这个视频流行的原因就是，它传递了实用信息，人们认为它有价值，乐意分享给他人。共享有用的信息对共享者很有好处，共享者可以因此获得社交货币，提升他们的形象。

6. 故事

人们喜欢看故事，也喜欢讲传奇性的故事给别人听，所以一个有效承载和传播信息、教训和寓意的故事，会比明显带有劝说性的内容更受欢迎，也更容易传播。所以我们会看到，很多微信刷屏文章，都是从一个"我有一个朋友，他如何如何"开始。

借势热点话题：
书店能借"保温杯"
这种话题做营销吗？

2017 年 8 月 17 日下午 4 点多，新浪微博一个专门捕捉潜在热点话题的 500 万粉丝大号，发布了一个截图，图中文字说："一个中年谢顶的摄影师朋友，年轻时候玩过摇滚，前段时间他去给黑豹（乐队）拍照，回来甚是感慨：'不可想象啊，不可想象啊，当年铁汉一般的男人，如今端着保温杯向我走来。'"这条微博迅速得到大量转发。

当晚刚过 10 点，保温杯的主人、黑豹乐队鼓手赵明义对号入座，发了一条微博"听说我的保温杯在微博上火了？"，并配上了自己拿着保温杯的照片。

至此，中年男人和保温杯迅速成为微博热门话题。然后，发生了一件戏剧性的事：8 月底，赵明义手中拿着的那个保温杯的品牌商日本虎牌，成为黑豹乐队 9 月 2 日北京工体演唱会的赞助商，黑豹乐队也发布海报，海报上几个中年男人看向赵明义手中的保温杯，标题是：杯中不只茉莉和枸杞，还有摇滚和你。一个热点话题，意外地带来了品牌商和乐队的双赢。

这件事可以说是借助热点话题进行营销传播的一个非常成功的案例。

借势营销

一旦某个事件或话题成为热点，人们对它的关注度会大幅度提升，关于热点的消息，短时间内会获得高度关注，产生巨大的传播量。如果商家能适当参与其中，可能会收获非常理想的营销传播效果。

在社会化媒体上，借助热点话题进行营销传播，是一种重要方法。这种方法在广告和营销领域，有一个专门术语，叫"借势营销"，不过社会化媒体运营者有个更通俗、形象的说法，叫"蹭热点"。

有哪些类型的热点可以借势

1. 可预测的热点，比如各种节假日、各种固定的赛事活动等

这些话题，不需要预测，时间一到，自然产生关注和传播的小高潮，所以有经验的运营者会按照年度、季度、月度，做好这些可预测事件的列表，提前规划好传播内容，配合营销传播活动。

虽然有些可预测的热点不太会形成全网性、爆炸性的传播高潮，但是可预测热点可以预期、方便提前规划，规划得当的话，也能收到相当不错的传播效果，所以是借势热点话题的一种重要方式。

对于书店来说，这些可以预测的热点包括文化名人诞辰、逝世纪念日、世界读书日、诺贝尔文学奖颁奖礼、奥斯卡奖颁奖礼、世界著名音乐节、电影节、已经确定时间的电影、演唱会、展览等文化活动。如果我们能提前做好规划，书店的社会化媒体在整个年度，都会有数不清的热点话题可以借势。

而且，书店社会化媒体运营经验还不够丰富，借势这些可预测的

热点，相对来说更容易，也更安全，不会引发负面的传播效果。

2. 突发热点，也就是即时发生的热点事件

比如突发的自然灾害、事故灾难、公共卫生事件、社会安全事件、突发娱乐新闻、突发社会新闻等，类型非常多。这类突发热点，在传播上有相当大的爆发力，可能一个小时甚至几分钟内，就成为全网大热话题，所以也为很多社会化媒体营销传播者所关注。

但是突发热点，往往事件正在进行中，事态的进展无法预测，借势难度非常大，而且有些事件，并不适合营销借势，即便是适合借势的话题，对社会化媒体营销传播的策划能力、反应能力要求也非常高，所以我个人不建议书店在社会化媒体营销传播的起步阶段，就大力关注借势突发性热点话题。

什么样的话题适合借势营销

选择热点话题时，我们有三个方面需要考虑。

1. 话题和品牌的相关性

你借势的热点话题，要确实与品牌形象有相关性，并且与品牌理念相符，这样，你借助热点话题做传播，才能加深用户对你品牌的认知。

一些社会化媒体账号，只是为了蹭热点而蹭热点，只要有热点就去追，完全不考虑这件事与自己的企业和品牌是否有相关性，自己参与这件事，有没有明确的传播目标。这样追热点，要么让人觉得你只是在跟风凑热闹，不会产生任何传播效果，要么是你的阅读和转发数据会很好看，但既没有带来更多粉丝，也没有引发粉丝对你品牌的关注。因为如果你没有找到热点话题和你品牌之间的联系，粉丝看到你

与热点话题相关的传播，也只会关注话题和事件本身，而不是你的品牌。

2. 是否符合书店的调性

书店是文化企业，需要营造有格调、有美感的形象，所以选择热点话题时，也需要考虑这个话题是否与书店的格调相符合。比如网络热点"葛优瘫"，就不适合书店来借势传播。

3. 能否引发正面评价

比如前面说的虎牌保温杯赞助黑豹乐队的事，黑豹乐队的粉丝会感谢品牌对乐队的关注和支持，围观群众会乐见其成，而且认为品牌既幽默又体贴，黑豹乐队的成员也会很高兴看到一个原本稍显尴尬的话题，得到一个非常圆满的结果。所以品牌的这次借势，可以说是产生了多赢的结果。

什么样的热点话题不适合借势做营销传播

负面的热点不可以借，因为会影响品牌形象。

有争议的话题不可以借，因为事件很容易反转，造成我们俗称的"打脸"，另外，如果话题争议很大，也会造成受众之间的争论，我们贸然表达自己的观点，很可能引发持相反观点的粉丝的不满。我们常说某事"撕裂朋友圈"，作为营销传播者，我们尽量不要去参与这种撕裂朋友圈的争论。

灾难性热点和慈善救助性热点不可以借，因为容易被认为消费灾难或者消费爱心。

有效引导转化：

传播是
为了销售

转化在营销传播领域指的是潜在客户在营销传播的影响下，完成一次商家期望的行动。在早期的网络营销中，转化行动包括访问网站并停留一定时间、浏览特定页面、注册成为网站会员、在线咨询、网站留言、加入购物车、提交订单、实际付款、做出评价等。

有经验的营销转播者，会为阶段性的营销活动规划出适当的转化目标，就是在活动告一段落之后，分析活动的转化率，也就是完成转化行为的次数与推广信息总点击次数的比率。

社会化媒体营销传播的转化形式

1. 成为你社交媒体账号的粉丝，或者关注你的微博号、微信公众号。

微博粉丝数量的增长，或者公众号关注人数的增长，是两个最直接可见的效果。如果你做了一个月，但是粉丝数量一点都没涨，那就说明之前的努力没有效果，我们需要检讨和修正做法。

2. 点赞、评论、转发你的内容

点赞、评论、转发都是粉丝对你传播活动的反应，但三个指标之间，程度有所差异。点赞对于用户来说，操作最简单，也只需要引发基本的认同，就能赢得点赞；评论需要输入文字或者至少是表情，操作比点赞难度稍大，粉丝态度的表达也更明确，获得越多正面评论表明你的传播效果越好；转发代表的是更高程度的认同，而且用户转发你的内容，还会为你带来更大的传播效果，所以获得更高的转发量，也意味着传播效果更好。

当然，这里也需要注意，如果你贸然发表了一个有争议的观点，可能会带来很多评论，但是很可能绝大部分是负面评论，不但不意味着传播效果更大，还会导致"掉粉"。

3. 线上咨询

在线上向你提问，对粉丝来说是更进一步的行动，尤其是当你通过社交媒体发布某个明确引导粉丝采取具体行动的消息，比如促销活动消息、现场活动消息时。这和早些年房地产广告中都会突出显示电话号码，并且以电话咨询数量来衡量广告效果是同样的道理。

4. 由线上向线下导流

我们是实体书店，所以还需要关注社会化媒体营销传播从线上向线下导流的效果，我们可以用促销信息、活动信息引导粉丝来到店面，也可以在线上发布现场活动消息，在线上组织报名，线下实施活动。

5. 直接引导购买

如果我们有线上销售方式，比如自己的网店，京东、当当等电商平台的店中店，或者天猫店铺、淘宝店铺、有赞店，那么社会化媒体的营销传播，可以成为直接引导购买的有效方式。

我有几个朋友，都是通过社会化媒体给店铺导流的高手，@ 文怡以微博为主场，有六百万粉丝，在微博上向这些粉丝的传播和与粉丝的互动，支撑着在线店铺几千万元的销售；另外两位，以微信为主场，其中一位通过微信和顾客微信群（微信公众号是"铭蔚"），给自己的3个淘宝皇冠店铺导流，另外一位杨樾，通过个人微信和微信公众号"全能爸爸"，为个人微店导流，有赞店的年销售能达到2 000万元。

如何实现好的转化

1. 生产有吸引力的内容

有高质量的内容，才能吸引到粉丝，有足够数量的粉丝，才能实现足够规模的转化，所以，生产有吸引力的内容，是最基础的工作。

2. 巧妙引导行动

我们希望粉丝采取什么样的行动，都需要给出直接的引导，最好在比较醒目的位置，比如一条消息的结尾，给出引导性语句，提醒粉丝点赞、评论、转发、扫描二维码、点击链接等。同时，你应该让粉丝很容易操作，以促进转化。

给你举两个反面的例子。我在微信看到一家书店发布关于读者见面会活动的公众号文章，就点进去阅读，读到最后，书店给出的报名方式是电话预约。本来可以很简便地让顾客通过微信报名，却让顾客离开微信去打电话，这样绕一次，估计很多想报名的顾客，都会跑掉。另外一个例子是一个募捐消息，给出的捐款方式是个银行账号而不是微信收款。有多少想捐款的人会耐心地抄下你的账号，然后再转去网上银行给你汇款呢？

3. 提供充分的线上互动

线上互动，是促进转化的重要方式，别人给你评论，得不到你的回复，向你提问也得不到回答，他采取行动的积极性就会大打折扣。因为他会觉得他是在和机器交流，而不是和活生生的人在交流。

所以我们要做社会化媒体营销传播，最好要做到工作时间内账号有专人随时值守，与粉丝互动。如果休息日和晚间睡前时段也有人值守，自然最好。我前面提到的全能爸爸杨樾，连外出乘邮轮旅行，都会租用卫星电话，然后上网做客服。

传播效果的累积效应：

积沙成塔
集腋成裘

————

如果你喜欢网购，一定很熟悉每年的"双11"。2019年"双11"单日，天猫销售额达到2 684亿元，京东达2 044亿元。听到这个数字，你可能会想，一天的销售额就达到这么高，这些大平台提升销售实在是太容易了。

但是，如果你研究一下"双11"的历史，就会知道，2009年天猫第一次推出"双11"大促销活动，销售额是0.5亿元，2010年是9.36亿元，2011年是33.6亿元，直到2012年，销售额才开始大爆发，达到191亿元。到今天尽人皆知的网络促销日，"双11"已经走过了漫长的10年，而且每一年都有经过周密计划的大规模营销传播活动在支持。

做营销传播，不是立竿见影的事，我们需要耐心地坚持做下去，才能收到理想的效果。

营销传播的累积效应

要弄清楚什么是累积效应，咱们需要从营销传播的两种效果说起。

一种效果是即时产生的，就是进行一个营销传播活动，马上见到效果。比如广告主通过媒体投放大规模的商品促销广告，效果会马上反映在销售上。

一种效果是延时产生的，在营销传播活动持续进行一段时间之后，才能慢慢显示出效果来。

每个营销传播者都希望能马上见到效果，但可惜的是，大部分传播活动的效果是延时产生的，而且要靠各种媒体、各种形式的传播活动长时间累积，才能获得预期效果，这就是营销传播效果的累积效应。

如果急功近利，单纯追求即时效果，认为不能迅速产生效果，你在营销传播上的投入就是一种浪费，从而放弃投入，那么不但无法产生预期效果，而且还会最终浪费掉所有的投入。

既然有的营销传播活动能马上见效，那我们为什么不只做马上见效的传播活动呢？很简单，马上见效的传播，主要是商品促销活动，但你不能一年四季都用促销作为提升销售额的强心针。我们在做营销传播活动时，基于对品牌的长期效果来规划，才能让营销传播成为对品牌价值提升和销售额的提升长期有效的推动力量。

在广告和营销领域，累积效应被认为是塑造品牌的重要手段。比如，著名广告大师奥格威说，"品牌是一种错综复杂的象征。它是品牌的属性、名称、包装、历史、声誉、广告方式的无形总和"，"每一则广告都应看成是对整个品牌的长期投资"。

这里说的是广告，但广告只是营销传播方式之一，当我们的营销传播主要不是通过纯粹的广告活动来进行时，就需要将所有形式的营销传播活动当成对品牌的长期投资。阿里巴巴推广"双11"，已经做了 10 年，可口可乐的营销传播已经做了将近 100 年，而且它们还都在继续。

如何实现效果的累积

1. 制订长期目标，对通过所有媒体进行的营销传播活动做统一的长期规划

当然我们现在用到的主要是社会化媒体，所以要规划的是，你的微博、微信公众号和其他社会化媒体账号，在未来两三年甚至更长的时间内要做什么，怎么做。

我们前面讲过，社会化媒体的传播内容，是相对碎片化的，但碎片背后是整体，消费者和潜在消费者通过这些碎片，会建立起对我们品牌的整体印象。所以我们的碎片化传播，应该是有整体性的长期规划的碎片化传播，也就是说，我们要在统一的规划下，有计划地生产和传播这些碎片信息，而不是随手乱抓，想到什么就做什么。

我们不妨想象一下，如果你的微博和微信公众号，没有任何规划，今天追娱乐热点，明天追社会热点，后天谈论热门电影，大后天谈论热门球赛，粉丝看到的会是一个完全杂乱无章的账号，既不想关注，也不会受你影响。

2. 坚持做传播量的积累

营销传播的累积效应，首先来自传播量的积累，受众通过各种途径，不断地接触到你的信息，才会产生态度和行为的改变，所以我们做社会化媒体传播时，需要保持一定的发文频率，为传播对象提供足够数量的高质量信息。

　　具体来说，一家书店的微博账号，每周发布一条微博，肯定不会产生效果，每天发布一条微博，效果也会微乎其微。理想的状态是，每天发布 3 ~ 4 条原创微博，力争每一条注重整体创意、文案写作和图片的吸引力，让粉丝觉得有意思。这样，粉丝才会认为你是个活跃的、有内容的账号，愿意持续关注你。

　　再比如微信公众号的订阅号，微信公众平台的规定是每天能群发推送 1 次，每次图文推送最多包含 8 条图文，有的微信大号有比较大的团队在运营，会用足推送机会，每天推送，我们刚刚起步时，肯定做不到这样的频率，也不需要片面追求发文频率，但我个人认为，至少应该每周保持 1 ~ 2 次高质量的推送，才能比较快速地增加关注人数。

　　这里我想特别提醒你的是，我们做传播量的积累，既要注重数量，更要注重质量，通过数量保持活跃度，通过质量吸引粉丝，片面追求数量，无法累积出预期的效果。

　　3. 注重时间的持续

　　社会化媒体营销传播，不会在一个月内马上见效，但如果制订好目标、做好规划，保质保量地坚持半年、一年，甚至更长时间，效果一定会慢慢显现出来，而且随着你粉丝的增加、运营能力的增强，效果会像滚雪球一样，越滚越大。

　　所以我的建议是，对于社会化媒体营销传播，以年度为单位做规划，以季度为单位考察效果，耐心坚持，随时观察和分析数据变化，及时调整和优化具体做法。

　　4. 领导亲身参与

　　我在各地给书店讲社会化媒体营销，都会特别讲到，社会化媒体营销是"一把手工程"，需要领导亲身参与，才能有效推动。

我经常讲到的案例，就是小米的创始人雷军。作为著名企业家，他在微博上有 1 500 多万粉丝，但你看他的微博，做得最多的就是"卖货"。我在准备这个稿子的时候，他的置顶微博是"小米 Note 3，自拍美，拍人更美！ 4G+64G，1 999 元!"，配图是小米 Note 3 的大幅海报。5 条最新微博，第一条是小米在印尼的第四家授权店开业，第二条是转发小米官微发布的小米手机刷门卡功能上线，第三条是转发一个顾客买手机的晒单，第四条是转发小米粉丝后援会的微博，第五条是借势部分航班开始允许使用手机的热点话题发布的"东方航空明天可以在空中使用手机了"，配图是小米手机。看到雷军个人如此投入小米在微博上的传播，你就不难理解小米为何成为微博营销的大赢家了吧。

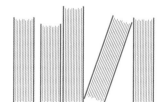

第六章

书店
破壳新生

2017 年，书店行业发生了巨大变化，新探索令人目不暇接，新样式书店层出不穷，大事件陆续涌现，新观点不断传播。可以说，整个行业在 2017 年的变化，剧烈程度超过以往任何一年。在这个意义上，2017 年，具有某种"元年"的意味。

书店业的巨变到底是什么？

我们
如何定义它？

回顾 2017 年的书店业大事，我们看到，国家对实体书店的扶持政策正在各省市纷纷落地，书店复合式文化空间化继续发展，多个新华书店建立全新的子品牌，更多出版机构开设实体书店，中小学校园书店建设在各地展开，西西弗书店开店过百家，言几又书店迅速发展；设计成为书店重要元素，保定新华书店获得全球设计大奖红点奖；京东发布发展实体书店的战略，同时共享书店、无人书店、樊登读书会旗下樊登书店等新物种书店不断涌现；而且整个实体书店行业，出现了研究学习日本茑屋书店的热潮……整个实体书店行业，呈现出多年未见的活跃、进取、创新的面貌。

在总结书店行业的 2017 年时，大家不约而同地用了一个词——新。新时代、新趋势、新商业、新技术、新未来、新模式、新业态、新逻辑……确实，我们眼前发生的一切，都与以往全然不同，旧的东西不断被打破，新的东西不断呈现，那么，我们该如何确切描述这个从"旧"到"新"的变化呢？

当我们说"新"的时候，实际上是不知道这件事是什么的，你定义不了它，才用"新"来概括。如果我们关注每一个"新"，那么就很有可能迷失在所有这些"新"里，你不知道自己在做什么，处在一个什么样的进程中。

但是，无论作为这个巨变的参与者，还是观察者、研究者，我们都有一个共同的任务，就是需要知道我们处在一个什么样的境况中，我们在参与的或者在我们眼前发生的，是一件什么样的事，我们需要做什么。

在反复的分析与讨论中，我们捕捉到了一个关键词"破壳新生"。

我们认为，2017年的巨变，就是书店行业的破壳新生。这一年的变化，从规模到未来可能发生的影响，其巨大程度，足可以被视为破壳的元年，同时也是新生的元年。

什么是破壳新生？就是整个行业，打破了旧的商业模式和商业逻辑的束缚，获得了一种解放性的自由。破壳前，大家是待在一个有限空间中，挣扎求生；破壳而出后，我们进入了一个全新的空间，新的空间大极了，可以说无限广阔，大家获得了前所未有的巨大自由，去尝试无数种可能。

这种情况，很像电子商务刚刚诞生时的状态。

美国的亚马逊和中国的当当，就是在壳上首先啄洞的企业，它们尝试突破传统零售模式的旧壳，在线上销售图书，之后才有更多跟进者，并且销售的范围，也从图书扩展到几乎全品类商品，让整个传统零售模式的壳分崩离析。

但是亚马逊在美国开始线上图书销售、当当在中国开始线上图书销售时，还曾被实体书店视为"公敌"，因为它们打破了图书零售不打折的传统。当时我们不知道，这种离经叛道般的新商业模式会走多远、长多大，电子商务会给传统零售模式带来多大的冲击。我们同样不曾预知当年的阿里巴巴会成长为今天的电子商务巨头阿里巴巴，卖电器的京东会成为今天的京东，我们的日常生活会因电子商务发生巨大的改变。

实体书店行业也是一样。在适合的条件下，在外力和内力的作用下，传统的书店商业模式被打破了，诞生了一个新的生命，这个新生命，在一个全新的空间中生长，有无法确切预知的未来。

有人将实体书店活力的变化，称为"复苏"或者"重生"，我们认为，这个变化不是活力恢复的复苏，或者重新获得原有生命力的重生，它是一次彻底的新生——从内到外，都是全新的。

当然，和当年的电子商务破壳而出一样，我们同样也不知道，破壳新生的实体书店业会发生哪些新的变化，未来会演变成什么样的业态，在整个大商业、大零售的体系中，占有什么样的位置。

书店业的巨变是如何发生的?

我们该
如何解释它?

书店业巨变的五个背景

在分析 2017 年的书店业巨变如何发生时，我们看到了五个重要的背景，它们在 2017 年聚合在一起，共同触发了这场巨变。

第一个背景，线上购物充分发展。

近十几年来，线上购物一直是在快速发展中，到现在，可以说已经发展得非常充分了。电子商务已经成功改变了人们的消费习惯，越来越多的购物消费转移到了网上。

这让线下销售型商业持续遭受挤压，空间越来越小。像沃尔玛这样的大型超市，都已经在关闭店铺，很多全球知名品牌，也开始缩减线下店铺和专柜，转战线上。

第二个背景，2017 年电商引发线上线下新零售探索。

线上购物的充分发展，对大型电商来说，既是大好形势，也是全新挑战。新的形势是，市场规模越大，增速就会越缓。电子商务进入稳定发展的阶段，网上的快速成长很难实现，那么如何继续保持高增长、获得更大的市场空间呢? 它们看到了线下。

尽管电子商务已经相当发达，但是消费者一些体验性的需求，比如到餐厅吃饭、到电影院看电影、到咖啡馆喝咖啡……仍旧需要实体空间才能实现，电子商务并不能满足这样的需求。

2017 年，马云提出的"新零售"，引爆了电子商务公司用互联网思维、业态"新物种"改造线下商业的热潮。同时，线下传统实体商业受电子商务的冲击和启发，也开始探索"新零售"的可能性。仅仅一年时间，新零售就发展得如火如荼。目前的形势是，所有商业形态都在不断变化、迭代。

第三个背景，消费持续升级。

收入的提升，带来消费者的消费升级。消费可以分为购物消费和非购物消费两个部分。消费升级表现在购物消费上，是人们更趋于消费优质商品，但日常生活对商品的需求数量有限，没有巨大的增长空间，所以消费升级也很难促使人们的购物消费出现大幅度增长。

但非购物消费完全不同。消费升级的大潮中，人们越来越关注非购物消费，旅行、电影、娱乐、游戏、餐饮、艺术都在提升，既表现在数量上，也表现在质量上。我们看到的电影市场的爆发式增长，就是消费升级的一个典型。

那么，消费升级和书店行业有什么关系呢？书，或者说是阅读，对消费者来说代表着更高层次、更高格调、更高水准的生活，可以说是人们理想生活的一部分。消费越是升级，书和阅读对消费者的价值就越高。所以，消费升级对图书行业来说意味着巨大的机会。

第四个背景，2017 年 MALL 大力谋求转型。

这个变化很具体，但对书店行业的巨变非常关键。

前面说的第一个背景线上购物充分发展，让 MALL 遭遇了一个市场危机——人们在实体店铺买东西越来越少，以购物消费为主的 MALL 就急需做出应对，所有的 MALL 都需要解决一个问题：人们不再来买东西了，如何吸引人来继续消费？

第三个背景消费升级为 MALL 带来了新的机会，大部分的非购物消费，比如电影、餐饮、娱乐，都需要借助一定的空间才能进行，而 MALL 恰恰是这样的理想空间，环境良好，停车方便，而且能够同时汇集多种业态的非购物型消费空间。而且，大部分 MALL 是各方面条件非常好的优质消费空间，这也符合人们消费升级的需求。

于是，在 2017 年，大部分 MALL 开始大规模地进行属性的转型，从购物消费场所，转变成以餐饮休闲为主的非购物消费的空间。

在这个属性变化的过程中，它们看到了书店。所有的 MALL 都希望为消费者打造出一个为满足理想生活而进行消费的空间，而书和阅读正是理想生活的一部分。所以，更多的 MALL 将一家或者多家高水准的书店视为标配。

第五个背景，国家政策扶持。

2016 年 6 月，11 部委联合印发《关于支持实体书店发展的指导意见》（下称《意见》），鼓励实体书店发展。《意见》指出，到 2020 年，要基本建立以大城市为中心、中小城市相配套、乡镇网点为延伸、贯通城乡的实体书店建设体系，形成大型书城、连锁书店、中小特色书店及社区便民书店、农村书店、校园书店等合理布局、协调发展的良性格局。2017 年，全国各省、市陆续制订规划，推出实体书店发展扶持基金，不断推动实体书店扶持政策落到实处。

2016 年 12 月 25 日，第十二届全国人大常委会第二十五次会议通过了《中华人民共和国公共文化服务保障法》，法案指出，各级人民政府应当充分利用公共文化设施，促进优秀公共文化产品的提供和传播，支持开展全民阅读。

同时，2017 年，免征图书批发、零售环节增值税的税收优惠政策仍在继续。

对于实体书店来说，政策整体利好，这些政策在让实体书店获得切实支持的同时，也增加了全行业的发展信心。

这五个背景如何触发 2017 年的书店巨变？

对实体书店来说，遭受市场挤压的状况，近十几年来愈演愈烈。市场的态势是，你不变得更有力量，我就让你无法生存。事实上，前几年，实体书店尤其是中小型实体书店，经历了一番生死存亡的挣扎，整个行业的发展信心，几乎跌至谷底，虽然政府的鼓励政策让行业多少有些回暖，但市场挤压仍在，如果不能有所突破，仍旧很难抗衡电商继续挤占实体书店市场。

目睹市场的变化、读者的流失、电商的强大，绝大部分实体书店已经产生了这样的认知：继续按照老办法经营书店，已经毫无可能，不自我更新，做出真正的改变，将无法在新环境中生存。这让实体书店也积聚了充足的求变动机。

市场挤压下的求变动机、国家政策的扶持和鼓励，两个近年来越来越鲜明的长期背景——线上购物充分发展，消费升级，两个以 2017 年为节点的重大变化——电商引发线上线下新零售、MALL 大力谋求转型，再加上书和阅读正好契合了消费升级中消费者对理想生活的追求、转型中的 MALL 对书店提供的理想生活图景的需要，聚合成了一股巨大的力量，触发了 2017 年书店业的巨变——破壳新生。

书店业巨变的特征是什么？

它由哪些
变化构成？

我们说，2017 年的书店巨变，是破壳新生，那么，破掉的是什么样的壳，新生又是什么样的新生？

我们想用下面这五个特征来概括破壳和新生的巨变。

第一个特征，从读者到消费者

书店一直称顾客为读者，我们希望，无论他们是学者、学生还是普通市民，他们都是爱看书的人，是喜欢到书店买书而且买很多书的人。

但实体书店不得不接受的一个现实是，真正的读者不到实体书店买书的状况，已经不可逆转。虽然坚持到实体书店买书是很有情怀的事，但很显然，对于同样的东西，更低的价格对消费者有更大的吸引力。

但我们同时又能看到，实体书店的顾客这几年确实是多起来了。他们来干什么呢？来看书，然后上网去买，来拍照，然后发朋友圈，来约人见面，来喝咖啡，来看书消磨时间，来工作，来看有格调的文创产品，当然，有时候也会顺便买一两本书，但他未来在书店的消费，将主要是非书的消费。

2017 年的巨变，第一个显著的特征就是走在前列的书店已经打破了以买书的人为顾客的固有认知，它们在吸引的是无论买不买书都喜欢到书店，尤其是有格调的书店逛一逛的消费者。

实现从读者到消费者的认知突破，我们就进入一个更广阔的空间：以一个消费者的角度来看，他到书店来，想要的是什么？他喜欢什么样的氛围？他乐于在这里做什么样的消费？我如何带给他消费的满足感？

这样，实体书店也就摆脱了十几年来悬在头上的一个生存魔咒：读者来店不买书了，我们怎么办？

第二个特征，从阅读到生活

实现了从读者到消费者的认知突破，第二个突破也就随之而来，那就是书店的功能，从服务于读者的阅读，变成服务于消费者的生活。

书店当然要有书，但我们不一定要靠卖书生存，也不一定希望消费者在这里买书。在这场巨变中领先一步的书店，它们着力在做的，是为不买的顾客提供非书的消费场景：他想喝咖啡，给他咖啡；他想买文创，给他文创；他想买面包，给他面包；他想享受在书店吃饭的感觉，就给他美食；他想住在书店，给他一张舒服的床；他想在书店拍婚纱照，给他布置一生难忘的场景。

书店带着书所代表的"理想生活"的天然光环，进入消费者的生活领域，它都比没有这个光环、只提供商品或者服务的店铺，都更能提供"消费升级"和"高层次消费"的承诺。

这当然可以为书店赢得更广阔的市场空间和更大竞争优势——别

人能提供的，你都能做，但你有的，别人没有。书店可以用这一优势，为特定的消费群体，组合符合他们生活形态的商品和服务，然后实现茑屋创办人增田宗昭先生所说的，"向他们做生活方式提案"。

第三个特征，从卖场到空间

以往，书店是书的卖场，我们关注的是如何分类、如何陈列，甚至如何把畅销书摆成漂亮的造型，以吸引读者购买，我们还关注如何打造书店的书香氛围，以吸引和感染读者。

2017 年的巨大变化中，我们看到，卖场的概念被全面打破，空间的概念获得前所未有的关注。领先的书店将自己视为一个空间，致力于通过创意、设计、物品在这个空间中的组合，将书店打造成一个人们乐于停留、欣赏，并在其中做任何他喜欢的消费的场所。

当书店不再将自己视为一个陈列图书以供售卖的店铺，而是一个提供各种消费可能的空间和场所，我们会发现，无数巨大的新可能在眼前展开：你可以是一个商业街区的文化中心，可以是一个艺术 MALL 的主力空间，可以是一个城市的文化艺术名片，甚至自己就可以成为一个小型的购物中心，将多种功能的空间组合在一起，供消费者自由选择。

当然，作为一个以书和阅读为核心符号的复合空间，书店未来还有无比多的可能性可以探索。

第四个特征，从坚守到创新

以往，书店关注的是如何"坚守"——在各种新业态层出不穷的市场中，如何坚持做一家好书店；在电子商务的挤压下，如何保持甚至艰难地增加图书销售，如何把读者从网上吸引回来，避免读者继续流失。

但在新的变革中，书店不再关注坚守，或者说是放弃了坚守，不再坚持一定做一家"卖书的书店"，不再仅仅致力于以卖书为生，不再试图把在网上买书的顾客吸引到店铺。

新型书店关注的是创新——销售品类的创新、空间功能的创新、服务项目的创新，甚至设计美学、建筑美学上的创新，并且通过这些创新，从原有的阵地上"出走"，进入更广阔的商业领域，参与更大规模的市场。

关于图书零售，公认的说法是，一般图书零售市场的规模是几百亿元，其中超过一半已经集中到网上书店，那么余下的不足一半的市场，就算是所有的书店，都努力坚守，大家能分得的份额，又能提升多少？

当从坚守转向创新，我们会看到，你可以参与整个购物消费和非购物消费的角逐，这是数万亿的大市场，意味着巨大的商业机会。

第五个特征，从终点到起点

只看到图书销售时，书店是消费的终点，书店吸引读者来店，读者买书或者不买书，之后离开，整个过程结束。

但是在破壳新生的巨变中，我们看到，书和书店，成为一个入口和起点，消费者愿意不只为买书造访一家书店，然后待在这里消费时间、消费空间，做自己喜欢的其他消费，甚至把书店作为逛

MALL 的起点，从这里开始，继续其他消费。这也是新型消费空间型的 MALL 特别欢迎新型书店入驻的重要原因。

图书作为入口的引流功能，其实在全球电子商务发展的过程中，都起到了巨大的作用，全球电商巨头亚马逊的电子商务，是从图书开始，京东从 3C 到综合电商的转型，也从开始销售图书起步，当年淘宝商城（后改名天猫）的发展中，书店也扮演了重要角色，起到了丰富 SKU（库存保有单位）和引流的巨大作用。

2017 年的巨变中，领先的书店群体，正是通过将读者变成消费者、从服务阅读转向服务生活、从图书卖场变成消费空间、从坚守图书到多元创新，实现了这种从消费终点到消费起点的转变，实体书店距离大商业第一次这么近。

破壳新生

这五个特征，其实都显而易见。但是探索本质，我们发现它们共同构成了一个质变，就是我们所定义的破壳新生。

局限于读者、服务于阅读、作为图书卖场、坚守图书销售、达成图书销售即为终点——书店行业的这些旧有的商业模式和商业逻辑，共同构成了一个内部空间极度有限的旧壳。实体书店在这个壳中，只能勉强挣扎求存，空间有限，机会有限，而且这个壳内的空间，还在电子商务的挤压下，越来越小。

打破这些传统商业模式和商业逻辑，就是我们所说的破壳。服务于消费者、服务于生活、成为消费空间、以多元创新进入新市场、成为消费的入口和起点，就是我们所说的新生。

突破旧壳的书店，不但摆脱了生存困境，更由此进入一个全新的、无比广阔的空间，获得解放性的发展自由。破壳新生的过程，是重塑书店商业逻辑的过程，是获得全新生命力的过程，也是书店作为一种商业形态，融入大零售、大商业的过程。

未来——
无限可能
和两大路径

定义过 2017 年的书店巨变是什么、如何发生、有什么样的特点后，接着，无法回避的问题是——这个巨变将把实体书店行业引向哪里？未来趋势是什么？

无限可能

我们认为，无论是新商业、新技术、新模式、新业态、新逻辑、新物种，都还暂时无法确切定义书店业未来的发展趋势，如果一定要确切定义，我们更愿意用一个词——无限可能。

一旦打破旧模式、旧逻辑的束缚，破壳而出，实体书店行业，就像当年的电子商务一样，面临着无限可能。

无限可能的意思是，未来可见的一个时期内，我们无法预测哪种商业模式是最有利的模式，也无法预知哪种新业态是最有发展潜力的业态，或许理想的商业模式和最佳的新业态都并不存在。

我们是在一个开放的新空间中生存，打破了旧框架，不必再造一个新框架，按照自己的机会和可能自由生长，就是书店的新逻辑和新未来。

预测实体书店的未来，我们需要更大的想象力。没有人能预言，实体书店未来将走向哪里，大家都在尝试新的可能，美国的亚马逊、巴诺，日本的茑屋，都在做自己的尝试，在这一点上，可以说是全球同步。

讨论新模式也为时过早，而且从破壳新生的意义上来说，实体书店也不必去学习某一个现在看起来成功的模式，然后把自己装进一个新壳里。

对整个行业来说，你做什么都是对的，什么尝试都是对发展有益的，当然，对实体书店个体来说，限于自身条件仍需谨慎选择，以策安全。但总的来说，所有方向上的尝试，都具有积极的意义，都可能带来新的发展机会。

两大路径

尽管未来有无限可能，我们仍然可以预期，书店业的发展和书店与大商业的融合将通过两条不同路径实现，2017 年的书店业巨变，已经清晰地呈现出这两条路径。

第一条路径，从书店出发，融入大商业。

这是书店可以主动选择的路径。一家书店从传统形态的书店，增加咖啡、餐饮、文创产品等品类，进而升级成复合文化空间，走的是这条路径；一家书店主动开发商业地产，建设综合性商业 MALL，走的也是这条路径。

近年书店转型升级的实践和 2017 年的书店业巨变，为我们呈现出这条路径的诸多鲜明实例，比如发展迅速的西西弗、言几又，是从书店出发，成为文化空间，青岛城市传媒、江苏凤凰传媒、深圳出版发行集团、重庆新华等多家以书店为传统业务的企业都已经成功开发和运营以书店为核心和主力的商业 MALL。

未来，从书出发，主动融入大商业，应该是书店业在破壳新生后走向成长壮大的必由之路，这是一条充满希望、蕴藏无限潜力的途径，只是大家各自采取的具体方式仍然有无限可能，需要书店个体根据自己的资源、实力、愿景，做出自己的尝试和探索。

第二条路径，从大商业出发，涵纳书店。

鉴于消费者消费升级的态势、书店与理想生活密切相关的特质，会有更多其他业态，主动吸纳书店加入，或者创办自己的书店，服装杂货品牌无印良品在店内增加书店、服饰品牌例外建设方所书店、建投集团发展建投书局、SKP MALL 创办自己的品牌书店，呈现出的都是这一路径。

我们已经看到，目前商业 MALL 吸纳书店加入的愿望最为强烈，2017 年多家书店迅速增加店铺数量，也得益于与房地产商或者 MALL 的合作。从商业出发涵纳书店的业态还有电影院、咖啡馆、写字楼、其他行业门店等，也有投资机构在投资其他业态的商业时，同时包含书店项目。

当然，电商新零售的尝试也可能催生不同类型的新物种书店。青岛出版集团、中信出版集团于 2017 年与京东签订战略合作协议，都包含联合开办线下书店的部分。

这个路径对于现有书店来说，既是可以把握的机会，又可能构成挑战，机会在于，我们可以主动参与，与其他商业机构合作；挑战在于，从大商业出发的新兴书店，可能对现有书店构成新的市场压力。

两条路径，出发点不同，方向不同，但实现的结果是殊途同归，书店和大商业充分融合，共同繁荣。

我们在电子商务领域已经看到了这个图景的两个典型；当当是从图书销售起步，成为综合电商；京东是从 3C 起步，增加图书、百货，成为综合电商。未来，在实体书店行业，我们很可能会看到，没有纯粹的书店，但书店无所不在。

总之，2017 年书店行业的巨大变化，是破壳新生的过程，打破旧有的商业模式和商业逻辑的实体书店行业，进入了一个拥有无限可能的巨大发展空间，未来有无比广阔的市场和无比多的发展机遇在等待我们。

前途光明，道路多元，我们所需的，是认清形势，勇于参与到仍将持续的巨变中，不断学习探索新的商业逻辑，把握和创造属于自己的发展机会。

第七章

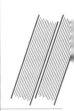

书店
哲学更新

中国实体书店行业继续朝大商业迈进，规模扩张速度惊人，全行业对未来发展信心满满。但是在一片沸腾中，我们发现了一个全新的问题——实体书店的"书店哲学"亟待更新。

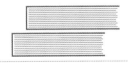

为什么我们需要
全新的书店哲学?

2018 年书店业发展态势

2018 年,书店业发展呈现出以下几个鲜明的态势。

第一个态势,破壳新生、融入大商业,成为行业共识。

通过 2018 年度活跃的书业论坛、各种业内交流活动及企业内部研讨,破壳新生、融入大商业的理念得到了广泛传播和热烈回应,全国实体书店的探索和实践,也不断呼应着这个判断。旧有的模式和逻辑需要打破,全行业需要顺应市场的发展、新零售的发展,探索新的商业模式和商业逻辑,以成为大商业的一员,已经成为行业共识。这是让人相当欣喜的态势。

第二个态势,新型书店的样式框架基本确立。

尽管各地新华书店集团、领先的大型连锁书店、新兴独立书店探索新型书店样式的实践各有具体差异,各自也有书店 2.0、3.0、4.0 的不同称谓,但在全行业的语境中,新型书店的样式框架已经基本确立,这个框架是:

视觉美感:无论身处商业中心还是乡村古宅,空间的设计之美、视觉之美，都成为新型书店的标配。

复合品类和业态：新型书店不再是只卖书的店铺，而是融合餐饮、文创等多种品类、多种业态的融合型零售业态。

空间属性：新型书店更愿意将书店视为人文空间、文化体验空间、以书为媒的创意空间、城市公共文化空间。

文化地标追求：新型书店寻求在或大或小的范围内，成为当地重要的文化符号甚至文化地标。

第三个态势，书店成为关注热点，顾客明显回流，全行业信心充足。

上一次实体书店行业成为全社会关注的热点，还是"实体书店的没落"，但几年后，尤其是2018年，全社会对书店的关注程度在截然相反的方向上达到新高。

各地政府纷纷加大对实体书店的鼓励和投入，以迅速扩大本地书店数量规模；众多城市吸引知名品牌书店入驻，将书店视为城市品牌的一部分，努力打造"书店之都"；众多书店获得投资行业关注，天使投资和风险投资纷纷入场；数家新兴互联网企业大力布局线下书店；消费者造访书店、到书店"打卡"的热情前所未有，书店顾客明显回流。

这些态势，让全行业信心充足，对未来发展充满积极的期待。

第四个态势，书店规模扩张惊人。

谈到2018年实体书店规模扩张的速度，我们只能以"惊人"来描述。

各地新华书店集团、领先的大型连锁书店、新兴独立书店大部分投入开店热潮；开店数量最高的大型连锁书店，年度新增店铺达到100 家以上；多个城市宣布了年度新增书店数百家乃至上千家的书店扶植计划；开店速度最快的企业，已经达到一天之内多店同开。

可以预见，未来一两年，坐拥数百家店铺的大型连锁书店数量很可能达到 10 家以上，而拥有数家店铺的新兴独立书店也比比皆是。

一个未被提出和正视的问题：这么多书店，如何赚钱？

整体欣欣向荣的态势，让全行业进入一种"激情澎湃"的状态。和数年前的信心低落相比，这当然很好，但我们也看到一个尚未被提出和正视的问题：这么多书店，如何赚钱？

我们拥有了这么多书店，它们从商业角度衡量，都能生存和赢利吗？书店的顾客是多起来了，但多起来的顾客，是否带来了足够支撑书店赢利和发展的持续消费？很多书店获得了政府的资金支持和商业地产的租金优惠，当这些支持和优惠到期的时候，他们还能否仅凭自身力量保持活力？一些书店获得了资本的青睐，但投入书店的资本，能否获得预期的回报？

新型书店如何获得商业上的成功，是全行业和每一家实体书店共同面临的严峻追问。

2017 年报告，我们提出了实体书店业需要在破壳新生的过程中，重塑书店的商业逻辑。但是，经过了 2018 年全年的发展，非常遗憾，我们发现，全行业关注的重点依然是"变美"和"扩张"，新型书店商业逻辑的深入探讨依然缺乏。而这个缺失，很可能让实体书店经过蓬勃发展之后，集体进入新一轮的生存危机。

所以，一个迫切的任务是，我们需要探寻新型书店最基本的生存和发展逻辑，也就是这份报告中所说的"书店哲学"，来解决一个很确切的问题：

顾客现在都喜欢上了新型书店，我们如何把顾客从争先恐后来观光，变成争先恐后来花钱？

品牌：
全新的书店哲学

从新华书店数十年的发展、20世纪90年代民营书店开店热潮，到近年开始的新一轮书店热，我们能看到书店哲学的鲜明迭代。

新中国的第一代书店哲学是"使命"

这一代书店哲学，主要由新华书店诠释。新华书店从诞生开始，作为国家官方的书店，也是官方出版物宣传与发售处之一，承担着天然的文化建设和社会效益使命。

这种基于使命的书店哲学，将社会效益置于优先于经济效益的地位，而且在非国有书店兴起之前，独特的、垄断性的地位，非市场化的环境，也让基于使命的书店哲学从未遭遇市场的挑战，至今这仍然是新华书店商业逻辑的基础。

第二代书店哲学是"情怀"

这一代书店哲学，主要由20世纪90年代兴起的民营书店诠释。民营书店的开创者，大多出于一种文化情怀进入书店业，以为读者带来一家有精神、有灵魂的书店为目标，在解决基本生存问题的前提下，赢利被视为居于文化和思想传播之后的次要目标，对最能代表书店情怀的"选品"的重视，远远高于对书店商业化运营的重视。这样的书店也由此成为当地的"文化地标书店"。

当然，基于情怀的书店哲学，得到了读者的热情回应。在图书电子商务兴起之前，书店是读者购书的唯一选择，而有情怀的书店，又是其中的重要选择。

这样，即便这种书店哲学中，商业化的因素仍然相当匮乏，但网络书店兴盛之前，基于情怀的书店哲学，都未曾遭遇市场的严重挑战。

在这一阶段，新华书店的使命哲学和民营书店的情怀哲学并行于实体书店行业，而且大家都无生存之虞，因此也没有意识到，这两代书店哲学，都有需要迭代更新之处。

第三代书店哲学是"美感"

网络书店对实体书店的冲击，让前两代书店哲学遭遇严峻的市场挑战。面对明显的价格差异，肯放弃网络书店的低价优势而为情怀买单的读者越来越少。同时，新华书店也开始面临市场压力。实体书店的经营者们不得不努力探寻吸引消费者重回书店的途径。

这个变动过程又恰逢社会整体富裕程度提升，消费者开始追求消费升级。于是，新一代基于美感的书店哲学应运而生。

实体书店业内部的两个因素对这一代书店哲学的形成产生了至关重要的影响。

第一个因素是，台湾地区诚品书店的实践引起了刚刚面临网络冲击的中国大陆实体书店的重视和广泛学习，全行业形成学习诚品的热潮，而其最易学习之处，是品位与格调。

第二个因素，受诚品书店影响，并在相当程度上学习借鉴了诚品经验的方所书店的创设和大受欢迎，为中国大陆书店揭示了一条成为"美学书店"的路径，鼓励了大批面临巨大的市场压力、正在寻求解决之道的实体书店尝试以设计之美吸引消费者重回。

随着实践规模的扩大，基于美感的书店哲学，在实体书店行业的影响力越来越大，将注重使命的新华书店、注重情怀的民营书店都卷入其中，并最终超越使命哲学、情怀哲学，成为当今具有垄断地位的书店哲学。

视觉美感已经成为新型书店样式框架的四大要素之一，"最美书店"受到全社会的广泛关注，甚至发展到一家新书店如果没有重金聘请知名设计师设计、没有打造出让人惊喜的美感，简直都不好意思开业的程度。

但是，变美之后怎么办？

视觉之美，确实已经成为一家书店的必要条件，但在消费选择如此多样的今天，美感并非让人乐于不断在这里花钱的充分条件。

而且我们看到，在基于美感的书店哲学中，如何吸引读者持续消费、如何赢利等基本的商业逻辑，仍然未得到足够的重视和探讨，甚至可以说，书店变美引起的顾客暂时回流在相当程度上蒙蔽了实体书店的双眼，让人们有意无意地回避了仍未解决的问题：我们凭什么让顾客不但喜欢来逛，还喜欢不断在这里花钱？如何像一个真正的商业企业一样，凭借纯粹商业化的运营获得市场的认同、获得足够的盈利、获得持久的发展？

所以，第三代书店哲学虽然顺应市场环境变化，较第一代使命哲学、第二代情怀哲学有所升级和创新，但仍然无法成为书店融入大商业之后理想的生存和发展逻辑，甚至如果止步于此，实体书店行业很可能在狂飙突进式的大发展之后，面临新的生存危机。

全新的第四代书店哲学是品牌

基于以上分析，我们认为书店哲学的迭代更新迫在眉睫，这个哲学，需要融合注重社会文化效益的使命哲学、注重与读者精神共鸣的情怀哲学、注重空间体验的美感哲学，但同时又能提供足够强大的商业逻辑，支撑实体书店在融入大商业后获得真正的、持久的生命力，进而获得商业上的成功。

这个哲学是什么？我们认为，是品牌。

第一，品牌是消费者进行消费选择时最重要的影响因素。

关于什么是品牌，广告大师大卫·奥格威的解释最为简明，而且影响深远。他说："品牌是一种最错综复杂的象征，它是品牌属性、名称、包装、价格、历史、声誉、广告方式的无形总和。"他认为，品牌像人一样，有自己的个性和形象，它由企业向消费者传递，并且是消费者进行消费选择时最重要的影响因素。

第二，品牌为企业带来持久的竞争优势。

关于品牌的价值，品牌管理大师戴维·阿克的学说最为完整，他认为，品牌是企业的重要资产，由品牌认知、品牌忠诚、感知质量、品牌联想四个主要项目构成。品牌认知让消费者了解企业的主旨和承诺，让品牌进入消费者的备选清单；品牌忠诚帮助企业降低营销成本、抵御竞争对手的威胁；消费者对品牌的感知质量帮助品牌建立差异化的印象，并提供购买理由；品牌联想则为消费者带来积极的感受并令它持久延伸。阿克认为，拥有雄厚的品牌资产，成为强势品牌甚至领导品牌，将为企业带来持久的竞争优势。

第三，品牌为企业建立差异化的市场区隔。

品牌是产品或服务的精神内核，是企业独有的人格和灵魂，界定了我是谁、我要做什么、我和别人有什么不同。它有强大的整合能力，能够将企业的使命、情怀、愿景、美感、体验、个性、形象等诸多外在表现和内在的精神力量整合起来，给消费者一个统一的认知。一个独特的品牌会在市场竞争日趋激烈、产品和服务同质化愈加严重的今天，为实体书店个体建立起有别于其他书店的差异化形象和独特的核心竞争力，由此建立自己的市场区隔。

第四，品牌是企业和消费者的联结点，是让消费者爱上一家企业的真正力量。

好的品牌会让消费者有精神层面的深度共鸣，让消费者以你为荣，让人每一次来你这里，都有一种兴奋的、如同"老鼠掉到米缸里"的感觉——请原谅我们在这里使用了这个俚语，我们认为，唯有这句话才能精准描述消费者和一个"对"的品牌相遇时的兴奋感。他会喜欢你，成为你的粉丝，爱上你，喜欢来你这里；喜欢把来你这里的经历晒给别人；喜欢再来，喜欢花更多钱，还乐于不停地帮你传播。和众多消费者建立起这种程度的联结后，一个品牌不但有了安身立命的资本，更有了属于自己的、独特而强大的生命力。

第五，进入大商业，实体书店需要和真正的品牌同场竞技。

品牌是当今商业世界最重要的商业逻辑，是让很多百年企业屹立不倒的基础，甚至可以说，对于企业来说，它是底层商业逻辑。这一点已经获得广泛认同。实体书店要真正融入大商业并在其中成功发展，学会建设和运用品牌，是第一步，是必修功课。不懂品牌，无以在大商业中立足。

已经有真正的品牌进入实体书店行业，比如无印良品、樊登读书会、十点读书、一条等，它们诞生于纯粹的商业领域，天然地带有品牌基因，而且本身已经是拥有众多忠诚消费者、对消费者极具黏性的成功品牌。与这些品牌同场竞技，实体书店如果不掌握品牌哲学，很可能在继十几年前被互联网书店挤压、失去半壁江山之后，再次被这些携强势品牌和全新零售体验入场的互联网公司和其他行业的成功企业洗牌，再次败北。就实体书店对商业逻辑的熟稔程度而言，这并非危言耸听。

第六，品牌哲学可以通过学习习得。

作为底层商业逻辑，品牌哲学在商业领域不但已经有无数成功的实践可以借鉴，而且有完备的方法论支撑，实体书店完全可以通过学习和实践，探索出属于自己的、独特的品牌之路——这条道路，比跟风"变美"，比"大家都加咖啡我也得有咖啡"更安全、更扎实，效果更可预期。

书店品牌
现状中潜藏的危机

品牌当然重要，但有必要提升到实体书店基本逻辑、生存哲学的高度来讨论吗？我们认为，有！因为实体书店未来可能的生存危机正潜藏在我们的品牌现状之中。

危险的"白色塑料伞"

"白色塑料伞"的意象，由《Wabi-Sabi 侘寂之美》作者李欧纳·科仁提出，前文已经提到。反观已经持续数年的中国实体书店"变美"风潮，我们有同样的担心。

一家又一家最美书店不断诞生，每年都有数桩某书店邀请某著名设计师设计的消息。2018 年的书店致敬活动的"最美书店"评选，有140 多家书店报名。整个实体书店行业，仿佛进入了一场选美大赛，在视觉美感上下足了功夫。

但是，我们正在营造的美感，是否有灵魂？是否有真正的文化、精神支撑？当消费者在美感轰炸下产生审美疲劳时，我们怎么办？当大家都变美之后，你的美和他的美有什么不同，有什么可打动消费者的特别之处？

我们特别担心，实体书店将缺乏灵魂的过度设计和装修当成打造新型书店的全部，最后集体沦为"白色塑料伞"。这是相当危险的事。

只进入消费者的行程，未进入消费者的生活

近年来，消费者到书店"打卡"成为风潮，很多书店也以成为"美学标签""打卡地标"为目标。但消费者爱上的，到底是逛书店，还是到书店买东西？这一点，很值得怀疑。

据我们观察，现阶段很多回流的顾客，只为"打卡"而来，而不是为"购买"而来，他们当然也会小规模购物，但酬答书店提供的美感和体验的成分，很可能远远大于满足自己消费需求的成分。书店购物在他们整体消费中所占的比重，很可能微乎其微，在他们总体的文化消费中所占的比重，也很可能徘徊在相当低的水平。

比如一家三口到高品质电影院看一场电影，可能需要300元以上，但逛一次书店，他们会不会慷慨到花这么多？极有可能在书店消磨两个小时的美好时光，只带走一本书。因为书店给人的印象，就是个自由徜徉的美好空间，而不是消费乐园。

真正进入消费者生活的品牌是什么样的？首先，消费者要买你会卖的东西时，会马上想到你；其次，他会把同类消费品主要的消费预算花在你这里；再次，如果没有你，他会觉得非常不便。宜家的消费者和宜家家居的关系是这样的，天猫超市的消费者和天猫超市的关系也是如此。

只进入消费者的行程，而没有进入消费者的生活，恐怕是不少新型书店，甚至是品牌书店的痛点。当最初的新鲜感消失，消费者打卡

热情降温，我们的销售从哪里来？更何况，还有无数的实体书店同伴在等待消费者去打卡，僧多粥少，大家分到的那一杯羹，到底能有多少？

消费者观念的缺失

这个判断可能让很多实体书店不平，但不幸的是，它是事实。我们可以从三个角度来看。

首先，实体书店目前的变革，整体上是由书店的生存压力驱动，而不是由消费者需求驱动，并不是我们发现了消费者新的需求，才主动变革了书店的形式和内容，而是如果不变，我们就会彻底失去消费者。

其次，是引领读者，还是由读者引领？目前很多实体书店都或隐或显地表达出引领读者的欲望——你不知道书店之美是什么样的，我做出来给你看；图书品种这么多，你不知道读什么，我用选品引领你的阅读生活；你向往理想的生活方式，那么我用品类和业态组合为你呈现理想生活的样子。这个逻辑是：我为你提供好东西，你就会喜欢我；如果我足够好，你就会喜欢我。

这个愿望很好，但和基本的商业逻辑相悖。"以顾客为中心""满足消费者需求"是最基本的商业逻辑。企业需要洞察消费者的需求，然后用商品或服务满足这些需求，要提供消费者需要的东西，而非企业想提供的东西。当新的需求出现时，我们需要发现、识别它们，为消费者设计出满足这些需求的新商品或者新服务，很多行业的创新都由此产生，而书店业并非如此。因此，新型书店的商业模式中，潜藏着缺乏消费者研究和洞察的巨大风险。

再次，"引领读者"的愿望，可能带来一种凌驾于消费者之上的态度，让书店无法真正为顾客提供高品质的服务。出售知识的优越感在实体书店行业一直存在，这让书店几乎从未像其他商业企业一样，重视对顾客的服务。这种情况，并没有因为书店变美和新书店样式的形成而有明显改观，服务仍是实体书店"软件"中最弱的一环，这会让实体书店在如何增加对顾客的黏性、如何留住顾客上备感困难。

作为文化品牌，实体书店热爱的是"文化"而非"品牌"

书店都会将自己视为文化品牌，但就我们观察和分析，书店真正热爱的是其中的"文化"而非"品牌"，对品牌的商业化内涵部分认知严重不足，同时也缺乏品牌商业化运作的策略和方法。

一些书店认为，在消费者中做到"知名"，就是成为品牌，稍微做一些推广活动，就是在做品牌建设。甚至一些书店在做品牌规划时，出现常识性的错误，自己旗下的品牌和别人旗下的品牌名称非常相近，品牌辨识度极低。此外，书店的品牌传播，主要依赖新闻传播，主动的传播活动非常薄弱，微博、微信等被其他行业企业高度重视的社会化媒体，在实体书店行业的运用也非常有限。这些都和商业世界真正的品牌运营相去甚远。

书店当然是文化品牌，但首先是商业品牌。如果认为，做文化品牌就比做商业品牌高级，做文化品牌就可以规避品牌的本质，那是对基本的商业逻辑缺乏尊重，很可能让实体书店在进入大商业之后，严重缺乏在市场上生存的基本技能。

如何
开始新哲学?

要实现书店哲学从美感到品牌的迭代更新，真正开拓出实体书店在大商业领域的坦途，我们认为，书店至少需要在以下 6 个方面做出变革。

从颜值到价值

前文说过，品牌是消费者选择的理由。那么，一个品牌中的哪些因素会让消费者选择你？我们认为，首先是品牌为消费者提供的价值。一个真正好的品牌，要为消费者提供他真正愿意花钱购买，而且只能从你这里买到的某种价值，才能进入消费者的生活，并占有一席之地。

这个价值，或者是为消费者省钱，或者是为消费者节省时间，或者是降低消费者的搜寻成本，或者是以专业能力为消费者提供实际的帮助，或者是为消费者带来他真正需要的身心愉悦，让他感到快乐……总之，一定是对消费者来说有意义并且他愿意为此花钱的东西。

实体书店为读者提供的价值，我们可以分为两个层面：

第一个层面，和大商业领域中其他零售同行相比，实体书店提供的价值是什么？

网络书店以低价为消费者提供"省钱"的价值，便利店和外卖以方便食用为顾客提供"节省时间"的价值，电子商务总体上以方便搜索为顾客提供"降低搜寻成本"的价值，那么，书店的价值是什么？

有网络书店可选，消费者为什么要在你这里买书？有咖啡馆可选，消费者为什么要到书店喝咖啡？有专门的文创店铺可选，消费者为什么要到书店买文创？融合了多品类和多业态之后，书店为这些品类和业态注入的独特价值是什么？凭什么吸引顾客选择你？

第二个层面，和实体书店同行相比，作为一个品牌个体，你提供的价值是什么？

大家都有很好的美感，要逛书店的话，消费者为什么选择你？大家都有咖啡，要到书店喝咖啡，消费者为什么选择你？大家都有好书在卖，要到书店买书，消费者为什么选择你？大家都有精美文创，要买文创产品，消费者为什么选择你？甚至，未来可能有数家书店开在同一个 MALL 里，为什么消费者会进你的书店，而不是对门或隔壁？

我们反复思考和讨论，发现对目前的实体书店来说，这两个层面的追问都无法获得令人满意的解答。也就是说，我们认为，实体书店在这两个层面上提供的价值，都远远不足。实体书店的追求，还停留在表面的颜值，而不是真正对消费者来说有意义的价值。

所以，对于如何开始新的书店哲学，我们第一个建议是：把注意力从对颜值的过度关注，转向对价值的关注，尽早实现价值上的创新，以在大商业领域的零售业态中，以书店独有的产品和服务，确立新型书店的市场位置，并且在同质化已经相当明显的实体书店行业中，作为行业中的个体，建立自己的差异化品牌形象和市场区隔。

从重构到联结

2018 年，"人、货、场重构"是有代表性的行业话语之一。这一来自新零售的理念已经在被实体书店熟练地谈论。那么，需要重构的是什么？

卖场升级改造，通过设计提升颜值和美感，就是重构了吗？融合多品类和多业态，让书店不再是只卖书的店铺，就是重构了吗？从原来的门庭冷落，到现在的观光型顾客争相打卡，就是重构了吗？

我们认为远远不够。书店真正需要重构的，并非这些表面上看得到的东西，而是和消费者的联结。一个品牌让消费者热爱，除了提供价值，还需要和消费者建立一种深层的、基于某种精神内核的联结。

这种精神上的联结，让顾客和品牌之间，有双向的归属感，消费者对品牌的态度是，"你是我的品牌"，"我是你的忠诚顾客"；品牌对消费者的态度则是，"你是我的忠诚顾客"，"我是专为你打造的品牌"。

这种联结让消费者以你为荣，并乐于帮你传播；让消费者愿意对你忠诚，遇到提供同样价值的商家时，不会轻易放弃你，转投其他品牌；让消费者乐于在你这里消费更多；甚至还让消费者愿意接受某种程度的商品溢价，乐于为你的商品和服务付出高价。

第二代基于"情怀"的书店哲学中，实际上比较多地包含了书店和读者之间的精神联结，共同的"书店情怀"，把书店和读者联结起来，让他们彼此重视，彼此热爱，彼此有归属感，并且不愿意轻易放弃彼此。

但是第三代基于美感的书店哲学渐渐占据垄断性地位之后，这种联结正在变得松散和若有若无。表面看来，一些书店提供的美感让消费者流连忘返，大家似乎在对书店之美的理解上，达成了一种高度的共识甚至共鸣。但书店提供的美感和消费者感受到的美感，实际上都停留在相当浅的层次，并未达到真正的精神层面。所以我们看到，消费者不断追逐更新、更美的书店，对美感的追求并没有让书店和消费者联结得更紧密，而是让消费者变得"喜新厌旧"。

正因如此，我们才在前文提出"危险的白色塑料伞"的警示。真正的美感，需要独特的精神内核、独特的灵魂来支撑，没有灵魂的美，虽然能让人一时目眩神迷，却缺乏引人停留、让人热爱的长久力量。

所以，对于如何开始新的书店哲学，我们第二个建议是：实体书店需要的，不是不断寻求某种看得见的"重构"，而是回过头来，重新审视和消费者的精神联结，修复和重建这种联结，让消费者找到"我的书店"，也让书店找到"我的顾客"。

从吸引到黏性

目前，新型书店确实对消费者有相当程度的吸引力，这一点书店人流的增加和商业地产对书店集客能力的重视都可以证明。但我们认为，吸引顾客造访书店只是第一步，更重要的是如何让顾客留下来，如何让顾客重复造访、重复消费，甚至高频、高额消费。

如果顾客只是观光客一般来参观一下漂亮美好的新书店，象征性买点小东西，然后很快将这家书店忘在脑后，转而忙着去更新的书店打卡，那么这家书店就完全缺乏品牌黏性。只靠不断吸引新的观光型顾客，书店如何能获得理想的销售，又如何能保持销售的理想增长呢？

如果顾客只是喜欢经常到书店来看上几个小时的书，在比图书馆舒服的环境中，享受免费看书的待遇，那么这家书店同样缺乏品牌黏性，因为顾客仅仅愿意享受你免费提供的东西，并不想持续地在你这儿花钱。

品牌黏性源自最初的吸引力，但只有最初的吸引力远远不够，要让顾客真正留下来并乐于重复消费，一家书店需要持续地对已经来店的顾客进行增强品牌黏性的工作。如何增强对顾客的黏性，诸多成功品牌已经有相当成熟而且成功的方法，实体书店可以通过具体的案例研究借鉴和参考，这里不再赘述。

我们想提醒的是，蓬勃发展的实体书店，不能被眼前看似不错的客流所迷惑，认为自己对消费者已经有足够强的吸引力，我们需要深入探究的是，这些顾客中有多少能真正留下来，有多高频率的重复消费，有多高额度的重复消费；同样，也不能被眼前看似理想的销售额和销售增长所迷惑，我们需要弄清楚，营业额的增长中，有多少是靠开店规模拉动的，有多少来自单店营业额的增长，这个成长规模，是否足够让书店在政府补贴和租金优惠停止后，继续保持店铺的盈利和销售增长？

所以，对于如何开始新的书店哲学，我们第三个建议是：当最初吸引顾客的目标实现之后，实体书店需要把注意力从吸引，转向黏性，注重品牌黏性的构建，让自己的品牌，成为真正让顾客乐于持续用真金白银而不只是用时间来买单的品牌。

从体验到关系

随着基于美感的书店哲学获得全行业的认可，新型书店的样式框架基本确立，"体验"成为实体书店行业谈论最多的词之一，包括体验感、体验性、设计体验、空间体验、文化体验、场景体验等。

对顾客体验的关注当然是一个非常积极的趋势，但是在这个趋势中，我们也看到几点不足。

首先，对设计、空间等硬件条件带来的顾客体验的重视，大于对服务等软性条件带来的顾客体验的重视；其次，对文化活动等依赖外部资源的顾客体验的重视，大于对自身原创性顾客体验的重视；最后，也是最重要的，对场景体验的重视，大于对长久的顾客体验的重视，也就是说，认为顾客在此时此刻、此情此景中有好体验就足够了。

但我们需要回答两个问题：其一，大家都在努力为顾客营造好体验，你的体验和别人有什么不同？如何保证顾客愿意留下来而不是去寻求更新的体验？其二，当空间、设计、场景、外部资源带来的好体验对顾客来说已经不够新鲜，我们如何让顾客继续留下来？

这就涉及顾客体验的本质。最新的顾客体验理念认为，顾客体验包含了一个人与你的品牌之间的所有互动，它可以用整体体验、继续使用的可能性和向他人推荐的可能性来衡量。

真正的顾客体验，注重的是顾客与品牌整体、持久的互动，本质上是一种关系，而不是在一次接触界面上的感受，目前实体书店业所讲的体验，和真正的顾客体验尚有明显的差距。

建立与顾客的这种持久关系，我们需要把顾客对空间、场景的感受，变成顾客与品牌的沟通和互动，让顾客能够接收到你是谁、你想做什么、你会为他带来什么样的价值等信息，由此理解你是个什么样的品牌，是否值得他继续在你这里消费甚至向别人推荐你。

用一个形象的说法，没有和品牌的沟通，顾客到访书店，就是参观了一个漂亮的空间，而通过为顾客体验注入本品牌原创性、人性化、人格化的内容，顾客是结识了这个美好空间的主人。前一种状态更容易让顾客成为仅仅被新鲜体验吸引的观光型顾客，后一种状态则让顾客更容易成为热爱你的粉丝。

所以，对于如何开始新的书店哲学，我们第四个建议是：书店需要放弃对外在形式带来的"顾客体验"的关注，为顾客体验加入原创的、不依赖硬件条件的沟通和互动内容，着眼于和顾客建立长期的关系，这样才能把新型书店从现在的"场景体验场"变成真正的"消费场"。

从流行到客群

毫无疑问，逛书店、到书店打卡已经成为城市文化中的一种"流行"，因为这代表着品位、格调、对理想生活理解和向往，而且书店确实也正在从这种流行中受益。

流行有一个重要的特征，就是短暂性，一个流行很容易兴起，也很容易消散。我们不能预期书店的流行永远不会被其他业态店铺的流行所取代，也不能预期一家书店成为"网红书店"就永远不会被其他"网红书店"取代。

一家书店不可能办给所有类型的消费者，所有消费者也不可能都喜欢同一类型的书店。那么当流行的人潮蜂拥而至，实体书店就需要明确，我的顾客是什么样的人，我如何在流行退潮后稳定地留住他们。

对此，我们有一个隐忧，那就是目前新型实体书店吸引到的顾客，以"文艺青年"居多，他们更容易为书店的外在美感所吸引，也更乐于参与流行，但同时，他们的收入和消费能力都比较有限，并非容易在书店做高额度和高频次消费的顾客。对实体书店来说，这可能是未来销售增长的潜在风险。

所以，对于如何开始新的书店哲学，我们第五个建议是：实体书店可以借助流行，但不能依赖流行。识别并维护和自己品牌所提供的价值、精神内核、调性相匹配，并且具有消费潜力、消费能力的顾客群体，增加他们的黏性、建立和他们的关系，才是一家实体书店长久的生存之道。

预防流行退潮后的消费者流失，实体书店可能有两个策略方向可以选择：一是从现有顾客中识别出更匹配、更有价值的顾客群；二是主动识别大商业整体的零售顾客中最具消费能力的群体，设计能满足这一群体需求的书店产品和服务组合。茑屋书店的"生活方式提案"，采取的就是第二种策略。这种策略虽然需要更高程度的创新，但会让一个书店品牌具有更强大的绑定客群的能力。

从扩张到沉淀

虽然 2019 年乃至未来的若干年，实体书店行业的规模扩张可能仍将继续，但作为个体的书店品牌，需要在扩张中保持冷静，开始关注沉淀工作，包括沉淀顾客群，沉淀品牌精神内核，沉淀从品类、业态选择到服务设计的方法论，沉淀运营经验，同时积极借鉴和学习大商业范围内成熟的商业逻辑，为自身注入强大的内在生命力，为即将开始的激烈市场竞争做好准备。

我们今天讨论实体书店行业的发展，有一个无法回避的背景，就是新零售的发展。2018 年，新零售也是整个书店行业热议的话题之一。那么新零售到底是什么？是否我们一定需要学习新零售已经出现的新物种品牌的运营形式？是否要在现在的新型书店的基础上，再去发展出一种"新零售书店"的样式？

我们认为不需如此。新零售无论具体形式如何，其实本质上是融合了互联网思维的核心要素和以用户为中心的品牌哲学，是对传统的零售哲学的一种升级。对于图书行业而言，在进入大商业之后，进行书店样式上的创新的同时，对我们生存和发展哲学适时进行迭代更新，就已经是走上了自己的"新零售"道路，我们对实体书店新哲学的 6 个建议，也正是基于新零售的思维方式和方法论提出。当然，实体书店行业仍需继续保持对新零售的研究和关注，以在进入大商业之后，和零售行业的整体发展保持同步。

市场万变，
唯品牌长存

我们还想做几个提醒。

第一个提醒，新型书店已经进入与其他零售行业和服务行业的竞争。

作为融合多品类、多业态的新型卖场，新型书店并未开创全新的市场，而是需要从整个零售市场、服务市场中分一杯羹，所以实体书店行业整体面临的是与其他行业的竞争，比如咖啡，比如文创，比如餐饮，书店个体要在这场竞争中立足，品牌是必备战略。

第二个提醒，书店之间的激烈竞争也即将开始。

虽然实体书店的数量在迅猛增加，但图书零售的总体市场规模没有扩大，线下图书零售市场规模很可能持续缩减，从其他零售行业手中争取到足够规模的市场份额又需要时间的积累。市场规模有限，而同行业企业众多，书店品牌之间很可能在未来一两年之内开始激烈的市场竞争。而与此同时，新型书店又存在鲜明的同质化现象，想要在同质化的竞争者中胜出，品牌也是必备战略。

第三个提醒，跨地域竞争是品牌的竞争。

近年来，跨地域发展已经成为实体书店行业的常态，大型新华书店集团开始走出本地，跨地域开店，全国发展更是大型连锁书店的明确战略。跨地域发展固然需要实力的支撑，但更是品牌的竞争。在本地书店品牌、连锁书店品牌、新华书店品牌的竞争中，最后胜出的，一定是真正强大的品牌。

第四个提醒，实体书店需要从顺势而行转向内涵创新。

近几年新型书店的发展，是市场和行业大势，实体书店个体向新型书店的转型，实际上是顺势而行，其中个体创新的成分并不很高。但是，大家都转型之后，每一个书店个体都面临"我是谁""我如何成功发展"的问题，仅仅在大势中随波逐流将远远不够，我们需要更多的内涵创新，以在全新的市场环境中确立自己的地位、形象和实力，这实际上就是如何确立自己的品牌、如何发展自己的品牌的问题。

第五个提醒，新华书店的品牌改造至关重要。

新华书店的同人可能会把"新华书店"作为品牌，但从商业角度讲，新华书店更像是一个行业而不是一个品牌。新华书店在品牌建设上的困难和思维局限更重，绝大多数省级新华书店并没有清晰的品牌意识，建设的子品牌也都脱离不了"阅"的局限，子品牌名称辨识度很低，更不要说清晰的商业品牌建设了。

建议各省的新华书店集团在品牌建设上把目前常说的子品牌建设上升到整体品牌建设的高度，只有建设好属于本集团、属于本企业的品牌才能参与大商业竞争，才能跨地域发展。我们看到四川文轩、江苏凤凰等省级新华书店的品牌改造，浙江博库、河南尚书房等新华书店子品牌发展也取得了不小的成绩。

我们欣喜地看到，各地新华书店在城市文化 MALL、乡村书店和中小学书店的建设上有得天独厚的优势，这些优势和新的品牌观念和建设的结合将迸发更大的生命力。

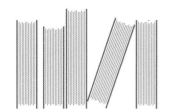

第八章

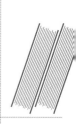

学习场：
书店价值重做

2019 年，实体书店行业呈现两个基本态势，一是连锁书店规模继续扩张，二是不同规模书店普遍在业务上进行多元尝试。大家都期待用理想的营收回报之前的努力，支持企业未来的发展，但一个无法回避的问题也摆在全行业和每一书店个体面前：规模增量到底在哪里？

我们将引入"重做"概念，大胆提出一个未来书店核心价值的构想——消费者的"学习场"。

什么
是重做？

────────

近几年，不少企业家在不同场合提出了"重做"，认为"中国所有的生意都值得重做一遍"，"每个产业都有重做一遍的机会"，创业黑马 2017 年、2018 年连续两年的创业家年会，主题都是"产业重做"。

在理论层面，对产业如何重做的讨论尚不够普及和深入，但在实践层面，顺应技术进步、市场变化、消费升级，重做已经大规模展开，成为互联网产业和传统产业的大趋势之一。

蓬勃发展的互联网和移动互联网，已经重做了若干传统产业，近年来传统产业也开始重做自己。两个方向的实践又借助互联网彼此交织，为我们呈现出丰富、多元的成功先例。

比如，以盒马鲜生为代表的新零售生鲜重做了生鲜超市，以喜茶为代表的新兴茶饮品牌重做了茶饮，以猫眼为代表的电影票服务平台重做了电影票务，以滴滴为代表的互联网租车重做了出租车，樊登读书会、十点读书、有书等读书 App 以移动互联网重做了传统的读书会，以李宁为代表的一大批"国潮"品牌，重做了自己的品牌形象并重获市场青睐。

在产品层面，典型的重做也比比皆是。如小米正在以统一的"冷淡风极简设计"和高性价比，重做电视、空调、洗衣机、净水器、空气净化器、电饭煲、料理机等几乎所有门类的家用电器，连插线板都不放过。在文具类别，售价仅 1 元、承诺"1 支顶 4 支，超长顺滑书写"的巨能写中性笔，一度卖到断货，目前仍保持着足以媲美老牌中性笔品牌的销量。

在出版行业，我们也可以观察到一个正在发生的案例：果麦文化重做超级畅销书。果麦版本的《浮生六记》销量已超过 200 万册、《小王子》销量已超过 350 万册。表面看来，这些新版本只是装帧、用纸的变化，背后却是其"以内容为核心，以出版为主业，以新媒体矩阵为传播手段，出版更好的内容并能够向更多的媒介渗透，使出版产生更多的消费者"（引自 36 氪报道）的出版逻辑，"重做出版"的意味非常浓厚。

我们不难看到，上述每一个成功的重做，都有效激发了消费者的购买欲望，达成了营收的快速增长，成为新兴企业快速发展的推进器和传统企业重获新生的拐点，有的甚至改变了整个行业的生态。

当然，要实现重做的市场目标，企业内部也需要更深更广的重做，可能涉及业务模式、流程、人力资源、营销传播等诸多层面，甚至可能成为企业内部的一次"革命"。所以，重做既需要大决心，也需要大行动。

为什么我们
需要讨论重做?

增长的压力和困惑

随着 2017 年开始的行业巨变、近年来的规模扩张和商业模式探索,实体书店的增长愿望日益强烈,增长压力也日益加大。几个疑问鲜明地呈现出来:

具有发展愿景的书店普遍追求规模扩张,但和店铺数量、营业面积相比,营业收入是否足够大? 扩张后的营业收入是否匹配现实的规模?

实体书店图书零售总体增速不高,对于其中的书店个体而言,营业收入增长速度是否匹配扩张速度?

政府、媒体、公众普遍看好书店,相当多书店获得政府的资金扶持,一些城市甚至将鼓励实体书店发展作为打造城市品牌的重要策略之一,舆论和发展环境整体向好,但是书店的实际营业收入能否匹配这样的声势?

全行业新店开业速度可能前所未有,很多新店开业时各界瞩目,但开业后是很快转向平淡,还是带来令人惊喜的营业收入?

就我们了解，以上问题的答案，并不乐观。如何增长，如何赢利，是全行业心照不宣的困惑和痛苦，恐怕也是未来发展的巨大隐忧。

现有模式难以带来规模增量

在整个图书出版发行行业层面，整体趋势是阅读越来越受到全社会的重视，消费者购书总量持续增加，图书出版和图书零售均保持稳健增长，但图书消费的增长，网上书店占据大半，余下的份额并不足以惠及整个实体书店行业。

若非出现网上网下同价等巨大变化，图书零售渠道的变迁已经不可逆转，而且即便同价有可能实现，受制于消费者往来实体书店的交通成本和时间成本，与网上书店相比，实体书店在为消费者提供购买便利上仍然具有天然的劣势。

所以，就现实条件而言，实体书店的大规模营业收入增长不能寄希望于一般图书销售总额的增长。

在前些年的生存压力之下，实体书店已经相当普遍地探索传统图书零售业务之外的多元业务，近年的增长压力让这种探索更加积极和多样。但迄今为止的探索主要在"书店＋"的框架下进行，大家在图书之外，叠加文创产品、艺术品等新的销售品类，在零售业务之外，叠加餐饮、培训、活动乃至住宿等服务。其中能够持续的新业务，都带来了营收的增长，但都尚未带来规模增量，恐怕也很难带来规模增量。

销售文创产品、增设咖啡，是书店寻求增长的最早探索，目前仍是图书零售之外的业务重头，几乎成为新型书店的标配。文创产品和咖啡当然都是近年来保持较高增速的市场，但实体书店引入二者，是在分享文创行业和咖啡行业的市场，市场增长的份额主要由这两个行业内的企业获得，书店只能部分享受到市场增长带来的外围红利。

实体书店寄希望于通过咖啡和文创产品获得规模增量，可能并不现实。二者在书店商业模式中更适合的角色是帮助改善书店调性，增加消费者好感度，并通过相对较高的毛利，在一定程度上助力书店毛利率的提升和利润结构的优化。

一边是难以充分分享图书零售市场的增长，一边是主要新增业务难以获得规模增量，在增长的压力下，实体书店寻找规模增量的课题可以说既无比关键，又迫在眉睫。

引入重做概念，我们希望阐明的是，实体书店作为拥有相当长历史的传统行业，只有通过重做这种程度的变革，才能有效激发消费者新的购买欲望，创造出足够量级的新市场，破解眼前的增长困境，消除未来的发展隐忧。

此外，我们也不能忽视一个潜在的风险——如果我们不能自行业内部发起"重做自己"的行动，"被别人重做"的情况并非不可能发生。正如以中性笔为主打产品的传统文具品牌不曾预料到，"手机厂商"小米会去做一款一元钱的中性笔，但现实是一夜之间，不但被夺走了可观的销量，还被强加了一个全新的"1支顶4支"的"行业标准"，局面变得相当被动。

为什么需要
重做的是书店价值?

"逛书店"之痛：书店需要明确的消费活动

每一类型的消费场所，都与固定、明确的消费活动对应，去电影院是买票看电影，去剧场是买票看戏剧，去咖啡馆是喝杯咖啡休闲或者与人约见，去超市是采购生活用品，去餐厅是就餐，只有书店，越来越不与明确的消费活动关联。

买书成为主要和网上书店对应的消费，人们"逛书店"只为到书店免费看书，享受一番书香氛围，然后喝杯咖啡，度过一段闲暇时光。消费者自然很享受这样的体验，但对于书店来说，这却是个明显的痛点。

在"书店+"的思考框架下，大家探索的是如何引入其他行业的产品和服务以吸引和留住消费者、增加营收，而缺乏更本质的思考：在书店业态下，属于本行业的增长到底来自哪里？这在一定程度上导致我们可识别的独有价值越来越弱，消费者对书店的印象越来越模糊，与书店的连接也越来越松散。

从这一点上看，书店行业在失去作为唯一的图书零售渠道的市场地位，"卖书赚钱"的商业模式被动摇之后的若干年，一直在艰难寻找，仍未有一个清晰、明确的商业模式浮现出来。

一个行业要实现理想增速并通过营收增长获得理想利润，更有效的途径是创造独有的市场增量，而不是分享其他行业的市场。寻找独有的市场增量的过程，也正是重新审视和打造本行业独有的商业模式、赚钱模式的过程，实体书店亟待开始这个过程。

消费者只肯为真正的价值买单

商业领域一个最基本的逻辑是：消费者肯在一个行业花钱，这个行业的营收才能增长；肯在一个企业花钱，这个企业的营收才能增长；肯花钱的消费者越多、肯花的钱越多、花钱频率越高，增长速度越快，增长规模越大。而消费者肯花钱只有一个理由，就是这个行业为他提供了他所需要的、其他业态无法提供的价值，这个企业为他提供了他所需要的、其他企业没有提供的价值。消费者肯付钱购买的价值，才是一个行业、一个企业独有的价值，才是增长的源泉，品牌需要为消费者提供真正的价值。

那么，目前的实体书店，能为消费者提供的独有价值到底是什么？我们认为，肯定不是富有美感的空间、能够坐下来舒舒服服看书的座椅、能在书香中享受的咖啡、精心设计的陈列，这些只是因应消费升级需求的必要动作，但还远远不是激活来店顾客消费的充分条件。实体书店面临的尴尬正是，这些我们都有了，消费者也很喜欢，甚至赞不绝口，但就是不肯在我们这里积极地、热情地花钱。毫无疑问，我们还没有为消费者提供让他心甘情愿花钱的真正的价值。

一个参照："国潮"品牌如何重做？

实体书店行业能够激活的消费者购买行为的独有价值到底是什么？在进入具体讨论之前，我们可以先参看 2018 年兴起并持续至今的一个突出的现象——"国潮"消费。

这股购买新概念国货的风潮席卷食品、饮品、服饰、美妆、文创等市场，众多新创品牌重做国货，借助"国潮"迅速发展，老字号国货也纷纷"减龄"，争取 90 后、95 后热爱"国潮"的年轻人市场。"国潮"中最引人注目的两个品牌，一是李宁牌，一是故宫文创。

李宁与青年设计师合作，陆续推出"悟道""凤舞""藏易"等融合中国传统文化符号的主题商品，一改消费者对其陈旧落伍的印象，让一个曾经在一年内关闭 1 800 多家门店的品牌重获新生。故宫文创借助"故宫"这个强大的传统文化 IP，推出融合传统文化符号和时尚设计感的文创产品，一举成为"博物馆文创"的领导品牌。

"国潮"的兴起，固然与爱国情怀有关，但仅凭情怀并不能激发消费者的消费热情，真正起作用的，是"国潮"品牌为消费者提供的独有价值，即传统文化与当前生活潮流相融合的时尚感。这种时尚感，更能够满足新一代消费主力对个性和自我的标榜，也更契合他们的生活态度、生活方式、消费主张、对生活意义的追求。

可以说，成功的"国潮"品牌，为消费者提供的是生活方式层面上的满足，这也正是处于消费升级中的中国主流消费者最乐于慷慨买单的价值，是实体书店行业需要寻找到的价值，其实也是所有成功品牌都需要为消费者提供的价值。这一点，我们还可以参看"一条"。一条不是"国潮"，作为内容电商和"生活美学购物平台"，一条的快速发展完全得益于对中产生活方式的理解、传播和匹配。

老品牌成为"国潮"品牌的过程，也是价值重做的过程。

这个过程中，有三件事次第发生。

第一，发现对消费者价值的缺失。

当然这并不容易，发现消费者购买意愿降低、购买减少时，品牌更倾向于从渠道、营销、传播甚至店铺装潢上做出改进，而很少审视自己的产品是否具有足够吸引消费者购买的价值。如李宁牌，在重做价值之前，已经连续数年陷入困境。

第二，通过重做产品而重做对消费者的价值，让产品实体与内涵与消费者生活方式匹配。

社会在不断变化，消费者的生活形态也在不断变化，一个品牌为消费者提供的产品，如果不能顺应这些变化，很快就会被淘汰，消费者不会把钱花在看起来陈旧落伍的东西上。所以，与消费者生活方式保持同步，甚至在一定程度上引领生活方式的变化，是品牌必要的成长。如果你提供的价值一直与消费者生活方式相匹配，则只需保持成长；如果严重落伍，价值缺失，则非重做不能重生。

这一点也适用于所有类型的品牌。我们可以对比一下日本品牌无印良品和优衣库的发展。无印良品曾经是生活美学的代名词，备受追求品质生活的消费者钟爱，而优衣库曾是并不明显领先的快时尚品牌。数年过去，生活美学继续受到追捧，快时尚正在退潮，但如果你现在造访这两个品牌的实体店铺和网店，会发现形势几乎完全反转，无印良品低落消沉，而优衣库则购买活跃，一片火热氛围。我们认为，根本原因是无印良品停步不前，提供的价值与数年前无异，并没有跟上消费者追求生活美学的脚步，而优衣库则不断成长，逐步摆脱快时尚高价低质的形象，在消费者心目中建立起质量、性价比、美感兼备且老少咸宜的印象。

第三，产品的成功重做，推动整个品牌形象的重做。

好品牌中一定要有好产品，没有产品支撑，品牌形象无法独立存在，反过来，好产品也会帮助重塑品牌形象。

比如，博物馆做文创，看似"开发周边产品"，却很可能推动整个品牌形象的重做。老牌国货努力成为"国潮"，也不仅是产品的重做，而且是品牌形象重做。故宫在大众印象中，曾经是"陪外地亲戚走一趟"的旅游景点，而现在"到故宫看雪""到故宫看展"成为时尚；李宁牌在年轻人看来，曾经是"老土"的运动鞋服，但今天年轻人对他的热情不输国际运动大牌。

在相当程度上，实体书店的境遇与故宫和李宁牌非常相像，都曾经在消费者心目中占有相当重要的地位，但因为各种因素，逐渐和消费者在价值与情感两个层面"失联"，实体书店从曾经的读书圣地、文化象牙塔，变成消费者兴致所至随便逛逛的网红打卡地。所以，我们认为，"国潮"品牌重做价值的过程，对实体书店行业具有重要的参考意义，其中对生活方式的关注，尤为重要。故宫和李宁牌都通过找到对新一代消费者的价值重获活力，我们相信，实体书店一定也能通过重做书店价值，打破商业模式的困境。

为什么
是"学习场"？

书店重做后的新价值可能是什么？我们的探索结果是成为消费者的"学习场"——通过各种书与非书的内容，阅读与非阅读的形式，服务于读者的终身学习。

一个新的思考路径

我们需要从一个感性认知说起。如果你是一个从业多年的实体书店经营者，多半都遇到过一个让你特别感动的场景：一位老读者好久不见，再见面时，他会特别激动、特别怀念地说起当年在你的书店买过什么好书，这些书对他有什么样的帮助，甚至可能说，"某本书改变了我的一生"，"我是读着你们的书长大的"，"没有某本书，就没有我的今天"。

我们卖好书给读者，读者通过阅读学习，通过学习成长，所以他们会感念好书，感念好书店——这就是实体书店的传统价值。今天的读者在情感上仍然喜欢书店，是因为我们曾经长时间提供这样的独有价值；实体书店的从业者乐于在艰难时默默坚守，在困惑时多方探索，也是基于对这个价值的热爱与自豪。

当然，我们不能期待读者仅凭情怀就慷慨买单，更不能仅凭情怀去经营企业。但这个传统价值可以提示我们一个新的思考路径：无论如何升级迭代，我们的业态仍旧是实体书店，消费者对实体书店价值的期待变了吗？我们认为没有。消费者学习成长的需求消失了吗？当然更没有。学习的需求不但仍在，而且更大、更多元。

实体书店失去对消费者明确的独有价值，正是从"卖书服务读者学习"的传统价值被网上书店迅猛瓜分开始的，而且现在全行业普遍采取的"书店+"思路，事实证明也未能有效拉动消费者在书店消费的快速增长，那么我们有没有可能换一个思路，通过新的场景、新的途径，为消费者继续提供学习的价值，从而完成新的市场条件下书店价值的重做？

当然，市场在变化，消费者的生活方式也在变化，原路找回"卖书服务读者学习"的价值既不可能，对消费者和实体书店也均无意义，敏感地捕捉到消费者真实的新需求，然后满足这些需求，才能创造出新的市场，所以才需要重做，而且我们认为，重做这个价值的条件正在日渐成熟。

学习成为全社会公认的价值和新的生活方式

在实体书店的黄金时代，保持阅读是人们结束学校教育之后最主要的学习方式，但能够在走出校园后继续保持学习的人非常有限，是"大众"中的少数，或者说"精英"。他们在今天仍旧以阅读为主要的学习方式，仍旧大量买书，但购书渠道已经主要转到网上。

近年来，竞争的加剧、消费升级、终身学习和终身成长理念的传播、人们闲暇时间的增加，共同促成了学习人群、学习内容、学习方式的变化。随着人工智能技术的发展，人类的很多工作将由人工智能和机器人替代，终身学习成为所有人的必需。

更多的消费者成为学习人群，卷入的人口规模远超传统的读者，很多人并没有阅读习惯，但会通过阅读之外的途径进行学习；人们学习的内容也更加广泛，既涵盖传统的学习内容，也囊括新知识、新技能、新兴趣，有人会专门学习跑步，有人专门学习红酒，有人学家居收纳，有人学怎么用 Excel（电子表格）、PPT（演示文稿），有人学怎么养猫……几乎所有我们能想到和不能想到的内容，都有人在教、有人在学；学习方式也从以前的买书来读，变成买书、买课、请私教、组成"学习共同体"（学习社区）等各种各样的方式并举，形式前所未有地丰富。可以说，学习已经成为全社会公认的价值和新的生活方式。而这群热爱学习的人，与实体书店吸引到的新读者——喜欢逛书店却并不爱买书的人，有极高的重合度。

终身学习市场正在快速增长

学习人群、学习内容、学习方式的变化，是近年消费者生活方式的重大变化，它意味着有巨大的学习需求需要满足，更重要的是，人们愿意为有价值的内容买单，这意味着巨大的潜在市场，我们可以称它为终身学习市场。

这个市场不同于体系完整但变化相对缓慢的学校教育，也不同于教育培训机构占据的儿童和成人教育培训市场，不服务于提升学习成绩、应对考试等功利性目标，而与自我、个性、生活方式、成长关系密切，覆盖无比丰富的内容和多样化的人群，有巨大的想象空间。

这个市场到底有多大，我们尚难以预估，但其中的明星——知识付费行业的发展，可以为我们提供重要的参照。业界以 2016 年为"知识付费元年"，有研究报告显示，2019 年知识付费产业规模已经达到近 200 亿元，用户规模也呈高速增长态势，2018 年知识付费用户规模达 2.92 亿人，2019 年达到 3.87 亿人。

知识付费线下版本尚待发展

知识付费虽然已经在迅猛发展，但只开拓了终身学习市场的线上部分，形象地说，一个和线上知识付费相对应的线下版本尚待发展。

一是一些需要亲身体验、操作的学习根本就无法在线上进行，比如成人的红酒品饮、儿童的科学实验；二是能够线上学习的内容，在线下学习时能够即时进行现场的反馈和互动，学习体验也会大大好于线上；三是线下学习更有氛围，一些普通学习者更喜欢一群人聚集在一起学习，这也是很多人热衷参加各种线下活动，而线上购买的课程却常常买过就忘的重要原因；四是学习需求经常和社交需求相伴，而网上学习社群并不能完全满足这个需求，网络越是发达，人们"见到人""与人交流"的需求越是旺盛。

而且，线下终身学习能够覆盖的内容、人群、场景，远比线上知识付费更广泛。比如，隔壁大妈腌萝卜干腌得特别好，有热爱 DIY（自己动手做）的主妇特别喜欢学习这些老手艺，把她们撮合起来完成一次学习，会是一件特别有趣的事，这样的事只有在线下才能进行。

书店最适合提供这个价值

目前，线下的终身学习由各种各样的机构零散提供，尚未有一个类似"知识付费"的行业，在线下向消费者提供同样的价值，我们认为，这个价值天然该归书店。

一是书店与学习有天然、传统的关联；二是书店上连作者，下接读者，既能获取充足的内容资源，又覆盖广泛的学习人群；三是书店其实已经为终身学习在书店落地准备好了空间。

前两点无须赘言，我们来讨论空间。成为复合文化空间已经是实体书店的共识，人们在这个空间里能做什么，消费者在这个空间中消费什么，我们如何通过这个空间赢利，是实体书店必须面对和回答的问题。但有人在其中做相关的活动，这个空间才有意义；只有货品，没有人的活动，这个空间就仍然只是"卖场"。而我们认为"学习场"是最适合装入复合文化空间的内容。

全行业已经在普遍进行具有学习场性质的尝试

"学习场"的概念可能相对陌生，但实际上，书店持续组织各种活动已经是在为消费者提供学习产品，具有学习场性质。尤其值得关注的是，不少书店除了组织以吸引读者来店为目标的免费活动，还开始组织不同主题的收费活动。

比如凤凰新华旗下南京新华书店"凤凰文化早市"活动，已经超过 230 期，主题包括便签夹手作、国风花草灯制作、法语文化沙龙、

AI（人工智能）科普体验等，其中部分活动即为收费活动。秦皇岛龙媒书店是一家地级市的小型独立书店，该店 2019 年组织收费活动 40 余场，内容包括观影、读书会、花艺学习、家居收纳讲座、红酒品尝、手工皮具制作等，收费在 50 ～ 100 元之间，参与人数从 10 人到 80 多人不等。

无论活动免费还是收费，都会起到两个重要作用。一是培养自身的活动运营能力，包括主题策划、活动推广、现场组织。二是测试消费者对书店收费活动的需求。事实证明，书店运营活动，不但并无能力上的障碍，而且相当擅长；消费者也并不会因为活动收费就不再报名参与。

所以可以说，全行业近年来对做活动的关注，已经为书店重做成为学习场打下了良好的基础。

对学习场的
构想

我们构想，总体策略是整个实体书店行业将为消费者提供的价值重新定义为学习场，行业中的每一书店个体，则根据自己的定位与资源，探索成为各种各样细分、个性化、有自身特色的实体学习场。未来的好书店，一定是好的学习场。

成为学习场的书店，将在保持现有的图书、文创、咖啡业务的基础上，围绕终身学习／终身成长，打造学习付费新业务，在营业时间内，全天候为消费者提供多样化的、收费的学习场景，让消费者将线下付费学习这种特定的消费活动，与实体书店紧密关联，从而获得一个确定的规模增量。同时，全行业合力开创一个与线上知识付费并列的百亿级线下学习付费市场。

书店还是书店，服务消费者学习的内核没有改变，但学习的内容、形式都随着消费者生活方式的变化全面更新，如此即实现了书店价值的重做。

提供什么样的学习

听课式学习：成为"能讲课的人"和"想听课的人"之间的桥梁，

不断为消费者提供可以付费来听的课程、讲座。这些课程、讲座可以由书店自行策划，也接纳有能力的个人、机构协作规划。

互动式学习：为消费者提供各种互动式学习场景，包括读书会、讨论会、头脑风暴、工作坊等。书店可以自行策划自己的会员读书会，长期运营，也可以与有能力的个人、机构，如线下读书会主理人、线上读书会建立长期合作。

教练式学习：为读者提供各种需要现场跟随教练学习、演练的课程，比如健身课、瑜伽课、烘焙课、手作课等，这些课程可以是大课，也可以是私教课。与组织听课式学习一样，书店的角色，仍是教练与学员之间的桥梁。

自学习：为读者提供学习的场景和条件，比如店内收费自习位或者专门的收费自习室。

此外，实体书店还可以成为各种线上课程的线下销售渠道，向消费者销售线上学习产品。目前，线上获客成本日益增加，知识付费行业和其他在线教育机构将非常欢迎与实体书店的合作。

谁来听

书店以往的活动，主要面向上班族或者有孩子的家庭，会尽量安排在周末时段，但我们设想，成为学习场的书店，需要针对不同消费群体需求，全天候提供学习内容。

比如在工作日，服务于时间自由的退休老人、全职妈妈、自由职业者、0 ~ 3 岁的婴幼儿；在工作日晚间时段，服务于希望下班后充电学习的上班族；在周末和节假日，为各群体提供丰富选择；在寒暑假等较长假期，主要服务于从幼儿园孩子到大学生的学生群体。

这样，书店才可以打破"周末办活动"的局限，将学习付费作为常规业务运行。

谁来讲

成为全天候学习场，书店需要大量学习内容输出者，我们在这方面拥有尚未开发的巨大资源。

首先，作家。

每一位作者都有到书店见读者的需求，也都有分享内容的能力，但按照目前的出版营销方式，只有很少的头部作者可以获得充分的书店讲座、签售机会，只有很少的书店能获得作家到店的机会。

我们大胆设想，书店可以向所有作家开放到书店做讲座的机会，甚至可以考虑规划一个开放平台（类似电影票或演出票销售平台），作家提交自己可做讲座的内容、时间、城市，书店预约场次、读者直接购买讲座门票。如果这样的平台短时间内很难出现，门店数量较多的连锁书店也可以考虑自己建设一个这样的小型平台。

以往作家到书店见读者难以成为书店的常规活动，还受限于差旅费用，如果建立有效的预约机制，充分利用出差、探亲、旅行、访友的时机，对双方都会更加便利。另一种可能是，邀请本地作家成为驻场作家，长期在书店举办收费讲座。

其次，本地各领域专家或者能够输出有价值内容的人。

他们可能是学者、教师、教练、自由职业者、各类兴趣活动的资深玩家、资深手艺人……只要在某一可分享的课题上达到一定水平，即可成为学习内容的提供者。

知识付费行业其实已经识别和积累一大批这样的内容生产者，理论上他们都能在线下提供学习内容，而且他们普遍都有变现愿望，也有接触更多消费者、扩大自身影响力的需求，是很好的合作对象。如果合作顺畅，我们还可以考虑从中签约不同领域的驻场讲座人，合作策划长期、系列课程。

最后，书店顾客。

书店顾客群广泛，不乏各方面的专家和有能力输出学习内容的人，如果我们将合作机会开放给顾客，既可获得更广泛的内容资源，也可作为建立顾客关系的方式之一。

大型书店邀请讲座人相对容易，中小型书店其实也并不困难。自媒体时代，终身学习的氛围下，热爱学习的消费者已经完全接受"术业有专攻"，认同没有显赫头衔的"素人"也能分享有价值的内容，只要别人在自己不了解的领域更有经验，即可向他学习。比如我们可以请善于买书的读者教不善于买书的读者如何买书，请善于叠衣服的主妇教不会叠衣服的人叠衣服，请资深"猫奴"给想养猫的人讲如何照顾猫咪，甚至请隔壁拉面店师傅教人如何做拉面……做学习场，考较的其实不是我们的人脉，而是策划学习内容的能力，把学习这件事策划得越有趣、越有创意，我们的学习场就越有吸引力。

所以打开思路，任何规模的书店，都可以为"能讲课的人"和"想学习的人"搭建起一个富有活力的学习场。

如何赢利

一些书店的现有业务中，包含场地出租，但重做为学习场后，书店的角色既不是场地提供者，也不是课程的销售者，而是课程的策划、组织者，所以我们设想，"学习付费"业务更合适的赢利模式，不是收取场地费用，而是参考知识付费平台与内容生产者的分账方式，与内容生产者共同推广，联合销售，按照合适的比例分账。

我们能做到多大规模

打造学习场、开拓学习付费业务，到底能为实体书店带来多大的规模增量？在百道网的年度数据统计中，我们统计到全国书店大约 7 万多家，以平均每家书店每年做 100 场收费学习、平均每场营收 1 000 元（比如每人 50 元，每场 20 人）计，全年总营收可以达到 70 多亿元。

按照全天候学习场的构想，如果运营能力强大的书店能够实现全天多场、同时多场，全行业数年内开拓出一个与线上知识付费行业规模大致相当的市场，达到两三百亿的营业收入，并非不可想象。

书店如何
重做成为学习场

重做可能是企业内部的一次"革命",需要大决心、大行动,同时我们也认为,就目前实体书店整体态势而言,如果没有全行业性的大变革,很可能在不远的将来,重新面临生存困境。所以,即便重做书店价值对全行业和每一家书店都是巨大挑战,仍值得认真思索、大胆尝试。

每一家书店现有的业务、营收、资源均有很大差异,如何重做成学习场,大家的策略和路径可能各不相同,需要通过具体实践逐渐摸索,但有几个关键点,值得特别关注。

活动重做:从免费到收费

活动重做是成为学习场的前提。目前实体书店举办的各种活动主要服务于图书销售,大部分向消费者免费,收费活动的尝试虽然已经比较普遍,但尚未成为常规业务,更没有上升到商业模式的高度,企业对于收费活动的重视严重不足。

成为学习场,我们首先要打破"免费活动服务于卖书"的传统模式,从免费变收费开始重做活动,把它变成我们向顾客交付的学习产品，成为重要业务、重要营收来源，重要赢利来源。

当然，成为学习场之后，书店重新找到对顾客的价值，顾客重新找到来书店消费的理由，图书和其他商品的销售也一定会被这一全新的连接撬动。

传播重做：从被动到主动

在新媒体、社会化媒体高度发达的今天，实体书店的营销传播相对处于比较被动的状态，主要通过媒体报道、消费者口碑等途径触达公众，主动的传播活动在媒体选择和运用、内容的策划与生产、传播的广泛和持续性等层面，都相当薄弱。

重做成为学习场的过程中，我们需要主动进行大量有效的传播活动，一是改变消费者对来书店做什么的认知，二是达成具体学习产品的销售。没有足够有效的营销传播，依然处于等客上门的状态，即便有再大的决心，真正的重做也无法达成。

会员制重做：从松散到紧密

会员制在实体书店已经有相当长的历史，但与一些高水平使用会员制的企业相比，大部分书店和会员之间的关系都相当松散，会员费、会员权益、会员积分等重要机制都尚未得到有效规划和充分运用。

而重做成为学习场，高效的会员制是重要的支撑性机制，设计精准的会员制会成为激活会员消费、增加消费频次、优化会员消费性价比的有效手段。所以相当多书店，可能需要进行会员制的重做，建立紧密的会员关系，并通过会员社群等形式，与会员保持高频、高效的互动。

会员权益的设计，可能是重做会员制的重点工作。目前消费者已经相当普遍地接受会员收费，包括小额的会员收费，比如视频网站的包年会员、月度会员，健身网站的会员等，也包括额度稍高的会员收费，比如读书会的年度会员。但接受会员收费的前提，是能够享受到会员独有权益，或者优化消费的性价比。比如肯德基的会员制近年来颇受欢迎，原因在于会员可以用消费积分兑换商品，特定日期可以直接用积分部分抵现，来店常客、外卖常客、早餐常客还可以购买专门的特别权益卡，直接享受餐饮折扣、免外送费等优惠。

此外，我们认为，将收费会员制与书店自创读书会相结合，可能是书店重做成为学习场最易着手之处。

核心能力重做：从选品到选题

图书选品一直被视为书店的核心能力，但未来成为学习场，将学习产品作为与图书并重的交付，我们需要建设另外一项重要的核心能力——学习产品的选题能力。

我们不需要会生产学习产品，正如我们不需要会写书、会做出版，但要学会规划学习产品的类目、选择和识别高品质而且适合我们自己消费者的选题，正如我们需要建立自己的选品框架、选品标准，并最终及时选择到合适且优质的图书上架陈列。从这个意义上说，学习产品的选题能力和图书选品能力在本质上完全相通，为消费者选择学习产品，和为消费者选到好书，并无不同。

我们可以大胆想象，提供学习产品的过程，实际上就是"把书上的内容变活"的过程，只要放开思路，学习产品的选题会和我们在售的图书品种一样多。一家小型书店，配合京剧名家王珮瑜新书《台上见：王珮瑜京剧学演记》，策划了一场由本地京剧演员给大家讲解京剧戏服的收费讲座，参与者还可以现场试穿戏服，这样的学习选题，其实就是"把书上的内容变活"的典型。

尽管如此，我们仍需要重视这部分核心能力的重做，因为选品不当，可以退货，而选题不当，会直接让我们交付的学习产品无人问津，也极大影响我们重做成为学习场的信心。

打造强大的学习产品选题能力，我们可能需要另外一项实体书店行业很少关注的能力——创意能力。前文我们已经提及一些有趣的学习产品选题，它们不一定都能变成实际的产品，但我们想借此提示，在学习已经成为全社会公认的价值，学习资源也极大丰富的今天，我们需要持续地为创造出有趣、有料、有用的学习内容，我们的学习场才能具备让消费者愿意不断在这里花钱买单甚至自发传播、不断打call（支持）的价值。如果有朝一日，到书店学习需要排队抢座，那将为每一个书店人带来巨大的成就感。

学习力重做：从应对到引领

要实现这场重做，实体书店可能需要大量深度的学习，将我们从被动应对市场环境、消费者生活方式变化的行业，变成引领市场变化、为消费者提供全新的生活方式提案的行业。

正如我们将通过学习场为消费者提供全新的价值，我们整个行业和每一家书店个体，也需要成为学习型组织，建立自己的"学习场"，迭代认知，重塑能力，不断学习，不断成长，让学习成为全行业生存发展方式的重要组成部分，如此，我们才能赢得充满希望的未来。

后记

做一家有商业美感的书店

这本书脱胎于我在"百道学习"App讲的书店音频课和为"中国书店大会"执笔撰写的《中国实体书店产业报告》，从某种角度说，也是我的《我爱做书店》一书的升级版。

2017年，百道网创办人程三国兄找我一起策划"百道学习"音频课程，并让我主持书店课程板块，我们一起讨论，确定了课程的框架体系、题目和讲师。

经过近一年的筹备，百道学习推出了"书店商学院"，260讲课程紧紧围绕"书店经营"这个话题，分为商业模式、战略、品牌、营销、顾客分析、顾客关系管理、选品、促销、电商、文创、未来探索等模块，邀请了三石兄、廖美立老师、杨文轩兄、刘苏里兄、周钰庭老师、周传红兄、田原兄、俞正辉兄、薛野兄等一起讲授。

我主讲了其中近三分之一的内容，基本上是我擅长的领域，就是书店的战略、品牌、营销、服务、顾客分析和顾客关系管理。

现在，百道学习的课程除了原有的音频，还发展出了"讲师带班课"，学员可以直接得到讲师的答疑辅导，学习效果和受欢迎程度更佳了。

开一家书店，和做任何企业一样，必须先明确定位、制定战略，再规划出好的产品和好的服务，之后再做营销、做传播，变成好品牌。我做龙之媒书店的时候就是这样做的，所有经营状况良好的书店、有发展的书店莫不如此。

解决好这些本质问题，一家书店才有迈向百年老店的机会。

程三国兄书店情结浓厚，一直在琢磨如何服务好书店行业。在他的积极谋划和撮合下，"中国书店大会"于 2018 年首次召开，之后每年 1 月召开一次，由中国书刊发行业协会和百道网联合主办，安徽时代出版传媒独家冠名赞助。

大会已经举办了三届，我每次都应三国兄邀请，参与策划，一起讨论大会主题，并连续三年负责了大会发布的《中国实体书店产业报告》的调研和编写，并执笔撰写主报告。

报告 2018 年的关键词是"破壳新生"，2019 年是"品牌"，2020 年是"重做"，这些关键词或由三国兄提出，或者我们一起讨论出来的。

最近几年，书店业一扫前些年的低迷状态，进入一个蓬勃发展期，这是大商业给书店的机会，书店成为 mall（商场）的标配，仅此一个方向，就能开出一万家新店，诞生数十个新品牌。打破原有的"卖书赚钱"的"壳"，服务于文化消费者，服务于美好生活，成为消费空间，以多元创新进入新市场，成为消费的入口和起点，就是书店的"破壳新生"。这是 2018 年主报告，也是本书第六章的主要内容。

第一代书店哲学是"使命"，主要由新华书店诠释；第二代书店哲学是"情怀"，主要由 20 世纪 90 年代兴起的民营书店诠释；第三代书店哲学是"美感"，受诚品影响，由方所发端；现在进入第四个书店哲学时代，那就是"品牌"。书店品牌哲学，需要融合注重社会文化效应的使命哲学、注重与读者精神共鸣的情怀哲学和注重空间体验的美感哲学，同时又能提供足够强大的商业逻辑，支撑实体书店在融入大商业后获得真正的、持久的生命力，进而获得商业上的成功。这是 2019 年主报告，也是本书第七章的核心内容。

大型网店已经占据一般图书零售市场的三分之二，实体书店仅靠卖书赚钱已经相当困难，行业"重做"既是挑战也是机会，我个人提出了"书店重做为学习场"的想法，就是书店举办各种收费的讲座、读书会、讨论会、工作坊、课程等等，提供收费自习位和自习室，成为"知识付费的线下版"，这是未来有可能的百亿级商业机会，也可以成为书店行业的独有商业价值。这是 2020 年报告，也是本书第八章的核心内容。

2010 年《我爱做书店》出版，那时我已经开书店 15 年，正准备做快书包。

又过了 10 年，我除了拥有经营书店的经验、广告研究的经验，又多了电子商务、投资的经验和教训，看问题越来越重视本质，对书店发展的思考更加抽离和深化，比以前更直接和现实，所以也希望通过今天这本书，把新的思考分享给书业同行。

我个人认为，文化之美是属于这个行业的，是属于"书店"这个大 IP 的，但摆在我们每一个书店从业者面前的是房租、工资、销售、利润等冷冰冰的数字，是我们必须要面对的"我要成为一家什么样的书店、我为谁服务、我卖什么、顾客为什么付钱、我怎么才能盈利"等灵魂拷问。

大商业给了书店机会，书店从业者也必须用大商业的眼光和思路思考问题，解决品牌、战略、营销、服务等问题，让自己的书店成为一家盈利的书店，才可持续，才是商业之美。

每一家书店都找到自己的商业之美，才能不辜负顾客、商业、社会对书店从业者的厚望，不辜负书店的文化之美。

如果这本书能给书店从业者一些新思考，让想开书店的人得到一些启发，那将是我的荣幸。

我们大家一起加油，把书店行业变成兼具文化之美和商业之美的行业。

感谢程三国兄。感谢百道网令总。

感谢中国书刊发行业协会的艾立民理事长和协会的各位领导。

感谢中国版权协会的阎晓宏理事长。当年《我爱做书店》出版，阎晓宏理事长亲自来参加新书发布会并讲话，对我的这本书给予充分肯定，让我受宠若惊。

感谢樊登老师、孙陶然老同学、周航兄、林少兄推荐本书。

感谢中信出版社沈家乐、黄维益、李嘉琪诸位老师的策划与编辑，并讨论出了一个很好记的书名。十年前出版《我爱做书店》时，家乐就是这本书的责任编辑，再次感谢她。

此外，作为对支持这本书的读者的感谢，我将免费向大家提供前作《我爱做书店》的电子版，具体获取方式为：添加我个人微信zhenxinbama25。再次感谢各位。

徐智明